Wohlstand fällt nicht vom Himmel – es sei denn, man hofft auf den Sechser im Lotto. Dabei kann jeder, der die richtige Einstellung und einen langfristigen Plan hat, finanzielle Sicherheit erlangen oder sogar ein Vermögen aufbauen und so seine Lebensqualität verbessern. Wie löst man sich von Vorurteilen über Geld und Reichtum? Wie vermeidet man Konsumschulden? Wie spart man richtig – ohne dabei an Lebensfreude einzubüßen! – und wie kann man sein Einkommen entscheidend erhöhen? All diese Fragen beantwortet auf eindringliche, dabei leicht nachvollziehbare Weise Bodo Schäfer. Wichtig ist ferner zu wissen, welche Geldanlagen Sicherheit bieten, und auf ein verlässliches Experten-Netzwerk zurückgreifen zu können. Bodo Schäfer gibt Insiderkenntnisse weiter, er verrät äußerst wirksame Techniken zum gewinnbringenden Umgang mit Geld und weist so dem Leser Schritt für Schritt den Weg zur finanziellen Freiheit.

Bodo Schäfer zählt zu den erfolgreichsten Sachbuchautoren. Er tritt international als Seminarleiter und Kongressredner auf. Bei <u>dtv</u> ist außerdem von ihm erschienen: ›Die Gesetze der Gewinner‹ (34048).

Bodo Schäfer

Der Weg zur finanziellen Freiheit

Ihre erste Million in 7 Jahren

Deutscher Taschenbuch Verlag

**Ausführliche Informationen über
unsere Autoren und Bücher
finden Sie auf unserer Website
www.dtv.de**

Aktualisierte Neuausgabe 2003
2. Auflage 2015
Deutscher Taschenbuch Verlag GmbH & Co. KG,
München
Alle Rechte vorbehalten
© 1998 Campus Verlag GmbH, Frankfurt am Main
Umschlagkonzept: Balk & Brumshagen
Umschlaggestaltung unter Verwendung eines Fotos
aus dem Privatarchiv des Autors
Satz: Fotosatz Amann, Memmingen
nach einer Vorlage von Fotosatz L. Huhn, Maintal
Gesetzt aus der Bembo
Druck und Bindung: Druckerei C. H. Beck, Nördlingen
Gedruckt auf säurefreiem, chlorfrei gebleichtem Papier
Printed in Germany · ISBN 978-3-423-34000-7

Inhalt

Die Grundlagen

Der praktische Leitfaden zur ersten Million

Vorwort

Bei den meisten Menschen unterscheiden sich Träume und Realität gewaltig. Und sie glauben, dass dies vollkommen normal sei. Um diesem Irrtum ein Ende zu setzen, habe ich 1997 den ›Weg zur finanziellen Freiheit‹ geschrieben.

Ich wollte zeigen: Wohlstand ist Ihr Geburtsrecht; d. h., es ist Ihre natürliche Bestimmung, in Würde und finanzieller Freiheit zu leben. Und ich wollte Ihren Glauben an Ihre Möglichkeiten erneuern. Zweierlei ist geschehen, seit ich das Buch geschrieben habe:

Zum einen ist es mir offensichtlich tatsächlich gelungen, sehr viele Herzen zu berühren. Mehr als 10 Millionen Menschen haben das Buch bis heute gelesen; es ist in ca. 35 Sprachen übersetzt worden und wurde so weltweit zum erfolgreichsten Geld-Buch aller Zeiten.

Die Frage ist: Warum ist dieses Buch so erfolgreich? Die Antwort ist einfach: Weil es so vielen Menschen geholfen hat. Viele Tausend haben mir Briefe geschrieben. Und diese Briefe bedeuten mir sehr viel. Die Erfolgsgeschichten dieser Menschen sind wunderbar. Was hat sich in ihrem Leben nicht alles verändert, seit sie sich mit dem Thema Geld beschäftigen? Und damit sind wir beim zweiten Punkt:

Als ich das Buch geschrieben habe, wusste ich, dass es möglich ist, die Spielregeln für Wohlstand zu lernen. Das ist inzwischen auch belegt durch all die Rückmeldungen aus vielen Teilen der Welt, von Menschen, die den Weg zur finanziellen Freiheit gegangen sind.

Ganz gleich, welche Statistik Sie lesen: Immer mehr Menschen werden reich. Das ist die eine Seite. Aber die andere Seite ist: Sehr, sehr viele

Menschen bleiben finanziell auf der Stelle stehen. Es geht ihnen nicht gut. Und darum ist meine Aufgabe nicht beendet. Ich möchte auch Ihnen das Thema Geld nahebringen.

Manch einer erwidert daraufhin: »Aber Geld macht doch nicht glücklich.« Natürlich nicht. Das ist ja auch gar nicht die Aufgabe des Geldes. Geld soll uns Sicherheit geben. Freiheit. Es soll uns die Möglichkeit geben, so zu leben, wie es uns entspricht. Aber noch etwas anderes ist richtig: Mit Geld ist es leichter, glücklich zu leben.

Nachdem Sie dieses Buch gelesen haben, werden Sie diesen Satz noch etwas tiefer verstehen. Denn dieses Buch ist immer auch ein Buch über Glück. Nicht nur über Geld. Es zeigt Ihnen, wie Sie ein erfolgreiches und glückliches Leben führen können – um zu dem Menschen zu werden, der Sie sein können. Vielleicht erklärt das den großen Erfolg dieses Buches.

Ich habe die vielen Briefe gelesen, die Menschen mir dankbar geschrieben haben. Es waren über 36 000! Die große Mehrzahl machte eine erstaunliche Beobachtung, die ich so zusammenfassen kann: Beginnt das Geld erst einmal zu fließen, dann kommt es oft so schnell und in solchen Mengen, dass man sich verwundert fragt, wo es sich bloß die ganze Zeit versteckt gehalten hat.

Möge es Ihnen auch so gehen. Ich freue mich auf Ihren Brief.

Herzlichst, Ihr Bodo Schäfer
Bergisch Gladbach im Februar 2015

Einführung

Wissen Sie, was die meisten Menschen davon zurückhält, das Leben zu leben, von dem sie träumen? Geld, schlicht und einfach Geld. Denn Geld ist ein Symbol für eine bestimmte Lebenseinstellung, eine Messlatte für eine ganz bestimmte Geisteshaltung. Geld kommt nicht zufällig in unser Leben. Es handelt sich bei Geld vielmehr um eine Form von Energie: Je mehr Energie wir in die wirklich wichtigen Dinge des Lebens legen, umso mehr Geld fließt uns zu. Wirklich erfolgreiche Menschen haben immer auch die Fähigkeit, viel Geld zusammenzutragen. Einige behalten es und andere verwenden es nur für den Dienst an ihren Mitmenschen. Aber sie alle haben die Fähigkeit, Geld fließen zu lassen.

Wir sollten die Bedeutung von Geld nicht überbetonen. Aber wissen Sie, wann Geld zu wichtig wird? Wenn es an allen Ecken und Kanten fehlt. Wer Geldprobleme hat, denkt viel zu sehr über Geld nach. Wir müssen uns mit diesem Thema einmal gründlich auseinander setzen, um es zu meistern. Von da an wird Geld zur Unterstützung aller Lebensbereiche.

Wir alle haben Träume. Wir haben eine bestimmte Vorstellung davon, wie wir leben wollen, was uns gewissermaßen zusteht. Tief in uns wollen wir glauben, dass wir eine besondere Aufgabe erfüllen können, die aus dieser Welt einen schöneren Ort macht. Aber allzu oft sehe ich, dass die alltägliche Routine und die Realität diese Träume ganz allmählich ersticken. Viele vergessen, dass ihnen ein Platz an der Sonne gebührt und gehört, da sie glauben, sich nicht befreien zu können.

Wir alle finden uns häufig in eine Opferrolle hinein. Wir gehen Kompromisse ein – und bevor wir uns versehen, ist das Leben in großen Sätzen an uns vorbeigelaufen. Oft machen viele Menschen ihre finanzielle Situation dafür verantwortlich, dass sie nicht so leben, wie sie es sich wünschen.

Seit 28 Jahren beschäftige ich mich nun mit Geld, Erfolg und Glück. Dabei habe ich gelernt, Geld differenzierter und mit anderen Augen zu sehen: Geld kann uns davon abhalten, unsere Möglichkeiten voll auszuschöpfen, oder es kann uns dabei unterstützen, der oder die Beste zu sein, der wir sein können.

Ich stehe Ihnen mit diesem Buch als Ihr privater Coach zur Verfügung. Ich möchte weitergeben, was ich lernen und erfahren durfte. Ich möchte Sie anleiten, sich eine Geldmaschine zu schaffen. Geld zu besitzen bedeutet in erster Linie, ein wesentlich freieres und unabhängigeres Leben führen zu können. Als ich das erkannt hatte, ist in mir das tiefe Bedürfnis entstanden, mein Wissen weiterzugeben. Ich habe mich verpflichtet, jeden, mit dem ich in Berührung komme, auf seinem Weg in die finanzielle Freiheit zu unterstützen. Denn genauso wie man fliegen, tauchen oder programmieren lernen kann, so kann *jeder* Wohlstand oder sogar Reichtum aufbauen, indem er einige wesentliche Grundbausteine erlernt.

Es gibt mehrere Möglichkeiten, vermögend zu werden. Einen Weg beschreiben die folgenden vier in diesem Buch aufgeführten Strategien:

1. Sie sparen einen gewissen Prozentsatz.
2. Sie legen das gesparte Geld an.
3. Sie erhöhen Ihr Einkommen.
4. Sie sparen von jeder derart erzielten Gehaltserhöhung einen gewissen Prozentsatz.

Wenn Sie das tun, werden Sie – je nachdem, wo Sie gerade stehen – in fünfzehn bis zwanzig Jahren ein Vermögen von einer halben bis einer Million besitzen. Das ist *kein* Wunder. Wenn Sie die erste Million schneller erreichen wollen (zum Beispiel in sieben Jahren), dann müssen

Sie möglichst viele Strategien dieses Buches anwenden. Mit jeder angewandten Strategie kommen Sie schneller an Ihr Ziel.

Wie können Sie in sieben Jahren vermögend sein? Sie ahnen schon, dass es dabei nicht nur um den Geldbetrag X geht, den Sie besitzen wollen, sondern um die Persönlichkeit, zu der Sie bis dahin werden.

Es wird Ihnen sicher nicht immer leicht fallen, den Weg zur finanziellen Freiheit zu gehen. Viel schwerer ist es jedoch, ein Leben in finanzieller Abhängigkeit zu führen. Wenn Sie den einzelnen Tipps dieses Buches folgen, werden Sie Ihr Ziel sicher erreichen. Ich habe vielen tausend Menschen in meinen Seminaren auf diesem Weg helfen können. Ich erlebe immer wieder, wie dieses Wissen Menschen buchstäblich verwandelt.

Bitte denken Sie nicht, dass allein der Besitz dieses Buches Sie wohlhabend sein lässt. Die Wahrheit ist: Noch nicht einmal, indem Sie dieses Buch lesen, werden Sie reich. Vielmehr müssen Sie mit diesem Buch arbeiten und es zu einem Teil Ihrer selbst machen. Dann wird es die Schätze ans Tageslicht bringen, die in Ihrem Inneren verborgen liegen.

Lassen Sie uns also unseren gemeinsamen Weg beginnen. Nehmen Sie als Erstes eine Standortbestimmung hinsichtlich Ihrer Finanzen vor. Auf den folgenden Seiten finden Sie eine Selbstanalyse. Bitte beginnen Sie erst mit dem Lesen des Buches, nachdem Sie genau festgestellt haben, wo Sie finanziell stehen.

Ich hoffe aufrichtig, dass dieses Buch Sie nicht nur wohlhabend machen wird, sondern dass es Sie darüber hinaus auf eine tiefe und bedeutende Weise berührt. Ich kenne Sie nicht persönlich. Aber ich weiß, wenn Sie dieses Buch in Ihren Händen halten, müssen Sie eine ganz besondere Person sein, die nicht bereit ist, sich damit zufrieden zu geben, was die Umstände Ihnen gerade bieten. Sie sind eine Person, die ihre Geschichte selbst schreiben will. Sie wollen Ihre Zukunft designen und aus Ihrem Leben ein Meisterwerk machen. Ich wünsche von ganzem Herzen, dass dieses Buch dazu beitragen wird.

Herzlichst, Ihr Bodo Schäfer

Analyse: Wie steht es um Ihre Finanzen?

Achtung: Bitte beginnen Sie nicht, in diesem Buch zu lesen, bevor Sie diese Fragen schriftlich beantwortet haben.

1. Wie bewerten Sie Ihr Einkommen?

   ☐ ausgezeichnet   ☐ ausreichend
   ☐ sehr gut   ☐ schlecht
   ☐ gut   ☐ sehr schlecht
   ☐ befriedigend

2. Wie beurteilen Sie Ihr Nettovermögen?

   ☐ ausgezeichnet   ☐ ausreichend
   ☐ sehr gut   ☐ schlecht
   ☐ gut   ☐ sehr schlecht
   ☐ befriedigend

3. Wie beurteilen Sie Ihre Investitionen?

   ☐ ausgezeichnet   ☐ ausreichend
   ☐ sehr gut   ☐ schlecht
   ☐ gut   ☐ sehr schlecht
   ☐ befriedigend

4. Wie schätzen Sie Ihr Wissen über Geld und Kapital ein?

☐ ausgezeichnet   ☐ ausreichend
☐ sehr gut   ☐ schlecht
☐ gut   ☐ sehr schlecht
☐ befriedigend

5. Haben Sie exakte Finanzpläne, und wissen Sie genau, was Sie wollen, wie viel es kostet und wie Sie dieses Geld erhalten?

☐ ausgezeichnet   ☐ ausreichend
☐ sehr gut   ☐ schlecht
☐ gut   ☐ sehr schlecht
☐ befriedigend

6. Haben Sie einen Coach für finanzielle Dinge?

☐ ja   ☐ nein

7. Ist Ihr Bekanntenkreis überwiegend

☐ vermögender als Sie selbst,
☐ in ähnlichen finanziellen Verhältnissen,
☐ weniger vermögend als Sie selbst?

8. Sparen Sie wenigstens 10 bis 20 Prozent Ihres Einkommens pro Monat?

☐ ja
☐ schwankend
☐ nein

9. Spenden Sie regelmäßig Geld?

☐ ja   ☐ nein

10. Glauben Sie, dass Sie es verdienen, sehr viel Geld zu besitzen?

☐ ja   ☐ nein
☐ habe ich nie drüber nachgedacht

11. Wie lange könnten Sie von Ihrem Geld leben, ohne einen weiteren Euro zu verdienen?

______ Monate

12. Können Sie den Tag sehen, an dem Sie von den Zinsen Ihres Vermögens leben können?

☐ ja   ☐ nein

13. Würde es Sie befriedigen, wenn sich die nächsten fünf Jahre genauso wie die letzten fünf Jahre entwickeln würden?

☐ ja   ☐ nein

14. Wissen Sie, was Sie wirklich über Geld denken?

☐ genau
☐ einigermaßen
☐ nein

15. Wie würden Sie Ihre finanzielle Situation beschreiben?

____

16. Wenn Sie sich in Bezug auf Ihre finanzielle Identität einen Namen geben würden, wie würde dieser lauten (z. B. Dagobert Duck, Beginner, Versager, Unglücksrabe, Geldmagnet, Unternehmer ...)?

____

17. Ist Geld in Ihrem Leben eher

   ☐ eine unterstützende Kraft   ☐ etwas Hemmendes?

18. Wie gut kennen Sie sich mit Fonds aus?

   ☐ ausgezeichnet   ☐ ausreichend
   ☐ sehr gut   ☐ schlecht
   ☐ gut   ☐ sehr schlecht
   ☐ befriedigend

19. Wie steht es um Ihr Wissen um Aktien?

   ☐ ausgezeichnet   ☐ ausreichend
   ☐ sehr gut   ☐ schlecht
   ☐ gut   ☐ sehr schlecht
   ☐ befriedigend

20. Kennen Sie die fundamentalen Anlagekriterien und wenden Sie diese an?

   ☐ ja   ☐ nein

21. Glauben Sie, dass Geld für Sie wichtig ist?

   ☐ nein   ☐ sehr wichtig
   ☐ ein wenig   ☐ das Wichtigste überhaupt
   ☐ ziemlich

22. Welche Einstellung haben Sie zu Geld, Zahlen und Finanzen?

____

23. Wie bewerten Sie insgesamt Ihre finanzielle Situation, nachdem
Sie die Fragen beantwortet haben?

- ☐ ausgezeichnet ☐ ausreichend
- ☐ sehr gut ☐ schlecht
- ☐ gut ☐ sehr schlecht
- ☐ befriedigend

24. Wie fühlen Sie sich, nachdem Sie die Fragen beantwortet haben?

____

Die Grundlagen

1

Was wollen Sie wirklich?

Zu lange hast du schon gesucht.
Nun gib das Suchen auf und lerne zu finden.

Heinz Körner, Johannes

Der Konflikt ist klassisch: Es gibt einen Unterschied zwischen dem, was wir tief in uns fühlen, und dem, wie unser Leben tatsächlich aussieht. Die Vorstellung, wie wir leben sollten, und die Realität unterscheiden sich nur allzu oft wie Tag und Nacht.

Jeder von uns hat ein Verlangen, zu wachsen und glücklich zu sein. Tief im Inneren haben wir alle den Wunsch, etwas auf dieser Welt zum Besseren zu verändern. Und wir alle wollen glauben, dass wir ein gutes Leben verdienen.

Wie sind die Chancen, wohlhabend zu werden?

Was hält uns dann zurück, unseren Traum zu leben? Was verhindert, dass wir all das erreichen, wonach wir verlangen? Natürlich leben die meisten von uns in einer Umwelt, die Wohlstand nicht gerade fördert. Unsere Regierung geht als schlechtes Beispiel voran und verschuldet sich jedes Jahr immer höher. Um die Zinsen der steigenden Staatsverschuldung bezahlen zu können, werden die Steuern erhöht.

Unser Schulsystem versäumt es, uns Antworten auf die entscheidenden Fragen wie »Wie können wir glücklich leben?« und »Wie werden wir wohlhabend?« zu geben. Wir lernen, dass Attila 451 auf den Katalaunischen Feldern geschlagen wurde, aber wir lernen nicht, wie wir uns finanzielle Unabhängigkeit verschaffen. Wer sollte uns also beibringen, wohlhabend zu werden? Unsere Eltern? Die meisten von uns haben keine reichen Eltern. Die Ratschläge, die den Aufbau von wahrem Wohlstand betreffen, waren aus diesen Gründen eher dürftig. Hinzu kommt, dass unsere Gesellschaft zum Überkonsum anregt und auch der Bekannten- und Freundeskreis oft wenig förderlich ist. So geht im Leben vieler Menschen etwas verloren, was ich als unser Geburtsrecht ansehe: *Glücklich und wohlhabend zu sein.*

Wenn ich mein Leben heute betrachte, dann kann ich nur tief dankbar sein. Ich lebe genau das Leben, von dem ich geträumt habe, und ich bin finanziell frei. Aber das war nicht immer so. Wie bei den meisten Menschen gab es Zeiten, in denen ich vor lauter Selbstzweifel und Verwirrung wie gelähmt war.

Besondere Erlebnisse formen uns

Wir alle haben Situationen in unserem Leben erfahren, die uns beeinflusst haben. Diese richtungsweisenden Momente haben unsere Weltanschauung und unseren Glauben über Menschen, Gelegenheiten, Geld und die Welt verändert. Sie haben unser Leben zum Besseren oder zum Schlechteren verändert.

Ich war gerade sechs Jahre alt, als ich etwas erlebte, was meine Einstellung zu Geld prägte. Mein Vater wurde mit einer Leberzirrhose ins Krankenhaus eingeliefert. Er musste dort insgesamt zwölf Monate bleiben, weil er absolute Ruhe brauchte. Er sollte auch möglichst nicht lesen.

Eines Tages hörte ich, wie ein Arzt zu meiner Mutter bemerkte, er habe noch nie erlebt, dass ein Patient so viele Besuche bekomme. Mein Vater wurde jeden Tag von mindestens sechs verschiedenen Menschen besucht, obwohl er doch eigentlich völlige Ruhe haben sollte. Und so fanden wir heraus, dass mein Vater auch im Krankenhaus weiter arbeitete. Er war Anwalt und hatte neben seinem Job etwas ins Leben gerufen, das er seine »Praxis für Arme« nannte. Wer nur über ein geringes Einkommen verfügte, wurde von ihm kostenlos beraten.

Sofort stellte meine Mutter meinen Vater zur Rede. Er solle damit aufhören, sonst würde er das Krankenhaus nicht lebend verlassen. Auch die Ärzte redeten auf ihn ein, doch endlich »Vernunft anzunehmen«. Aber mein Vater war ein sturer Kopf und tat weiterhin, was er für richtig hielt.

Ich setzte mich oft stundenlang an sein Bett und hörte zu, was die Leute ihm berichteten. Und wissen Sie was? Immer ging es ums Geld. Immer jammerten sie. Immer waren die Umstände schuld oder andere Menschen. Die juristischen Sachverhalte verstand ich nicht, und so schien es mir, als hörte ich immer wieder dieselbe Geschichte: Geldsorgen, Geldsorgen, Geldsorgen ... Anfangs hatte ich es als spannend empfunden zuzuhören. Aber bald ging es mir auf die Nerven. Ich begann, eine Abscheu gegen Armut zu entwickeln. Armut ließ Menschen unglücklich sein. Sie ließ sie in gebückter Haltung meinen Vater in seinem Krankenhauszimmer aufsuchen und um Hilfe betteln. Ich wollte wohlhabend werden. Ich fasste den festen Entschluss, mit dreißig Jahren Millionär zu sein.

Der Entschluss alleine reicht nicht

Dies ist allerdings nicht der Beginn einer steilen Erfolgsgeschichte. Zwar hatte ich mit dreißig Jahren mein Ziel erreicht, aber fünf Jahre zuvor war ich noch verschuldet, hatte 18 Kilogramm Übergewicht und erhebliche Selbstzweifel. Aufgrund meiner angespannten finanziellen Situation wurde Geld zum Mittelpunkt meines Lebens.

Denn Geld hat immer die Bedeutung, die wir ihm geben. Und in dem Moment, in dem Sie finanzielle Probleme haben, wird es viel zu wichtig.

Aber ich hatte die *Hoffnung*, dass alles besser werden würde. Irgendwie würde es sich schon richten. Doch nichts geschieht, wenn wir nur hoffen. *Hoffnung ist ein intellektuelles Beruhigungsmittel, ein genialer Selbstbetrug.* Auf wen oder was hoffen wir? Auf Gott oder das Schicksal? Gott ist sicherlich kein kosmischer Babysitter, der uns dafür belohnt, untätig zu sein. Der alte Spruch hat seine Berechtigung: »Alle Toren und Narren leben in Hoffen und Harren.«

Unsere Werte und unsere Ziele müssen übereinstimmen

Ich war verzweifelt: Wie war es möglich, dass ich relativ viel Geld verdiente, mich aber trotzdem verschuldete? Als ich endlich die Antwort auf diese Frage fand, war ich überrascht. Tief in mir glaubte ich nicht, dass Geld gut ist. Ich sabotierte meinen eigenen Erfolg.

Mein Vater war schließlich nach acht Jahren Krankheit gestorben, und ich hörte die Menschen immer wieder sagen: »Er hat sich totgearbeitet.« Auf keinen Fall wollte ich mich also zu Tode arbeiten. Auf der anderen Seite wollte ich nicht so sein wie die armen Menschen, die meinen Vater im Krankenhaus besuchten, um Rechtsbeistand zu erflehen. Ich wollte reich sein und trotzdem möglichst nichts dafür tun.

Dazu kam, dass sich meine Mutter nach dem Tod meines Vaters in die Religion flüchtete. Sie war der festen Überzeugung, dass »eher ein Kamel durch ein Nadelöhr geht, als dass ein Reicher in den Himmel kommt«. Einerseits wollte ich gut sein und dachte, arm sei gut. Andererseits wollte ich reich sein, weil ich Armut verabscheute.

Meine unterschiedlichen Werte zogen mich in verschiedene Richtungen. Solange ich diesen Konflikt meiner Wertvorstellungen nicht ausräumte, trat ich auf der Stelle.

Allenfalls *versuchte* ich, reich zu werden. Und immer, wenn wir etwas versuchen, hält es uns von konkretem Handeln ab. Wir halten uns eine Hintertür auf. Wer etwas versucht, wartet letztendlich auf ein Hindernis, das ihn von der Umsetzung abhält. Wir warten auf Hindernisse, weil wir nicht wirklich glauben, dass es gut für uns ist und dass wir gut genug sind, um es zu schaffen.

Optimismus und Selbstvertrauen

Legen Sie für einen Moment all Ihren Optimismus beiseite. Den Grund für diese Aufforderung möchte ich Ihnen gerne erklären. Optimismus ist sicherlich eine positive Eigenschaft, die Ihnen hilft, die positive Seite an allem zu sehen. Wenn Optimismus aber alleine steht und nicht mit weiteren Eigenschaften verbunden ist, bewegt er wenig. Optimismus wird häufig zu Unrecht mit Selbstvertrauen verwechselt.

Während Optimismus Sie das Positive sehen lässt, gibt Ihnen Selbstvertrauen die Gewissheit, auch mit den dunklen Seiten umgehen zu können. Das Leben besteht nicht nur aus einer Symphonie von schönen und hellen Noten, sondern es gibt auch dunkle und tiefe Noten. Doch wer selbstbewusst ist, braucht schwierige Situationen nicht zu fürchten.

Selbstbewusst ist derjenige, der aufgrund seiner eigenen Vergangenheit weiß, dass er sich auf sich selbst verlassen kann. Ein selbstbewusster Mensch braucht sich durch nichts aufhalten zu lassen, denn er *weiß*, dass er mit allen Widrigkeiten fertig werden kann. Er hat es sich oft genug bewiesen. Wie Sie innerhalb kurzer Zeit Ihr Selbstbewusstsein aufbauen können, erfahren Sie in Kapitel 3.

Ihre Finanzen sind für den Aufbau Ihres Selbstbewusstseins äußerst wichtig. Finanzen lassen wenig Raum für ungerechtfertigten Optimismus. Kontostände lassen sich klar ablesen, für Schönrederei ist da kein Platz. Wenn Sie also ein gutes Selbstbewusstsein aufbauen wollen, müssen Sie Ihre Finanzen regeln. *Ihre Finanzen müssen zu einem Beweis für Sie werden, dass nichts Sie aufhalten kann.*

Sie dürfen nicht zulassen, dass Ihre finanzielle Situation Ihr Selbstvertrauen sabotiert. Denn ohne Selbstvertrauen leben Sie nur eine Minimalexistenz. Sie erfahren nie, was alles in Ihnen steckt. Sie gehen keine Risiken ein. Sie wachsen nicht als Person. Sie tun nicht das, wozu Sie in der Lage wären. Sie schöpfen Ihr wahres Potenzial nicht aus. *Ein Mensch ohne Selbstvertrauen tut nichts, hat nichts und ist nichts.*

All das hat nichts mit Optimismus zu tun. Ein Blick auf Ihren Kontostand muss Ihnen beweisen, dass Ihre Finanzen eine Unterstützung in Ihrem Leben sind. Ein Blick auf Ihre Finanzen muss Ihnen ein Gefühl der Sicherheit über Ihre eigenen Fähigkeiten geben.

Genau darum geht es in diesem Buch. Es geht darum, Ihre finanzielle Situation so zu regeln, dass Ihre Finanzen nicht gegen Sie arbeiten, sondern für Sie. Geld kann Ihnen Ihr Leben erschweren oder erleichtern.

Wie steht es um Sie?

Denken Sie, Sie sind zu Höherem berufen? Denken Sie, dass »das« nicht alles sein kann? Verdienen Sie eigentlich mehr, als Sie im Moment haben? Ist es nur eine Frage der Zeit, bis Sie wohlhabend sind?

Bitte legen Sie also einmal allen Optimismus für einen Moment beiseite: Wie hat sich Ihr privates Vermögen in den letzten sieben Jahren entwickelt? Schreiben Sie die Zahl auf, um die sich Ihr Vermögen in den letzten sieben Jahren vermehrt oder vermindert hat.

 €.

Solche Zahlen sind sehr ernüchternd, treffen aber den Punkt. Wenn Sie so weitermachen wie bisher, werden Sie ungefähr dieselbe Zahl nach den nächsten sieben Jahren erneut sehen. Und in den darauf folgenden Jahren werden sich diese Tendenzen weiter verstärken. Wenn Sie aber andere Ergebnisse haben wollen, müssen Sie etwas tun: Sie müssen neue Wege gehen – und der Anfang dazu sind Ihre Gedanken.

Ihre Art zu denken hat Sie zu dem gemacht, was Sie heute sind. Dieselbe Art zu denken wird Sie aber nicht dorthin bringen, wo Sie gerne wären.

Was denken Sie wirklich über Geld? Sie leben ständig in einem Dialog mit sich selbst. Wenn Sie insgeheim glauben, Geld sei schlecht, haben Sie keine Chance, Wohlstand zu schaffen. Also, was denken Sie wirklich? Wir werden diese Frage in Kapitel 5 klären.

Sie werden herausfinden, was Sie wirklich in Ihrem Innersten über Geld denken und fühlen. Und Sie werden sehen, wie Sie Ihre Einstellung ändern können.

Geld ist gut

Im Alter von 26 Jahren lernte ich einen Mann kennen, der mir die Prinzipien des Wohlstands beibrachte. Nur vier Jahre später konnte ich von den Zinsen meines Geldes leben. Das war so schnell möglich, weil meine Träume, Werte, Ziele und Strategien endlich im Einklang miteinander standen.

Ob Sie es glauben oder nicht, Geld verändert vieles im Leben. Geld wird nicht alle Ihre Probleme lösen, und es ist sicherlich nicht alles. Aber Geld*sorgen* werfen einen Schatten auf Ihr Glück. Mit Geld können Sie die anderen Probleme mit mehr Stil angehen. Und Sie werden die Möglichkeit haben, andere Menschen kennen zu lernen, faszinierende Orte zu besuchen, sich einer spannenderen Arbeit zu widmen, mehr Selbstvertrauen zu besitzen, mehr Anerkennung zu erhalten und andere Möglichkeiten zu nutzen.

Die fünf Bereiche unseres Lebens

Zur Vereinfachung teile ich das Leben in fünf Bereiche ein: Gesundheit, Finanzen, Beziehungen, Emotionen und den Sinn Ihres Lebens. Alle fünf Bereiche sind gleichermaßen wichtig.

Ohne Gesundheit ist alles nichts. Wer seine Emotionen nicht beherrscht, kann sich zum Beispiel nicht motivieren, die Dinge umzusetzen, die er sich vorgenommen hat. Gute Beziehungen sind das Salz in der Suppe. Mit Sinn des Lebens meine ich, das zu tun, was Ihnen wirklich Spaß macht, Ihrem Talent entspricht und was anderen nützt. Und unsere Finanzen gehören dazu. *Niemals sollten Sie nur um des Geldes willen Dinge tun müssen, die Ihnen keinen Spaß machen.* Also brauchen Sie das, was ich finanzielle Freiheit nenne.

Sie können jedem der fünf Bereiche Ihres Lebens einen Finger Ihrer Hand zuordnen. Angenommen, für Ihre Finanzen steht der Mittelfinger, auf den jemand kräftig mit einem Hammer schlägt. Werden Sie sagen: »Kein Problem, das ist ja nur ein Finger. Ich habe ja noch vier andere ...«? Oder werden Sie fast Ihre gesamte Aufmerksamkeit auf den Finger richten, der schmerzt?

Wichtig ist, dass alle fünf Bereiche des Lebens miteinander in Einklang stehen. Sie müssen es in *jedem* der fünf Bereiche zur Meisterschaft bringen. Jemand, der Geldprobleme hat, hat die fünf Lebensbereiche nicht ausbalanciert. Geldsorgen werden immer einen Schatten auf alle anderen Bereiche werfen. Geld ist für ein Leben im Gleichgewicht wichtig.

Warum werden Menschen in kurzer Zeit wohlhabend? Weil sie genug Geld besitzen wollen, das für sie arbeitet. Weil sie *eine Geldmaschine haben wollen, anstatt das ganze Leben Geldmaschine zu sein.* Weil sie genug Geld besitzen wollen, um ein Leben in wirklicher Balance zu leben.

Wissen Sie, warum die meisten Menschen nicht das tun, was ihnen wirklich Spaß macht? Es mangelt ihnen an Geld. Ein Teufelskreis: Viele Menschen gehen nicht der Tätigkeit nach, die ihnen Spaß macht, weil sie nicht wissen, wie sie damit Geld verdienen können. Doch noch nie hat jemand richtig Geld verdient, indem er etwas getan hat, was ihm nicht gefällt. Aus Geldmangel bleiben sie also bei einer Tätigkeit, die ihnen keinen Spaß macht, und verdienen kein Geld.

Die Lösung ist: *Nehmen Sie Ihr liebstes Hobby und bauen Sie Ihre Karriere darauf auf.* Verdienen Sie Geld mit Ihrem Hobby. Dazu kann es aber erst dann kommen, wenn Sie sich Zeit nehmen zu analysieren, was Ihnen wirklich Spaß macht und wo Ihre Talente liegen.

Ich habe bereits vor Jahren einen sehr reichen Mann in New York kennen gelernt, der über seinem Schreibtisch einen Spruch hängen hatte: »Wer den ganzen Tag arbeitet, hat keine Zeit, Geld zu verdienen.« Offensichtlich sollte man sich auch Zeit nehmen, um nachzudenken. Auf meine Frage hin, worüber man denn nachdenken solle, antwortete er: »Lerne dich selber kennen und finde heraus, was dir Spaß macht. Und dann überlege, wie du damit Geld verdienen kannst. Am besten stellst du dir diese Fragen jeden Tag und suchst jeden Tag nach besseren Antworten.«

Optimieren oder minimieren Sie?

Wir brauchen Zeit, um uns mit uns selbst zu beschäftigen, um herauszufinden, woran wir Freude haben. Denn nur wenn wir etwas tun, was uns mit Leidenschaft und Begeisterung erfüllt, sind wir wirklich gut. Und dann fließt Geld wie von alleine in unser Leben. Wir brauchen Zeit, um uns über unsere Talente klar zu werden und um aus diesen Talenten Fähigkeiten zu entwickeln. Wir brauchen Zeit für uns selber, um das Drehbuch für unser Leben zu schreiben und aus unserem Leben ein Meisterwerk zu machen. Wer sich diese Zeit nicht nimmt, verschwendet sein Leben. Und wir brauchen Zeit, um grundsätzliche Entscheidungen zu treffen und um uns zu verpflichten, entsprechend unserer Entscheidung zu handeln. So muss jeder Mensch irgendwann in seinem Leben bewusst entscheiden, ob er optimieren oder minimieren will.

Optimieren bedeutet zu lernen, wie Sie Ihre Zeit, Ihre Möglichkeiten, Ihre Talente, Ihr Geld und andere Menschen optimal einsetzen können. Es geht darum, das bestmögliche Ergebnis zu erzielen. Wenn Sie Ihr Leben optimieren wollen, sollten Sie ständig bestrebt sein, der Beste zu sein, der Sie sein können.

Die meisten Menschen gehen dagegen ziemlich planlos durch das Leben und minimieren. Sie versuchen, *so durch den Tag zu kommen*. Die Arbeitswoche ist für sie eine unliebsame Unterbrechung zwischen zwei Wochenenden. Sie arbeiten, um Geld zu verdienen, und nicht, um eine Erfüllung zu finden. Sie erkennen weder ihre Talente noch die Gelegenheiten, die sich ihnen bieten.

Planung ist das A und O

Viele planen ihren Urlaub gründlicher als ihr Leben. Es gibt aber nur zwei Möglichkeiten: *Entweder Sie planen Ihr Leben oder andere verplanen es.*

Viele haben ein paar Planungsversuche unternommen und sind trotzdem gescheitert. Irgendjemand sagte einmal: »Je mehr ich plane, desto härter trifft mich der Zufall. Darum plane ich nicht mehr und kann deshalb auch nicht mehr so hart getroffen werden.« Dabei gibt es einen ganz einfachen Grund, warum so viele Menschen ihre Pläne nicht umsetzen. Sie versäumen es, Träume, Ziele, Werte und Strategien miteinander zu verbinden.

Professor Thomas Stanley von der Universität Georgia in den USA untersuchte zwölf Jahre lang das Leben der Reichen. Er kam zu dem Ergebnis, dass diese zu den zufriedensten Menschen auf der Welt gehörten, da ihre Träume, Ziele, Werte und Strategien aufeinander abgestimmt waren.

Träume, Ziele, Werte und Strategien – auf diesen vier Säulen steht das Handlungsfundament, auf dem Sie Ihren Reichtum aufbauen können. Denn was Sie in Ihrem Leben tun, hängt nicht in erster Linie von Ihrer eisernen Disziplin ab, sondern von Ihren Träumen, Zielen, Werten und Strategien.

Wir werden in den nächsten Kapiteln systematisch diese vier Säulen behandeln. So bauen Sie das Fundament für Ihren Wohlstand. Es ist

unglaublich, wozu ein Mensch in der Lage ist, wenn er diese vier Kräfte in Einklang bringt.

Ihre Träume

Ihre Träume sind ein gutes Indiz dafür, was Sie glücklich machen würde. Überlegen Sie einmal, was Sie alles tun würden, wenn Sie genügend Zeit und Geld hätten. Sie werden überrascht sein, wie viele Ihrer Träume Geld erfordern.

Ihre Ziele

Aus diesen Träumen müssen dann Ziele formuliert werden. Dafür ist eine bewusste Entscheidung notwendig. Solange wir uns nicht festlegen und verpflichten, bleibt alles nur ein Traum. Fragen Sie sich darum, was Sie sein, tun und haben wollen. Weiter hinten im Buch werden Sie auf eine ganz einfache Art Klarheit über Ihre Ziele gewinnen und eine bewusste Entscheidung treffen können.

Ihre Werte

Und nun kommt ein ganz wesentlicher Punkt hinzu: Ihre Träume und Ziele müssen in Einklang mit Ihren Werten stehen. Fragen Sie sich: Was will ich wirklich? Was ist wirklich wichtig für mich? In Kapitel 5 werden Sie feststellen, was Sie wirklich über Geld denken. Ihre Werte sind keine unabänderlichen Fakten, sondern eine Auswahl von Möglichkeiten. Zunächst wird diese Wahl für uns getroffen. Durch den Einfluss unserer Eltern und unserer Umgebung haben wir deren Werte übernommen.

Aber heute haben Sie die Wahl. Sie haben die Freiheit, Ihre eigenen Werte zu wählen. Werte sind nichts Endgültiges. Manche Ihrer Werte widersprechen sich unter Umständen, so wie es bei mir der Fall war. Erinnern Sie sich: Auf der einen Seite wollte ich reich werden, auf der anderen Seite habe ich gedacht, dass ich mich dann totarbeiten müsste. Wenn unsere Werte uns in mehrere verschiedene Richtungen ziehen, treten wir auf der Stelle. Darum ist es wichtig, dass Sie Ihre Werte Ihren Zielen anpassen. Wie Sie das tun können, wird in Kapitel 5 ebenfalls genau beschrieben. *Erst wenn Sie bewusst eine Entscheidung treffen, von welchen Werten Sie sich leiten lassen wollen, haben Sie die Kontrolle über Ihr Leben.*

Ihre Strategien

Wenn Ihre Träume, Ziele und Werte übereinstimmen, müssen Sie die Strategien entwickeln, die bewirken, dass Sie erfolgreich handeln. Die Strategien, die Sie reich machen werden, finden Sie in diesem Buch. Ich möchte Ihnen einen kurzen Überblick geben.

Wie Sie mit eventuell vorhandenen Schulden umgehen, ist in Kapitel 6 beschrieben.

Sie brauchen das Wissen und die Fähigkeit, einen Plan auszuführen. Sie müssen wissen, wie Sie das Geld bekommen können, das Sie haben wollen: Wie Sie Ihr Einkommen dramatisch erhöhen können, erfahren Sie in Kapitel 7.

In Kapitel 8 werden Sie lernen, wie Sie Ihr Geld behalten, denn ein hohes Einkommen alleine macht nicht reich. Reich macht Sie nur das Geld, das Sie behalten.

Sie werden darüber hinaus in den Kapiteln 9, 10 und 11 erfahren, wie Sie Geld züchten können.

Wie Sie Ihre finanziellen Ziele detailliert planen, finden Sie in Kapitel 12.

Schließlich werden wir sicherstellen, dass Sie Ihren Plan auch durchziehen. Sie benötigen jemanden, der Ihnen zeigt, wie Sie reich werden. Wie Sie es anstellen können, eine solche Person zu finden, lesen Sie in Kapitel 13. Dort finden Sie auch, wie Sie sich eine optimale Umgebung schaffen können, so dass gewährleistet ist, dass Sie Ihre Ziele wirklich erreichen – eine Umgebung, die Sie zwingt durchzuhalten.

Dass dies aber nicht alles ist, wird Ihnen Kapitel 14 zeigen, denn es gibt einen Unterschied zwischen Erfolg und Glück. Erfolg bedeutet zu bekommen, was man will. Glücklich sein bedeutet, das zu mögen, was man bekommen hat. Darum zeige ich Ihnen, wie Sie Ihr Geld am besten genießen können.

Vorher beschäftigen wir uns damit, was nötig ist, um wohlhabend zu werden. Sie sehen in Kapitel 3, wie Sie Wunder vollbringen können.

Es ist leicht, reich zu werden. Wenn das stimmt, dann muss man sich doch fragen, warum nicht mehr Menschen reich sind. In Kapitel 4 finden Sie die Gründe dafür.

Zunächst aber möchte ich mit Ihnen im nächsten Kapitel das wichtigste Konzept für den Aufbau von Reichtum und Glück besprechen. Solange wir nicht erkennen, wie wir die volle Kontrolle über unser Leben ergreifen können, sind wir schwache Opfer. Alles beginnt mit der Einstellung, dass wir unser Leben in der Hand haben.

Bitte schauen Sie sich nun noch einmal das Inhaltsverzeichnis an, bevor Sie weiterlesen. Markieren Sie die Themen, die Sie besonders interessieren. Denn das Entscheidende ist, was Sie mit diesem Buch tun. Beantworten Sie für sich auf jeden Fall immer die Fragen: »Wie trifft das auf mich zu? Wie kann ich sofort handeln?« Verinnerlichen Sie die Inhalte dieses Buches, handeln Sie. Das gilt auch für die einzelnen schriftlichen Übungen. Vergessen Sie nicht: Durch Lesen ist noch niemand reich geworden. Nicht Wissen ist Macht, sondern angewandtes Wissen.

Lassen Sie uns also damit beginnen, Ihren Wohlstand aufzubauen. In sieben Jahren können Sie reich sein. Vielleicht sogar früher …

Die Power-Ideen auf den Punkt gebracht

* Geld hat immer die Bedeutung, die wir ihm geben. Wenn Sie aber finanzielle Probleme haben, wird es viel zu wichtig.
* Unsere Werte und unsere Ziele müssen übereinstimmen, sonst treten wir auf der Stelle.

- Optimismus lässt Sie das Positive in allem sehen. Selbstvertrauen gibt Ihnen die Gewissheit, auch mit den dunklen Seiten umgehen zu können.
- Selbstbewusst ist derjenige, der in seiner eigenen Vergangenheit die Beweise dazu findet, dass er sich auf sich selbst verlassen kann.
- Ihre Art zu denken hat Sie zu dem gemacht, was Sie heute sind. Die gleiche Art zu denken wird Sie aber nicht dorthin bringen, wo Sie gerne wären.
- Erfolg ist, der Beste zu sein, der Sie sein können. Glück ist zu mögen, wie Sie geworden sind.
- Probleme im finanziellen Bereich werden immer einen Schatten auf alle anderen Bereiche des Lebens werfen.
- Entscheiden Sie, ob Sie eine Geldmaschine haben wollen oder Ihr ganzes Leben eine Geldmaschine sein wollen.
- Nehmen Sie Ihr liebstes Hobby und bauen Sie eine Karriere darauf auf.
- Wer den ganzen Tag arbeitet, hat keine Zeit, Geld zu verdienen.
- Erst wenn Sie bewusst eine Entscheidung treffen, von welchen Werten Sie sich leiten lassen wollen, haben Sie die Kontrolle über Ihr Leben.
- Was Sie in Ihrem Leben tun, hängt nicht in erster Linie von Ihrer eisernen Disziplin ab, sondern von Ihren Träumen, Zielen, Werten und Strategien.

2

Was heißt Verantwortung?

Wem Sie die Schuld geben,
geben Sie die Macht.

Dr. Wayne Dyer, How to be a No-Limit Person

Aufbau von Vermögen ist unmöglich, solange wir nicht erkennen, dass wir immer verantwortlich sind. Nicht der Staat, nicht die Umstände, nicht unser Partner, nicht unsere Erziehung, nicht unsere Gesundheit, nicht unsere finanzielle Situation: Wir sind verantwortlich.

»Moment mal«, werden Sie sagen, »was ist mit Krankheit, was ist mit Schicksalsschlägen? Was ist, wenn ich betrogen werde? Und was ist mit einem unverschuldeten Unfall? *Sind wir wirklich immer verantwortlich?*«

Stellen Sie sich vor, irgendjemand fährt aus heiterem Himmel in Ihr parkendes Auto. Sind Sie verantwortlich? Sie sind nicht für die Tat des Fremden verantwortlich, aber für Ihre Reaktion. Möglicherweise nehmen Sie Ihr Schrotgewehr und schießen den Kerl »in Notwehr« über den Haufen. Vielleicht reiben Sie sich vergnügt die Hände. Denn Sie haben blitzschnell erkannt, dass Ihre Versicherung den Schaden bezahlen wird und Ihr Auto jetzt neu lackiert werden muss, was sowieso lange nötig war. Unter Umständen machen Sie sogar einen netten Profit.

Sie sind also nicht für alle Ereignisse verantwortlich. Aber Sie sind immer verantwortlich für Ihre Interpretation des Ereignisses und für Ihre Reaktion.

Verantwortung

Natürlich gibt es Dinge, die uns körperlich und ökonomisch wehtun und uns Kummer verursachen können. Aber es ist nicht das, was uns geschieht, sondern wie wir darauf reagieren. Ganz gleich, was uns zustößt, wir entscheiden, ob es unsere Identität treffen kann.

Stellen Sie sich bitte eine Orange vor. Was kommt wohl aus dieser Orange heraus, wenn ich sie liebevoll auspresse? »Dumme Frage«, werden Sie antworten, »natürlich Orangensaft.« Richtig. Was wird aus derselben Orange herauskommen, wenn ich sie zertrete? Orangensaft. Und wenn ich die Orange an die Wand werfe? Wieder Orangensaft.

Die Orange ist nicht dafür »verantwortlich«, was ich ihr antue, aber sie ist »verantwortlich« dafür, was sie von sich gibt. Sie antwortet immer mit dem, was in ihr ist. Genauso sind wir verantwortlich für das, was in uns geschieht – für unsere Einstellung und für das, was aus uns herauskommt.

Verantwortung bedeutet, gut antworten zu können. Wir sind immer verantwortlich für unsere Reaktionen und Interpretationen. Es fällt uns natürlich schwer zuzugeben, dass wir immer die Macht über die eigenen Reaktionen haben. Insbesondere, wenn die eigene, selbst gewählte Reaktion schlecht war. Zu streiten, nur weil der andere angefangen hat, macht keinen Sinn. Wir können mit etwas anderem antworten als mit Streit und Krieg. Einer Giftschlange hinterherzujagen, die uns gebissen hat, treibt das Gift nur schneller durch unseren Körper. Besser ist es, sofort Maßnahmen zur Entgiftung zu ergreifen. Anstatt mitzustreiten, könnten wir uns darauf besinnen, dass wir entscheiden, wie wir den Vorfall interpretieren. Wir könnten uns zum Beispiel fragen, inwieweit die Aktion unseres Partners nur eine Reaktion auf unser vorheriges schlechtes Verhalten war.

Unsere Reaktion ist die Antwort auf ein Ereignis. Und eben für diese Antwort sind wir verantwortlich. Im Englischen heißt Verantwortung *responsibility*. Darin stecken *response* (Antwort) und *ability* (Geschicklichkeit). Demnach bedeutet Verantwortung auf Englisch: Antworte mit Geschicklichkeit. Streit mit Streit und Provokation mit Krieg zu beantworten, ist bestimmt keine optimale Lösung.

Die meisten Menschen schieben Verantwortung von sich. Immer wieder hören wir drei Gründe, warum Menschen nicht verantwortlich sein wollen:

1. »Die Gene sind schuld.«
2. »Die Eltern sind schuld.«
3. »Die Umwelt ist schuld.«

Ein junger Mann hatte zwei Menschen erstochen. Einige Journalisten fragten ihn daraufhin nach seinem Leben und den Beweggründen seiner Tat.

Er erzählte ihnen, dass er in einer »kaputten« Familie groß geworden sei. Solange er sich erinnern konnte, schlug der Vater volltrunken seine Mutter zusammen. Gelebt hatten sie von den Dingen, die der Vater zusammengestohlen hatte. Da war es doch nur natürlich, dass er mit sechs Jahren ebenfalls zu stehlen begann. Auf eine Haftstrafe wegen versuchten Mordes folgten die zwei Morde. Er schloss seinen Bericht mit den Worten: »Wie sollte unter diesen Umständen etwas anderes aus mir werden?«

Der junge Mann besaß auch einen Zwillingsbruder. Nachdem die Journalisten dies herausgefunden hatten, besuchten sie auch ihn. Zu ihrer Überraschung war er das krasse Gegenteil seines Bruders. Er war ein angesehener Anwalt. Er hatte einen guten Ruf und war in den Gemeinderat und in den Kirchenrat gewählt worden. Er war verheiratet, hatte zwei kleine Kinder und führte offensichtlich ein glückliches Familienleben.

Die Journalisten waren verblüfft. Auf die Frage, wie er denn eine solche Entwicklung hatte nehmen können, erzählte er dieselbe Familiengeschichte wie sein Bruder. Und er schloss seinen Bericht mit den Worten: »Nachdem ich jahrelang erlebt hatte, wohin das alles führt, wie konnte unter diesen Umständen etwas anderes aus mir werden?«

Dieselben Gene, dieselben Eltern, dieselbe Erziehung, dieselbe Umwelt. Aber eine andere Interpretation und eine völlig andere Reaktion. Wie können zwei Menschen unter den gleichen Umständen einen so völlig verschiedenen Weg einschlagen? Vielleicht lernten beide einen Menschen kennen, der einen guten Einfluss auf sie ausüben konnte.

Vielleicht hat der eine zugehört und der andere nicht. Vielleicht haben beide ein Buch in die Hände bekommen und beide haben angefangen zu lesen. Vielleicht hat der eine weitergelesen und der andere nicht. Wir wissen es nicht. Auf jeden Fall haben sie sich in völlig unterschiedliche Richtungen entwickelt.

Trotz aller Widrigkeiten sind wir in der Verantwortung. Wir entscheiden, wie wir die Situationen interpretieren und wie wir reagieren. Stellen Sie sich vor, ab heute würde alles Geld eingezogen werden und anschließend bekäme jeder nur 5 000 Euro. Was würde geschehen? Bereits gegen Abend hätten einige Leute 3 000 Euro weniger und einige hätten dafür mehr Geld. Nach wenigen Wochen hätten wir schon wieder einige Reiche und Arme. Forscher behaupten, dass nach etwa einem Jahr das Geld wieder genauso verteilt wäre, wie es ursprünglich war.

Wie antworten Sie auf dieses Buch?

Übrigens, da wir gerade über Verantwortung sprechen. Ich bin verantwortlich für das, was ich in dieses Buch hineinbringe. Sie sind verantwortlich für das, was Sie aus diesem Buch herausholen. Das Gleiche gilt für meine Seminare. Wir erleben immer wieder, wie Menschen nach dem Seminar ihr Einkommen erhöhen konnten. Manche haben es sogar verdoppelt. Die meisten sparten mindestens 20 Prozent und begannen Vermögen aufzubauen.

Viele haben angefangen Sport zu treiben, gesünder zu essen und zu leben. Die gemeinsame Meditation hat dazu geführt, dass viele diese 15 Minuten täglich in ihren Alltag übernommen haben und dadurch keinen Stress mehr kennen. Wir erhalten Anrufe von Teilnehmern, die nun schon im Durchschnitt vieler Jahre mit ihren Anlagen über 12 Prozent Gewinn erzielen konnten. Besonders freuen wir uns, wenn Menschen offensichtlich ihre Einstellung zu Geld verändert haben und mit ihrem gewonnenen Vermögen Gutes tun. Sie sollten einmal die Befriedigung hören, die dann aus ihrer Stimme spricht. Schulden wurden abgebaut und zusätzliche Verdienstquellen entdeckt. Die meisten haben gelernt, Geld zu mögen und sich damit wohl zu fühlen.

Doch es gibt auch einige Menschen, die meine Seminare besucht haben und anschließend nichts tun. Wahrscheinlich haben sie gehofft, dass ich irgendeinen Zauberstaub über ihnen erhebe, der ihr Leben verändert und ihren Keller mit Goldbarren füllt.

»Die anderen sind schuld ...«

Einen jungen Mann, der vor einigen Jahren auf unserem Seminar »Durchbruch zum finanziellen Erfolg« war, traf ich vor kurzem wieder. Er begrüßte mich mit dem Satz: »Es funktioniert nicht. Was Sie erzählen, hat mir nicht geholfen.« Da ich von ganzem Herzen helfen und positive Veränderungen bewirken will, war ich ziemlich betroffen. Aber dann berichtete der junge Mann: »Anfangs war es toll. Ich habe bereits im ersten Jahr 13 500 € mehr verdient und 25 Prozent gespart. Im zweiten Jahr hatte ich ein Guthaben von über 30 000 € und habe alle meine Schulden zurückgezahlt. Ich habe mit zwei Freunden einen Sparclub gegründet – genau so, wie Sie es empfohlen haben. Wir haben zusammen Geld angelegt und einen Durchschnittsgewinn von 17,3 Prozent pro Jahr erzielt. Aber irgendwann ist die Sache eingeschlafen und ich habe aufgehört zu sparen. Und wissen Sie, was ich mit dem Gesparten gemacht habe? Das steht jetzt draußen vor der Tür. Ein schöner Porsche ...«

Der Mann hatte seine Glaubenssätze geändert. Er hatte seine Finanzen zwei Jahre lang im Griff gehabt und begonnen, Wohlstand aufzubauen. Er hatte gesehen, dass es auch für ihn funktionierte. Aber dann wurde er nachlässig und »schlachtete seine Geldgans«, um ein Auto zu kaufen. Aber er wollte nicht schuld sein.

Wer ist dafür verantwortlich? Ist es nicht menschlich, die Schuld auf andere abzuschieben? Das Entscheidende ist: *Wem Sie die Schuld geben, dem geben Sie die Macht.* Es ist so leicht und so verführerisch, anderen die Schuld zu geben. Dann stehen wir wieder gut da. Die Firma ist schuld, ich kann mich nicht entfalten, mein Partner ist schuld, meine Gesundheit lässt es nicht zu … Wollen wir, dass die Firma, der Partner, unsere Gesundheit Macht über uns haben? Denken Sie daran: Wer die Schuld hat, hat die Macht. Aus diesem Grunde nehme ich gerne die Schuld auf mich. Denn ich habe gerne Macht über mein Leben.

Folgen und Fehler

Wie aber ist es, wenn wir in der Vergangenheit Fehler gemacht haben? Wie sieht es dann mit der Verantwortung aus? Beispiele für Vorkommnisse aus der Vergangenheit, die heute Auswirkungen zeigen: Ein Mann ist geschieden und muss Unterhalt bezahlen. Jemand hat seine Gesundheit ruiniert und muss Diät leben. Ein anderer hat sich tief verschuldet und muss einen Offenbarungseid leisten. Wieder ein anderer ist straffällig geworden und sitzt im Gefängnis.

Es wird deutlich: Wir entscheiden über unser Handeln und ziehen damit automatisch die Folgen nach. *Wer das eine Ende des Stockes aufhebt, hebt auch das andere auf.* Diese Erkenntnis sollte uns dahin führen, noch verantwortlicher zu leben.

Was aber ist mit den Dingen, die bereits geschehen sind? Oft müssen wir uns eingestehen, dass wir keine Kontrolle über die Folgen unserer Fehler haben. Das heißt aber keinesfalls, dass wir die Verantwortung auf die Vergangenheit schieben sollten. Wir sind für unsere Interpretation und Reaktion auf diese Folgen verantwortlich. Unsere Reaktion auf die Folgen der Fehler wirkt sich auf die Qualität des nächsten Augenblicks aus. Die Frage ist: *Wollen wir die Macht über den nächsten Moment gewinnen? Oder sollen unsere Fehler und deren Folgen die Macht über den nächsten Moment haben?* Alle negativen Emotionen verlieren die Macht in dem Moment, in dem wir Verantwortung übernehmen.

Sie haben die Macht über Ihre Zukunft

Die beste Möglichkeit, sich auf Ihre Zukunft vorzubereiten, ist, sie zu gestalten. Glauben Sie etwa nicht, dass Sie das können? Dann geht es Ihnen wie den meisten Menschen, die sich nicht bewusst sind, welche Möglichkeiten sie in den nächsten zehn Jahren haben.

Das Bewusstsein, die Zukunft gestalten zu können, beginnt mit Ihrer Vergangenheit. Es erwächst aus dem Wissen, in der Vergangenheit viel verändert zu haben. Wir sehen die kleinen graduellen Veränderungen nicht, die wir durchlaufen. Wir verändern uns oft nur in Millimeterschritten und nehmen es nicht wahr.

Stellen Sie sich einmal die Frage, wo Sie vor zehn Jahren standen. Wie waren Sie als Mensch, als Persönlichkeit, als Experte, als Partner? Wie waren Ihre Erfahrungen, Ihre Ziele, Ihr Know-how? Wie waren Sie im Umgang mit Menschen, und wo standen Sie finanziell? Bitte machen Sie sich dazu schriftlich Notizen.

Je gründlicher Sie darüber nachdenken, desto besser erkennen Sie, dass Sie verantwortlich waren. Sie schöpfen neues Selbstbewusstsein. Wenn Sie in den letzten zehn Jahren so viel ändern konnten, wozu sind Sie dann in den nächsten zehn Jahren in der Lage?

Hätten Sie vor zehn Jahren gedacht, dass Sie heute so sein würden, wie Sie sind? Überlegen Sie, welche Ihrer Entscheidungen in der Vergangenheit hauptsächlich dafür verantwortlich waren, dass Sie das sind, was Sie heute sind (und tun und haben).

Sie haben diese Entscheidungen getroffen. Sie haben entschieden, was Sie sich wünschen wollten. Sie halten es in der Hand. Und Sie haben es wieder in der Hand. Sie können als Erstes einmal den Zeitraum von zehn Jahren auf sieben Jahre verkürzen. Sie können jetzt festlegen, was Sie in sieben Jahren sein wollen. Was Sie besitzen wollen. Wie Ihre

Tätigkeit aussehen soll. Überlegen Sie genau, denn wenn Sie mit diesem Buch arbeiten, werden Sie es bekommen.

Wird diese Vision Wirklichkeit werden? Das Selbstbewusstsein, daran zu glauben, ziehen Sie aus der Vergangenheit. Verlängern Sie Ihre positiven Erlebnisse und Ergebnisse, indem Sie sie aufschreiben. Sie werden Ihnen dadurch bewusster und stärken Ihr Selbstbewusstsein.

Übernehmen Sie Verantwortung und erweitern Sie Ihren Kontrollbereich

Es gibt Dinge, die Sie direkt kontrollieren und beeinflussen können – ich will sie *Kontrollbereich* nennen –, und andere, die Sie zwar interessieren, aber die Sie nicht beeinflussen können. Denken Sie an den Fremden, der Ihr Auto demoliert. Das geht Sie zwar etwas an, ist also in Ihrem persönlichem *Universum*, aber es unterliegt nicht Ihrem Kontrollbereich.

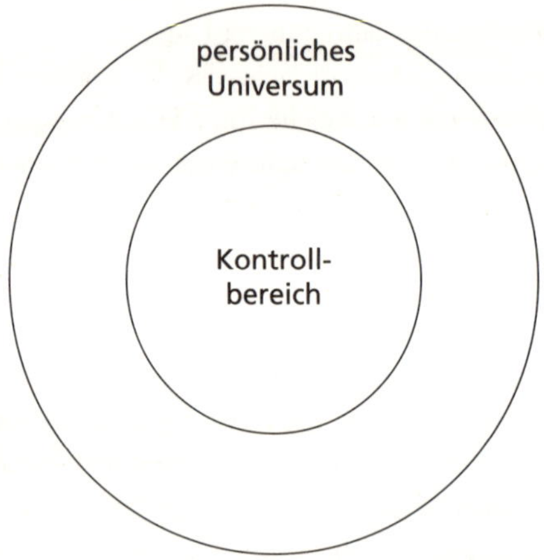

Was auch immer in Ihrem persönlichen Universum geschieht, Sie sind verantwortlich dafür, wie Sie reagieren und wie Sie die Ereignisse interpretieren.

Doch wir müssen uns nicht mit der Größe unseres Kontrollbereichs abfinden. Jeder weiß aus eigener Erfahrung, dass wir diesen Bereich ausdehnen können. Als wir kleine Kinder waren, war unser Kontrollbereich recht gering, mit 20 Jahren war er schon erheblich größer. Bis heute hat er sich weiter ausgedehnt. Wohlstand entsteht, indem wir den Bereich ausdehnen, über den wir Kontrolle haben.

Immer wenn wir glauben, ein Problem sei von außen verursacht und deshalb nicht steuerbar, ist genau dieser Gedanke das eigentliche Problem. Wann immer wir die Umstände oder andere Menschen beschuldigen, geben wir Macht ab. Eine nörgelnde, anklagende Haltung bestätigt nur unsere Schwäche.

Unsere Fähigkeit, positiven Einfluss auf unsere Situation zu nehmen, verkümmert und stirbt schließlich ganz ab. Wenn wir unsere Lage wirklich verbessern wollen, können wir auf der Stelle damit anfangen. Die Lösung kommt aber nicht von draußen, sie muss von innen kommen. Wir können auf der Stelle für alles, was in unserem persönlichen Universum geschieht, Verantwortung übernehmen. Gleichzeitig können wir unseren Kontrollbereich erweitern. Wir haben bereits in der Vergangenheit unseren Kontrollbereich vergrößert, und wir können es in Zukunft tun.

Als 16-Jähriger hatte ich mich entschlossen, nach Kalifornien zu gehen, um dort zu leben. Als ich ankam, war alles anders, als ich es mir vorgestellt hatte. Ich setzte mich in meinem Hotelzimmer auf ein Bett und war verzweifelt. Das »Englisch« der Amerikaner konnte ich überhaupt nicht verstehen. Mein Englisch war sowieso praktisch nicht existent. Wie sollte ich da zur Schule gehen und Geld verdienen? Ich hatte ein Problem. Ich heulte erbärmlich und fühlte mich hundeelend. Aber langsam wich die Verzweiflung und machte einem gewissen Trotz und später Stolz Platz. Schließlich war ich nach Kalifornien gekommen, um mich durchzukämpfen. Ich wusste, dass es nicht leicht werden würde.

Wenn wir unseren Kontrollbereich erweitern wollen, haben wir dazu vier Möglichkeiten.

1. Heraus aus der Komfortzone

Wir verlassen unsere Komfortzone, den Bereich, in dem wir uns sicher und wohl fühlen. Als ich in Kalifornien auf meinem Bett saß, war ich weit außerhalb meiner Komfortzone. Als ich aber angefangen hatte, mich dort in der Stadt zurechtzufinden, wuchs mein Kontrollbereich erheblich. Bald fühlte ich mich in jedem Land wohl. Und dann geschah das Faszinierende: Ich begann mich wohl zu fühlen, wenn ich mich außerhalb meiner ursprünglichen Komfortzone befand.

Wenn Sie öfter reisen, haben Sie das auch schon erlebt. Jede Reise bringt Sie außerhalb Ihrer gewohnten Umgebung. Und schließlich mögen Sie genau das an Ihren Reisen: das Neue, das andere. Sie haben also gelernt, sich außerhalb Ihrer Komfortzone wohl zu fühlen.

Wenn wir es uns zur Angewohnheit machen, jede Herausforderung, die wir gemeistert haben, sofort durch eine neue, größere zu ersetzen, erweitert sich unser Kontrollbereich rasant schnell. Ich glaube auch, dass das der Natur des Menschen und seiner Bestimmung am nächsten kommt. Wir fühlen uns dann am lebendigsten, wenn wir neues Terrain betreten, alles geben und Erfolg haben. Ein Boot ist zwar im Hafen sicherer, aber dafür wurde es nicht erbaut. Wir haben zwar ein Bedürfnis nach Sicherheit, aber wir haben ebenfalls ein Bedürfnis nach Abenteuer und Abwechslung. Wir wachsen in den Zeiten, in denen wir Neues wagen und uns neuen Herausforderungen stellen. Die Menschen, die den größten Kontrollbereich haben, befinden sich fast permanent außerhalb ihrer Komfortzone. Ihnen ist fast langweilig, wenn nicht eine Krise die andere ablöst. So wie der Sportler sich bewegen muss, um sich lebendig zu fühlen, so brauchen wir neue Herausforderungen.

2. Probleme

Probleme bilden ebenfalls eine gute Chance, unseren Kontrollbereich zu erweitern. Ein Problem ist deshalb ein Problem, weil es zwar innerhalb unseres persönlichen Universums, aber außerhalb unseres Kontrollbereichs liegt.

Damit birgt jedes Problem eine Chance zum Wachstum. Wenn wir uns nur die Frage stellen: »Wie löse ich das Problem?«, tut sich nicht viel. Aber wir können uns auch die Frage stellen: »Wie kann ich eine Situation herstellen, dass dieses Problem nicht mehr aufkommen kann?« Diese neue Situation bedeutet immer eine Erweiterung unseres Kontrollbereiches.

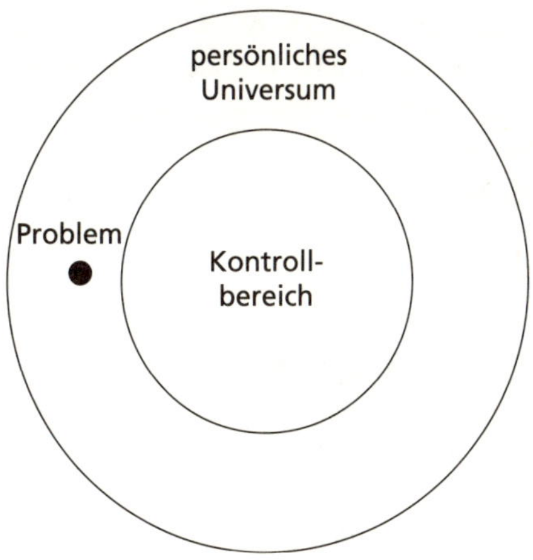

Beispiel: Sie kommen von einer Party nach Hause und stellen fest, dass bei Ihnen eingebrochen wurde. Die Tür ist aufgebrochen und viele Dinge fehlen. Wenn Sie jetzt nur das Problem lösen wollen, rufen Sie einen Schlosser und Ihren Versicherungsagenten an. Wenn Sie aber eine Situation herstellen wollen, in der dieses Problem gar nicht mehr aufkommen kann, dann tun Sie mehr. Sie installieren zum Beispiel eine Alarmanlage und kaufen sich einen Hund. Damit haben Sie eine für Einbrecher sehr ungünstige Situation geschaffen und Ihren Kontrollbereich erweitert. Ihr Haus wird bewacht, auch wenn Sie selbst nicht im Hause sind.

Wohlstand erreicht man nicht, indem man Problemen ausweicht. Wer mehr Geld haben möchte, sollte nach einer längeren Liste von Problemen fragen.

3. Die richtigen Fragen

Wir haben bereits darüber gesprochen, dass die Qualität unserer Fragen die Qualität unseres Lebens bestimmt. Warum ist das so? Wir befinden uns die ganze Zeit in einem internen Dialog. Ständig wirft unser Gehirn Fragen auf, die wir uns selbst beantworten.

Wenn wir uns fragen: »Werde ich das schaffen?«, schließen wir die Möglichkeit nicht aus zu versagen. Allein aufgrund der Fragestellung bleibt zumindest ein Restzweifel bestehen. Die bessere Frage wäre: »Wie werde ich das schaffen?« Diese Frage schließt ein Scheitern aus. Sie werden es schaffen. Die Frage ist nur *wie*. Das Wie lässt Sie nach Möglichkeiten suchen, die auch außerhalb Ihres Kontrollbereiches liegen.

Wir sollten nicht in erster Linie nach dem Warum fragen, sondern nach dem Wie. Das Wie sucht nach Lösungen, das Warum nach Entschuldigungen. Wir finden, wonach wir suchen. Wer eine Entschuldigung sucht und findet, der braucht seinen Kontrollbereich nicht zu erweitern; er ist ja nicht schuld. Damit gibt er seine Macht ab. Wer nach dem Wie fragt, dessen Antworten führen ihn bald aus seinem Kontrollbereich heraus. Denn diese Frage impliziert das Warum: Umgekehrt schließt die Frage nach dem Warum das Wie nicht ein und lässt uns nicht nach Lösungen suchen.

Die Frage »Was kann ich?«, ist ebenso wichtig. Stellen Sie sich vor, ich hätte mich in Kalifornien darauf konzentriert, was ich alles nicht kann und nicht weiß. Ich hätte sehr viele Gründe gefunden, um ganz schnell wieder nach Hause zu fahren. Es gibt viel, was ein 16-jähriger Junge in einem fremden Land nicht kann. Mich darauf zu konzentrieren hätte mir kein Geld gebracht. Ich musste mich vielmehr darauf konzentrieren, was ich konnte.

Die richtige Fragestellung lautete also: »Was kann ich, was weiß ich, welche Möglichkeiten habe ich?« Ich konnte zum Beispiel Deutsch. Folglich gab ich Sprachunterricht. Allerdings war mein Englisch so schlecht, dass ich keine fünf Minuten hätte unterrichten können, wenn ich etwas auf Englisch hätte erklären müssen. Also hielt ich den Unterricht auf Deutsch. Dadurch war es anfangs sehr zäh, aber meine Schüler lernten ziemlich schnell. Heute weiß ich, dass es tatsächlich die beste Methode ist, eine Fremdsprache zu lehren.

Wenn wir uns fragen: »Wer ist schuld?«, suchen wir nach Ausreden. Wenn wir sagen: »Du bist schuld«, nehmen wir Raum für positive Veränderung weg. Außerdem wird die Schuldfrage uns immer in die Vergangenheit führen. Die grammatikalisch korrekte Frage wäre ja: »Wer *hatte* Schuld?« Sie können aber Ihren Kontrollbereich nicht rückwirkend erweitern. Wir benötigen unsere Energie für das Jetzt. Auch unsere Fragen sollten sich darauf konzentrieren, was wir jetzt tun können.

Lassen Sie mich ein letztes Beispiel für Fragen geben, die Ihren Kontrollbereich erweitern. Die meisten Menschen verwechseln den Zeitpunkt für die Fragen *wie* und *ob*. Wir alle wissen, dass es wichtig ist, schnelle Entscheidungen treffen zu können. Trotzdem tun sich die meisten Menschen damit schwer. Warum? Weil sie sich bereits überlegen, *wie* sie alles tun würden. *Wie* ist eine gute Frage, aber *nicht*, wenn Sie eine Entscheidung treffen wollen. Kommen wir noch einmal auf das Beispiel zurück, als ich nach Kalifornien ging. Stellen Sie sich vor, ich hätte mich gefragt: »*Wie* werde ich dort alles genau angehen, falls ich mich entscheide, dorthin zu fahren?« Glauben Sie, ich hätte mich dann jemals entschieden loszufahren?

Wenn Sie eine Entscheidung treffen, fragen Sie nach dem *Ob*. Dahinter stellt sich für Sie die Frage nach dem Warum. Warum sollen Sie etwas tun? Welche guten Gründe sprechen dafür? Das *Wie* ist zu diesem Zeitpunkt uninteressant. Es wird sich später finden.

Wenn Sie jedoch eine Entscheidung getroffen haben, sollten Sie die Fragen nach dem *Ob* nicht mehr stellen. Sie können sich nicht beim ersten Problem die Frage stellen: War meine Entscheidung überhaupt richtig? Sollte ich nicht lieber etwas anderes machen? Anstatt darüber nachzudenken, wie Sie das Problem lösen können, würden Sie sich so wieder die Startfrage *ob* stellen. Wir alle kennen Menschen, die endlos lange brauchen, um sich zu entscheiden, aber dann dafür umso schneller ihre Entscheidung ändern. Die richtige Reihenfolge lautet also:

1. Warum sollten Sie es tun? Entscheidung, *ob* ja oder nein.
2. *Wie* Sie es tun. Wie lösen Sie das nächste Problem? Die Gründe, nicht aufzugeben, halten Sie sich dabei immer vor Augen.

Die Fragen unseres internen Dialoges bestimmen, welche Richtung wir gehen. Sie lassen unseren Kontrollbereich schrumpfen oder wachsen.

4. Vergrößerung Ihres privaten Universums

Ihr privates Universum beinhaltet all die Dinge, die Sie berühren. Was Ihnen wichtig ist, wofür Sie sich interessieren. Wenn Ihnen etwas wichtig ist, wollen Sie Einfluss nehmen. Zwangsläufig beginnen Sie dann darüber nachzudenken, wie Sie Ihren Kontrollbereich ausdehnen können, denn Sie wollen in Ihrem privaten Universum möglichst viele Dinge nach Ihrem Geschmack regeln.

Stellen wir uns vor, Willi Winzig und Richard Riesig arbeiten in einer Abteilung eines Weltkonzerns. Wenn sich Willi Winzig nur für seine Abteilung interessiert, muss sein Kontrollbereich nicht sehr groß sein. Währenddessen macht sich Richard Riesig Gedanken über die Richtung seines Konzerns, die Kundenbindung, das Marketing. Um mehr Einfluss zu nehmen, unterhält er Beziehungen zu verschiedenen anderen Abteilungen. Er fühlt sich unzufrieden, solange er nicht die Hauptzentrale der Firma besucht hat. Er weiß, was die Konkurrenz macht. Fast zwangsläufig vergrößert sich der Kontrollbereich des Herrn Riesig.

Forscher haben festgestellt, dass der Kundenkreis einer Firma proportional zum definierten Universum der Firma wächst. Viele Firmen konzentrieren sich hauptsächlich auf ihre Kunden und fragen sich, warum diese wohl kaufen. Andere Firmen konzentrieren sich auch auf die Nicht-Kunden. Sie fragen sich: Warum kaufen diese Menschen nicht bei uns? Wie können wir erreichen, dass diese Menschen auch bei uns kaufen? Das Universum der zweiten Firma ist viel größer und damit vergrößert sich bald der Kundenkreis.

Lebt es sich leichter ohne Verantwortung?

Wir sind verantwortlich für die Dinge, die wir tun, und auch für die Dinge, die wir nicht tun. Die Versuchung ist manchmal groß, der Verantwortung auszuweichen. Oft erscheint es leichter und angenehmer, nicht immer die Verantwortung zu übernehmen. Aber der Preis ist zu hoch, den wir dafür zahlen müssten. Denn dann werden wir immer mehr zum Spielball anderer Menschen und leben nach den Skripten, die andere für uns schreiben.

Die größte Befriedigung haben wir, wenn wir unser Potenzial ausschöpfen. Erfolg heißt für mich, der Beste zu sein, der ich sein kann. Wenn ich alles gebe, fühle ich mich am lebendigsten.

Übernehmen Sie die Verantwortung für Ihre Finanzen

Die meisten Menschen sind sehr leichtsinnig, was ihre Finanzen angeht. Wo hätten sie es auch lernen sollen? Die Eltern waren meist keine leuchtenden Vorbilder. In der Schule gab es kein Fach »Wie baue ich Vermögen auf«. Unsere Gesellschaft regt dazu an, zu viel zu kaufen: Überall herrscht Überkonsum.

Die meisten Menschen um Sie herum sind ebenfalls schlechte Vorbilder. Es ist modern, über Geldmangel zu klagen. Sprüche wie »am Ende meines Geldes war noch viel Monat übrig« sind beliebt. Zudem ist Geld für viele ein trockenes, unangenehmes Thema: »Geld hat man, darüber spricht man nicht.« Und: »Geld ist nicht das Wichtigste.« Wir haben im ersten Kapitel gesehen, dass Geld sehr wohl wichtig ist. Wenn Sie es überhaupt nicht beachten und Sie sich in eine schwierige Situation bringen, dann wird Geld *zu wichtig*. Das heißt: Sie müssen vermeiden, dass Geld einen zu hohen Stellenwert in Ihrem Leben einnimmt. Schon deshalb müssen Sie Verantwortung übernehmen.

Natürlich wäre es dumm anzunehmen, dass Geld alle Probleme löst.

Aber es wäre genauso dumm anzunehmen, dass man mit Geld keine interessanten Menschen kennen lernen, keine faszinierenden Orte besuchen, seine Möglichkeiten nicht potenzieren und sich nicht auf andere Tätigkeiten konzentrieren kann.

Was auch immer wir mit unserem Geld tun, zeigt sich in der Zukunft. Auch was wir *für* unser Geld tun, wirkt sich in der Zukunft aus. Wir gestalten unsere Zukunft wie ein Designer: Wir entwerfen heute die Formen, nach denen wir morgen leben. Schließlich wussten schon die alten Babylonier: »Unsere weisen Handlungen begleiten uns durch unser Leben, um uns zu erfreuen und uns zu helfen. Genauso sicher werden unsere unklugen Handlungen uns verfolgen, um uns zu plagen und zu quälen.«

Sie werden sehen, dass Geld viel schöner ist, als die meisten denken. Es ist auch viel einfacher, Vermögen aufzubauen, als die meisten denken. Aber Sie müssen Verantwortung übernehmen und sich darum kümmern. Armut entsteht von alleine. Armut ergibt sich beispielsweise, wenn Verantwortung abgelehnt wird. Für Wohlstand müssen Sie einige grundlegende Dinge tun, auf die wir noch ausführlich eingehen werden. Aber alles beginnt in Ihrem Kopf: Sie – und sonst niemand – sind dafür verantwortlich, wie viel Geld Sie in sieben Jahren besitzen.

Es gibt Dinge, die Sie nicht beeinflussen können. Aber Sie können entscheiden, wie Sie diese Dinge interpretieren und wie Sie reagieren. Damit haben Sie immer die Macht.

Verantwortung bedeutet: Nichts kann Ihre Einstellung und Integrität verändern. Denn Sie antworten mit dem, was Sie sind. Sie können bestimmen, wie Sie leben. Diese Einstellung ermöglicht Ihnen, zufrieden zu leben und der/die Beste zu sein, der Sie sein können. Wenn Sie Verantwortung übernehmen, können Sie in sieben Jahren wohlhabend sein.

Die Power-Ideen auf den Punkt gebracht

- Sie sind nicht für alle Ereignisse verantwortlich, aber Sie sind immer dafür verantwortlich, wie Sie die Ereignisse interpretieren und wie Sie darauf reagieren.
- Wem Sie die Schuld geben, dem geben Sie die Macht.
- Ihre Entscheidungen von gestern bestimmen Ihre Gegenwart. Ihre Entscheidungen von heute bestimmen Ihre Zukunft.
- Wünsche sind Vorboten für unser späteres Leben. Wir entscheiden, was wir wünschen. Und damit entscheiden wir, was wir später haben werden.

- Um Ihren Kontrollbereich zu erweitern, haben Sie vier Möglich-
  keiten:
  1. Verlassen Sie Ihre Komfortzone.
  2. Sehen Sie Probleme als eine Chance zum Wachstum und fragen
     Sie sich: Wie kann ich eine Situation herstellen, dass dieses Pro-
     blem nicht mehr auftauchen kann?
  3. Stellen Sie die richtigen Fragen.
  4. Vergrößern Sie Ihr privates Universum und Sie vergrößern
     zwangsläufig auch Ihren Kontrollbereich.
- Wenn Sie älter werden, werden Sie nur eines bereuen: die Dinge,
  die Sie nicht getan haben.
- Ohne Verantwortung zu leben bedeutet, sich selbst zum kraftlosen
  Opfer zu degradieren. Es bedeutet, nach dem Skript zu leben, das
  andere für Sie schreiben.
- Alle negativen Emotionen verlieren die Macht in dem Moment, in
  dem wir Verantwortung übernehmen.
- Sie allein, und sonst niemand, sind dafür verantwortlich, wie viel
  Geld Sie in sieben Jahren besitzen.

3

Ist eine Million ein Wunder?

Die meisten Menschen überschätzen, was sie in einem Jahr tun können,
und unterschätzen, was sie in zehn Jahren tun können.

Jim Rohn, The Power of Ambition

Wenn Sie wählen müssten, was würden Sie vorziehen: In den nächsten
sechs Monaten zusätzliche 50 000 € oder 1 000 000 € nach sieben
Jahren? Würden Sie 50 000 € in bar vorziehen oder einen »Koffer
voller Fähigkeiten«? Um kurzfristig etwas mehr Geld zu verdienen,
brauchen Sie wahrscheinlich nur etwas mehr zu tun. Um aber über
1 000 000 € innerhalb von sieben Jahren zu verfügen, ist es mit »etwas
mehr tun« nicht getan.

Die fünf Ebenen,
auf denen Veränderungen stattfinden

Es gibt mehrere Ebenen, auf denen Veränderungen bewirkt werden.
Ich möchte Sie in diesem Buch auf allen fünf ansprechen. Wirklich
weit greifende Veränderungen können nur eintreten, wenn sich auf al-
len fünf Ebenen etwas verändert.

1. Ebene: Es überkommt Sie die Einsicht, dass Sie mit Ihrem Zustand
nicht zufrieden sind. Um etwas zu verändern, handeln Sie.

Beispiel: Die Post häuft sich auf Ihrem Schreibtisch, und Sie be-
schließen, so lange daran zu arbeiten, bis Sie wieder erkennen können,
welche Farbe Ihre Schreibtischplatte hat.

2. Ebene: Die gewünschten Ergebnisse treten nicht ein. Sie erkennen, dass Handeln allein nicht ausreichend ist. Sie müssen lösungsorientiert handeln. Sie fragen sich: Wie kann ich mein Ergebnis verbessern? Wie kann ich smart statt hart arbeiten?

Beispiel: Sie arbeiten und arbeiten, aber am Ende des Monats haben Sie immer noch nicht genug verdient.

Neue Techniken und Strategien sollen die Lösung bringen. Viele Menschen erwarten übrigens genau das von einem Fachbuch: eine Formel, die Resultate bewirkt. In den späteren Kapiteln werden Sie viele konkrete Techniken, Strategien und Rezepte erhalten. Dauerhafte, entscheidende Veränderungen finden aber auf höheren Ebenen statt.

3. Ebene: Die Techniken haben Ihnen ein wenig geholfen, aber wenn Sie sich mit anderen, erfolgreicheren Menschen vergleichen, so scheinen diese müheloser zum Ziel zu kommen. Sie besitzen einflussreiche Freunde, die ihnen Türen öffnen können.

Beispiel: Ein unerwartetes Problem trifft Sie heftig. Sie bräuchten eigentlich alle Zeit und Kraft für Ihr Geschäft, aber jetzt müssen Sie zunächst das Problem lösen. Alles geht drunter und drüber.

Die Lösung ist jetzt schon nicht mehr so einfach: Persönlichkeitsentwicklung, Wachstum der Persönlichkeit. Das klingt nicht, als ob es sehr schnell ginge, zumal Sie durch Techniken keine einflussreichen, erfolgreichen Freunde gewinnen. Hier ist es erforderlich, Zeit zu investieren, um zu dem Menschen zu werden, der Sie gerne wären. Ein Hinweis, wie das aussehen könnte: Wahrscheinlich haben Sie Vorbilder, Menschen, die Sie bewundern. Sie können ähnlich bewundernswert werden wie diese, wenn Sie Ihr Leben entsprechend gestalten.

4. Ebene: Indem Sie sich mit sich selbst und anderen beschäftigen, überdenken Sie Ihre Weltsicht. Die Brille, durch die viele die Welt sehen, verzerrt unsere schöne Welt in einen Dschungel, in dem jeder gegen jeden kämpfen muss.

Beispiel: Es gibt Menschen, die keinem trauen. Sie sind einige Male enttäuscht worden und seitdem auf der Hut. Sie beäugen alles und jeden skeptisch und suchen fleißig den Haken. Meistens schlagen sie den Haken selber ein, weil sie kein charmantes und gewinnendes Wesen haben, so dass andere sich von ihnen zurückziehen.

Das Rezept lautet: eine neue Brille, neue Gläser, durch die die Welt anders aussieht. Es gibt nicht *eine* Realität. Es gibt nur eine Realität, die wir wahrnehmen. Wenn wir durch eine neue Brille sehen, setzt sich die Welt für uns aus anderen Mustern zusammen. Der bekannte Management-Trainer Stephen Covey beschreibt folgende Begebenheit:

Eines Tages fuhr Covey im Zug zu einer Veranstaltung, auf der er sprechen sollte. Er wollte die Zeit im Zug nutzen, um sich auf seinen Vortrag vorzubereiten. Plötzlich kam ein Mann mit drei Kindern in sein Abteil. Die Kinder fingen sofort an zu toben. Sie schrien und kreischten. Sie sprangen über die Sitze und belästigten die anderen Reisenden. Der Mann, der offensichtlich der Vater dieser drei Kinder war, tat nichts. Er starrte nur teilnahmslos aus dem Fenster.

Die Kinder wurden immer ungezogener. Sie traten gegen die Sitze und zogen sogar einige Reisende an der Kleidung. Schließlich zupften sie eine Dame am Haar. Der Vater griff immer noch nicht ein. Da war für Stephen Covey das Fass übergelaufen. Mühsam beherrscht beschloss er einzugreifen. Energisch stand er auf, um sich bei dem Vater wirkungsvoll Gehör zu verschaffen: »Entschuldigen Sie, mein Herr. Sehen Sie nicht, dass Ihre Kinder alle Mitreisenden stark belästigen? Würden Sie sie bitte zur Ordnung rufen!«

Stolz auf seine Beherrschung und kraftvoll hervorgebrachte Aufforderung setzte er sich wieder. Langsam löste sich der Vater aus seinem Grübeln, wandte sich schließlich dem Sprecher zu und erwiderte mit leiser Stimme: »Ja, ja, es tut mir Leid, wenn sich meine Kinder so benehmen. Ich habe es gar nicht bemerkt. Meine Frau, die Mutter der Kinder, ist vor wenigen Stunden gestorben. Ich weiß noch nicht, wie ich damit umgehen soll. Wir alle begreifen es noch gar nicht richtig. Ich glaube, meine Kinder verarbeiten es auf ihre Art ... Entschuldigen Sie bitte.«

Es gibt sicherlich Brillen, die uns selbst und andere glücklicher machen als die schwarzweiße Brille. Es gibt Brillen, die Chancen zeigen und nicht Fehler und Fallen.

Es gibt eine Brille, durch die Sie Geld als etwas sehen, das Waffen schafft, Kriege auslöst, Gier produziert und einsam macht. Wir müssen uns bewusst sein, dass es sich hier aber nur um eine Brille handelt. Genauso können wir eine andere Sicht in Bezug auf Geld annehmen. Wir können die Brille aufsetzen, die uns zeigt, dass mit Geld Krankenhäuser gebaut, Hungersnöte gelindert und die medizinischen Voraussetzungen geschaffen werden, um Leben zu verlängern. Mit Geld können bessere Lebensbedingungen geschaffen werden. Mit Geld kann viel Gutes getan werden.

Was glauben Sie, mit welcher Brille Sie eher Geld anziehen und glücklicher sind?

5. Ebene: Die stärkste Veränderung aber rufen wir hervor, wenn wir unsere Identität verändern. Die Wahrnehmung, die wir von uns selbst haben.

Beispiel: Heinz Hartig ist Verkäufer. Er arbeitet fleißig. Er beherrscht alle wichtigen Techniken. Seine Persönlichkeit ist gewachsen, und Menschen sind gerne in seiner Nähe. Er sieht Kunden auch nicht durch die Beute-Brille. Er hält demzufolge nichts von »anhauen – umhauen – abhauen«. Er berät seine Kunden und genießt deren Vertrauen. Dies ist zwar gut, aber nicht hervorragend. Die Kunden kommen noch nicht von selbst zu ihm. Den ganz großen Unterschied wird ausmachen, wie sich Heinz Hartig selber sieht. Sieht er sich als Verkäufer, dann muss er zu den Kunden gehen, oder sieht er sich als Experte, dann kommen die Kunden zu ihm.

Die Entscheidungen fallen anders aus, je nachdem, ob er sich als Verkäufer sieht oder die Vision hat, Experte zu werden. *Unser Selbstbild wird schließlich zu unserer selbsterfüllenden Prophezeiung.*

Ich hatte einmal einen Geschäftspartner, der sich selbst gerne in der Opferrolle sah. Er war sich sicher, niemand sei so oft betrogen und übervorteilt worden wie er. Dazu setzte er die Alle-sind-böse-Brille auf.

Tatsächlich war er von einer Firma dreimal betrogen worden, ohne das beweisen zu können, und hatte viel Geld verloren. Das bestärkte ihn in dem Glauben, dass er Betrug magisch anziehe. Er sei zu gut für diese Welt, dachte er. Leider konnte er sich aufgrund vertraglicher Verpflichtungen nicht von dieser Firma lösen. Er wollte es wohl auch nicht, bestätigte sie ihn doch so schön in seiner Opferidentität.

Bald hatte er mich auf seine negative Haltung eingestimmt: »Herr Schäfer, wir können nicht vorsichtig genug sein.« Wenig später ertappte ich mich dabei, wie ich zusammen mit ihm einen »Schutzplan« entwarf. Das war zumindest als erster Schritt in ein neues Unternehmen nicht klug. Zuerst benötigt man einen Umsatz, den man beschützen kann. Zweitens entspricht es nicht meinem Selbstbild: Ich will bei jedem Fehlschlag das Positive sehen. Ich glaube fest, dass alles auch eine positive Seite hat.

Also schlug ich auf den Tisch und sagte: »Schluss. In diese Richtung will ich nicht denken. Lassen Sie uns herausfinden, was gut daran ist, dass Sie dreimal betrogen worden sind.« Mein Partner lief rot an und drohte zu ersticken: »Gut? Sind Sie von allen guten Geistern verlassen?«

Um es kurz zu machen: Wir haben danach gesucht, was gut an seinen Misserfolgen war, und wir haben es gefunden. Die Firmenbosse waren schließlich bereit, uns ungewöhnlich weit entgegenzukommen. Wir konnten mit einem einzigen Gespräch eine große Summe Geld »verdienen«.

Das Wunder geschieht auf fünf Ebenen

Wenn Sie Ihre Million mit ein paar Techniken rasch und mühelos erarbeiten wollen, muss ich Sie enttäuschen. Dieses Buch ist kein Fertiggericht, das Sie nur noch aufwärmen, das heißt lesen müssen, und schon sind Sie reich. Der Grund, warum das nicht funktioniert, ist, dass einschneidende Veränderungen auf allen fünf Ebenen stattfinden können und müssen. Wenn Sie aber alle fünf Ebenen berücksichtigen, dann werden Wunder möglich.

Eines Tages kam Petrus zu Jesus und sagte: »Meister, wir haben ein Problem. Morgen müssen wir Steuern zahlen und wir haben kein Geld.« Jesus antwortete: »Kein Problem.« Petrus war etwas irritiert: »Meister, du verstehst nicht, ich habe gesagt, morgen müssen wir Steuern bezahlen und wir haben kein Geld. Das ist ein Problem.« Jesus antwortete wieder: »Kein Problem.«

Es ist gut, sich mit Menschen zu umgeben, die alles tun, was notwendig ist, um ein Problem zu lösen. Sie stehen so früh auf und gehen so spät ins Bett wie nötig. Sie lesen so viele Fachartikel und Bücher wie nötig. Sie befragen so viele Menschen wie nötig, und sie machen so lange weiter, wie es nötig ist, um ihr Problem zu lösen. Das sind Menschen, bei denen das Wort Problem nicht das Verzweiflungsprogramm auslöst. Sie jammern auch nicht: »Nein, warum muss das gerade mir passieren.«

Jesus hat das Problem recht einfach gelöst. Er befahl Petrus, fischen zu gehen. Da Petrus Fischer war, war das gar kein abwegiger Gedanke. Der erste Fisch, den Petrus fing, hatte eine Münze im Maul, mit dem die Steuern bezahlt werden konnten.

Die Lehre ist einfach:

Ebene 1: Das Wunder ereignet sich, wenn wir etwas dafür tun.
Ebene 2: Wenn man fischen geht, ist es hilfreich, die Techniken zu beherrschen.
Ebene 3: Sie sollten eine Persönlichkeit sein, zu der andere kommen, weil Sie als stark und kompetent bekannt sind. Petrus kam sofort zu Jesus, weil »dem schon etwas einfällt«.
Ebene 4: Die Steuer ist kein Problem. Der Staat ist ja nicht nur dazu da, um Sie zu schröpfen.
Ebene 5: Die Identität: ein Kein-Problem-Mensch.

Die Welt ist voll von Menschen, die Wunder bewirkt haben. Wunder sind für uns Ereignisse in Raum und Zeit, die unseren Erfahrungen widersprechen. Etwas, das Sie sich heute aufgrund Ihrer Erfahrungen nicht vorstellen können, ist ein Wunder. Eine gewisse Menge an Vermögen, ein bestimmter Verdienst erscheint vielen als Wunder. Das Doppelte von ihrem monatlichen Einkommen können sich die meisten Menschen vorstellen – das Fünf- oder Zehnfache wäre dagegen für sie ein Wunder.

Es gab eine Zeit, da wäre es für mich ein Wunder gewesen, 10 000 € monatlich zu verdienen. 25 000 € waren absolut unvorstellbar. Zweieinhalb Jahre später habe ich das erste Mal über 50 000 € in einem Monat verdient. Rückschauend kam es mir gar nicht so wunderbar vor, denn ich wusste, wie ich es gemacht hatte, und ich hatte hart für das *Wunder in bar* gearbeitet.

Das Wunder geschieht, wenn Veränderungen auf der dritten, vierten und fünften Ebene geschehen. Diese Veränderungen können wir vorbereiten.

Sich hinzusetzen und auf ein Wunder zu warten ist so dumm, wie wenn sich ein Sportler zu Hause vor den Fernseher setzt, die Olympiade anschaut und hofft, dass er eine Goldmedaille bekommt. Das Wunder kommt nicht zu uns. Wir müssen selbst Wunder bewirken. Die vier Disziplinen, die das Wunder bewirken, nenne ich *konstant lernen und wachsen*.

Konstant lernen und wachsen ist für mich zu einer Lebenseinstellung geworden. Wenn wir nicht mehr wachsen, sterben wir. Wachstum ist Leben. Konstant zu lernen und zu wachsen bedeutet, sich lebendig zu fühlen. Es bedeutet, der Beste zu sein, der Sie sein können.

Bücher

Ist Ihnen schon einmal aufgefallen, dass es in jeder Villa reicher Menschen eine Bibliothek gibt? Was glauben Sie? Haben diese Reichen eine Bibliothek, weil sie sich eine kaufen konnten? Oder sind sie so reich, weil sie frühzeitig viel gelesen haben?

Ein weiser Mann sagte einmal: »Ein Mensch ist die Summe aller Bücher, die er gelesen hat.« Warum ist Lesen so wichtig? Zum einen, weil Wörter eine Idee bedeuten. Jedes neue Wort, das wir lernen, bedeutet eine neue Idee. Ideen aber sind unbezahlbar. Zum anderen entwickelt sich unser Einkommen oft parallel zu unserem Wortschatz.

Wir haben einen großen Vorteil: Heute gehören Bücher zum Leben. Das war nicht immer so. Wenn Sie im 19. Jahrhundert studiert hätten, dann hätten nur wenige von Ihnen eigene Bücher gehabt. Ich bezeichne es als Vorteil, dass wir in wenigen Stunden die Essenz vieler Jahre in Bezug auf Erfahrung und Forschung lesen können. Wir brauchen nicht mehr alle Fehler selbst zu machen. Alles Wissen steht irgendwo geschrieben. Allerdings müssen wir danach suchen. Wir müssen der Information entgegengehen. Wir haben Meinungs- und Pressefreiheit und wir haben die Druckkunst erfunden.

Was machen Sie aus dieser Chance? Lesen Sie Bücher zu allen fünf Bereichen Ihres Lebens? Zwei Bücher pro Woche ergibt über 100 Bücher im Jahr. In sieben Jahren sind das 700 Bücher. Glauben Sie, dass 700 Bücher Sie verändern?

Sie werden fragen: »Wie soll ich das schaffen? So viel Zeit habe ich nicht!« Das erste Buch, das Sie lesen sollten, ist ein Buch über Schnelllesen, denn Zeit ist kostbar. Wenn Sie nur drei Stunden üben, werden Sie Ihre Lesegeschwindigkeit immer weiter erhöhen. Sie können dann leicht 1 000 Worte pro Minute lesen, das heißt, Sie lesen ein 300-Seiten-Buch in weniger als zwei Stunden.

Ein Tipp, um zusätzlich Zeit zu sparen: Wann immer Sie eine interessante Persönlichkeit kennen lernen, nutzen Sie die Zeit, anstatt sie mit »Smalltalk« zu verschwenden. Fragen Sie nach den zwei bis drei besten Büchern, die dieser Mensch gelesen hat. Gehen Sie noch einen Schritt weiter und fragen Sie, warum er oder sie diese Bücher so gut findet. Umgehend erhalten Sie gratis eine Zusammenfassung durch einen kompetenten Leser. Sie wissen innerhalb von wenigen Minuten, ob Sie diese Bücher selber lesen wollen. Auf diese Weise bin ich auf manche Schätze in Form von Büchern gestoßen.

Ihr persönliches Erfolgsjournal

Journale sind leere Bücher – Bücher, die *Sie* schreiben. Und zwar nur für sich alleine. Jeder Mensch sollte täglich sein *Erfolgsjournal* schreiben. Tragen Sie alles ein, was Ihnen während des Tages gut gelungen ist: jedes Lob und jede Anerkennung, die Sie bekommen haben, wenn Sie diszipliniert waren, wenn Sie eine Aufgabe erfüllt haben, wenn Sie einen Menschen glücklich gemacht haben.

Unserem Gehirn können wir leider nicht immer trauen. Wir merken uns Fehler und Ausrutscher elfmal leichter und auch elfmal länger als Erfolge. Dadurch haben wir insgesamt ein viel zu schlechtes Bild von uns selbst. Auch unser Umfeld und unsere Erziehung unterstützen diese negative Tendenz. So hören wir als kleines Kind bis zum zwölften Lebensjahr für jedes Ja siebzehnmal ein Nein. Mindestens 80 Prozent aller Medienmeldungen sind negativer Art. Es ist deshalb wichtig, dass wir dagegenhalten und zumindest das Bild von uns selbst gerade rücken.

Von großen Männern und Frauen sind uns sehr oft Tagebuchaufzeichnungen erhalten geblieben. Interessant ist, dass diese Persönlichkeiten mit ihren Aufzeichnungen sehr früh in ihrem Leben begonnen haben, lange bevor sie etwas Nennenswertes geleistet hatten und bevor sie berühmt wurden. Sie konnten damals auch noch nicht wissen, dass sie einmal berühmt werden würden. Könnte es sein, dass die täglichen Aufzeichnungen mit dazu beigetragen haben, dass sie später so erfolgreich wurden? Auf jeden Fall haben die Aufzeichnungen ihre positiven Gedanken verlängert.

Nehmen Sie sich also wichtig genug, um über sich selbst zu schreiben.

Bevor ich meinen Arbeitstag beginne, schreibe ich in mein Erfolgsjournal und baue mein Selbstbewusstsein systematisch weiter aus. (In Kapitel 7 erfahren Sie, warum Ihr Verdienst direkt von Ihrem Selbstbewusstsein abhängig ist.)

Mit den Jahren ist ein Ideenjournal dazugekommen (alle Ideen, die ich habe), ein Beziehungsjournal (alles, worüber ich mich sehr gefreut habe), ein Erkenntnisjournal (was ich aus meinen Fehlern gelernt habe, damit ich sie nicht umsonst begangen habe) und einige andere …

Selbstbewusstsein ist kein Zufall. Wir können nie genug Selbstbewusstsein haben. Ob wir stehen bleiben oder weitermachen, hängt immer wieder davon ab, ob wir das Selbstbewusstsein besitzen, den nächsten Schritt zu wagen.

Immer wieder erleben wir: *Menschen mit geringem Selbstwertgefühl beschützen sich selbst, indem sie kein Risiko eingehen. Doch ein Mensch, der nichts riskiert, tut nichts, hat nichts und ist nichts.*

Den Unterschied macht immer wieder das Selbstbewusstsein aus. Nichts baut es systematischer und wirkungsvoller auf als ein Erfolgsjournal.

Bitte überlegen Sie gleich jetzt, was Ihnen heute oder gestern gut gelungen ist. Was haben Sie erledigt? Wen haben Sie aufgebaut? Wer hat Ihnen ein Kompliment gemacht?

____

____

Wenn Ihnen jetzt wenig einfällt, dann ist Ihr Selbstwertgefühl unterentwickelt. Je weniger Sie jetzt schreiben können, desto wichtiger ist es für Sie, bald ein Erfolgsjournal zu führen.

Selbst wenn Sie bereits vor Selbstwertgefühl bersten, liegt für Sie die nächste Aufgabe bereit, an der Sie wachsen können. Ob Sie sich dieser Aufgabe stellen, wird Ihr Selbstwertgefühl entscheiden. Um zu erleben, wie wahr dies ist, stellen Sie sich doch bitte folgende Frage:

Welches Ziel würden Sie anstreben, wenn Sie genau wüssten, dass Sie nicht scheitern können (Bundeskanzler, Schriftsteller, Formel-1-Weltmeister, Retter des Regenwalds, Großgrundbesitzer in Kanada, Partner einer bestimmten Person, ...)?

____

____

Wir denken oft, dass wir aus Bequemlichkeit oder aufgrund einer gewissen Sättigung den nächsten *entscheidenden* Schritt nicht machen. Richtig ist aber: Bequemlichkeit ist nur vorgeschoben; in Wahrheit glauben wir nicht an unseren Erfolg.

Power-Tipp:

Bauen Sie Ihr Selbstbewusstsein auf, indem Sie täglich ein Erfolgsjournal führen.

- Unser Selbstbewusstsein entscheidet, ob wir Risiken eingehen.
- Ohne Risiken einzugehen ist Wachstum nicht möglich.
- Unser Gehirn, unsere Erziehung und unsere Umwelt sind im Allgemeinen nicht dazu geeignet, unser Selbstwertgefühl zu steigern. Selbst-Wert ergibt sich aus Selbst-Bewusstsein. Das Journal macht Ihnen bewusst, *wie gut* Sie sind.
- Während Sie das Journal führen, lernen Sie, sich auf Ihre Vorteile zu konzentrieren.
- Nach einiger Zeit werden Sie tagsüber bereits feststellen: Das ist mir gut gelungen, das kann ich in mein Journal schreiben.
- Unsere Erwartungen bestimmen, was wir bekommen. Unser Selbstwertgefühl entscheidet, wie hoch unsere Erwartungen sind.

Seminare

Seminare haben Büchern gegenüber noch einige zusätzliche Vorteile: Wir hören, sehen, fühlen und erleben gleichzeitig. Je mehr unsere Sinne angesprochen sind, umso besser lernen wir. Darüber hinaus können wir mit dem Referenten sprechen. Meistens ist es mir sogar in großen Seminaren gelungen, den Trainer persönlich kennen zu lernen und eine Beziehung aufzubauen.

Seminare bieten darüber hinaus die Möglichkeit, sich einmal völlig aus dem Tagesgeschäft herauszunehmen und sich selbst aus einer Distanz heraus zu betrachten. Dies erleichtert uns das so genannte »laterale Denken«, das heißt, wir können querdenken, in ungewöhnliche, neue Richtungen. Manchmal achten wir auch stärker auf unsere Intuition.

Diese Atmosphäre konzentrierten Lernens wird noch dadurch unterstützt, dass wir andere, ähnlich gesinnte Teilnehmer treffen. Und aus diesen Bekanntschaften können sich wertvolle Beziehungen entwickeln.

Gute Seminare sind teuer, und das hält viele Menschen davon ab, sie zu besuchen. Ich habe frühzeitig in meinem Leben eine Entscheidung getroffen, als ich kaum Geld besaß: die, auf mindestens vier Seminare pro Jahr zu gehen. Ich konnte es mir oft nicht leisten, aber ich wusste, dass ich es mir erst recht nicht leisten konnte, mich nicht fortzubilden. *Denn der Preis, den wir für unsere Fortbildung bezahlen, ist nichts im Verhältnis zu dem Preis, den wir für unsere Ignoranz bezahlen müssen.* Inzwischen hält mich auch ein hoher Preis nicht zurück. Ich habe Seminare für 15 000 € besucht. Und jedes Mal habe ich weit mehr als das Doppelte der Seminarkosten innerhalb der nächsten zwei Monate *zusätzlich* verdient.

Was uns Europäern ungeheuerlich scheint, ist in den USA als absolut notwendig anerkannt. Amerikanische Firmen stellen ihre Mitarbeiter durchschnittlich 40 Tage im Jahr von der Arbeit frei, um sie auf Seminare zu schicken. 40 Tage, an denen die Mitarbeiter nicht arbeiten – und die die Firma bezahlt. Und es rechnet sich. In Japan ist die Rate noch höher.

Der Seminarmarkt erzielte in den USA bereits 1997 pro Jahr über 350 Milliarden US-$ Umsatz (doppelt so viel wie der Personal-Computer-Markt)! Wir Europäer müssen aufpassen, dass wir von dieser Entwicklung nicht abgekoppelt werden.

Vorbilder

Von der ersten Minute unseres Lebens an lernen wir das meiste durch Nachahmung. Wir werden viel stärker von unserer Umgebung beeinflusst, als wir es heute wahrhaben wollen. Kein Buch und kein Studium beeinflusst und gestaltet uns auch nur annähernd so stark wie die Menschen, die uns umgeben.

Umgeben wir uns mit Menschen, die besser sind als wir, werden wir wachsen. Umgeben wir uns mit Menschen, die schlechter sind als wir, werden wir stagnieren. Dennoch unterschätzen wir diesen Einfluss, weil wir uns gerne als eigenbestimmt definieren. Mein letzter Coach drückte es so aus: »Wer mit Hunden ins Bett geht, wacht mit Flöhen auf.«

Dieses Thema ist so schwer zu akzeptieren, so wichtig und gleichzeitig in seiner Konsequenz so hart, dass ich ihm ein ganzes Kapitel gewidmet habe – Kapitel 13: »Der Coach und das Experten-Netzwerk«.

Für ein Wunder brauchen Sie Mut

Am Anfang dieses Kapitels haben Sie gelesen: *Die meisten Menschen überschätzen, was sie in einem Jahr tun können, und unterschätzen, was sie in zehn Jahren tun können.*

Um wirklich sehr viel zu bewirken, sind einschneidende Veränderungen auf allen fünf Ebenen nötig. Das braucht Zeit. Und dieses Wachstum zeigt sich unter Umständen nicht sofort, dann aber »explodiert« es plötzlich.

Der Bambus illustriert dies sehr dramatisch. Ein Bambusfarmer setzt den Keimling in die Erde und bedeckt ihn mit Asche. Dort bleibt das schlafende Pflänzchen vier Jahre lang. Jeden Morgen wässert der Farmer die Sprossen. Vier Jahre lang jeden Morgen. Am Ende des vierten Jahres bricht das Pflänzchen endlich durch die Oberfläche. Dann allerdings wächst der Bambus innerhalb von nur 90 Tagen etwa 20 Meter!

Während der vier Jahre weiß der Farmer gar nicht sicher, ob das Pflänzchen noch lebt. Aber er hat Vertrauen und verlässt es nicht. Ein langfristiger Denker braucht diese Überzeugung. Die Kunst ist, sich nicht entmutigen zu lassen. Nichts macht mehr Mut, als an allen fünf Ebenen gleichzeitig zu arbeiten.

Kein Wunder ohne Risiken

Um innerhalb von sieben Jahren ein Vermögen zu schaffen, brauchen Sie Risikobereitschaft. Was bedeutet ein Risiko für Sie? »Gegen einen Stier zu kämpfen, wenn du keine Angst hast, ist nichts«, sagte einmal ein berühmter Stierkämpfer. »Und nicht gegen den Stier zu kämpfen, wenn du Angst hast, ist auch nichts. Aber gegen den Stier zu kämpfen, wenn du Angst hast – das ist etwas.«

Ein sehr vermögender Mann drückte es so aus: »Alles, was sich wirklich gelohnt hat, hat mich anfangs zu Tode geängstigt.« Hätten Sie nicht Angst, bevor Sie einen neuen Schritt setzen, so wäre das ein Hinweis darauf, dass der Schritt, den Sie gerade machen möchten, eine Nummer zu klein für Sie ist.

Im ersten Kapitel haben wir darüber gesprochen, »*Großes zu vollbringen*«. Was ist *Großes*? Vielleicht tun Sie etwas, das Ihnen sehr leicht fällt, und andere bewundern es. Möglicherweise ist es aber auch genau andersherum: Sie kämpfen hart, müssen Ihre Angst überwinden, und andere Menschen registrieren es gar nicht. *Darum sollten wir uns nicht an anderen messen, sondern nur an dem, was wir erreichen könnten.* Bitte lesen Sie die folgenden Sätze und überdenken Sie Ihre Risikobereitschaft:

- Wir vergessen, dass es oft gleichermaßen riskant sein kann, unseren bisherigen Weg weiterzugehen. Dieser Weg muss nicht sicherer sein, nur weil er uns vertraut erscheint.
- Das Leben ist ein Spiel. Wer nichts riskiert, kann nicht gewinnen.
- Es gibt auf diesem Planeten keine Sicherheiten, nur Gelegenheiten.
- Tun Sie alles sofort, denn für den großen Erfolg sind Sie niemals genügend vorbereitet.
- *Der einzige Mensch, der niemals einen Fehler macht, ist der Mensch, der niemals etwas tut.* (Theodore Roosevelt)
- Der Schmerz der Ungewissheit ist viel stärker als die Gewissheit des Schmerzes.
- *Es gibt Risiken und einen Preis für jeden Aktionsplan. Aber diese sind viel geringer als die langfristigen Risiken und der Preis für komfortables Untätigsein.* (John F. Kennedy)
- Wenn Sie Angst haben zu verlieren, werden Sie niemals gewinnen.
- *Gehen Sie Risiken ein; Sie können nicht vom Fußboden fallen.* (Daniel S. Peña)

Wenn wir wollen, dass sich die Dinge für uns ändern, müssen wir uns ändern. Jede Änderung bedeutet für uns ein Risiko, weil wir unsere gewohnte Umgebung in irgendeiner Weise verlassen. Wachstum liegt außerhalb unserer Komfortzone. Darum sagte einer meiner Mentoren immer: »Verlasse deine Komfortzone. Ersetze sofort jedes gelöste Problem durch ein neues, größeres Problem.«

Sie werden in diesem Buch auch einen Plan finden, um innerhalb von 20 Jahren ein Vermögen aufzubauen, von dessen Zinsen Sie sehr gut leben können. Aber Sie können es auch in sieben Jahren schaffen. Ein Wunder geschieht, wo Veränderungen stattfinden. Aber Sie müssen bereit sein, Ihre Komfortzone zu verlassen und Risiken einzugehen. Und Sie brauchen Glück.

Brauchen Sie wirklich Glück?

Sie brauchen viel Glück. Aber was ist Glück? Lassen Sie mich Ihnen zunächst sagen, was Glück nicht ist. Glück ist nicht ein sehr wünschenswertes Etwas, das einem Menschen zufällt, ohne dass er sich anstrengen müsste.

Frank Sinatra wurde über Nacht zum Star. Ein Auftritt – live im Fernsehen, und er wurde im ganzen Land gefeiert. Darauf angesprochen, was für ein unglaubliches Glück er gehabt habe, soll er geantwortet haben: »Erstens habe ich diese Nacht nicht verschlafen, und zweitens habe ich mich zehn Jahre auf diese Nacht vorbereitet.«

Der Golfprofi Bernhard Langer schlug einmal einen Ball in einen Baum. Statt herauszufallen, blieb der Ball auf einer hochgelegenen Astgabel liegen. Das Spiel schien verloren. Da stieg Langer auf den Baum, setzte sich auf den Ast, schlug den Ball heraus. Und der landete mitten im Green. Langer lochte ein und gewann das Turnier. Ein Journalist fragte ihn: »Herr Langer, da haben Sie aber unheimliches Glück gehabt, nicht wahr?« Bernhard Langer antwortete: »Ja, das habe ich auch schon bemerkt, je mehr ich übe, desto mehr Glück habe ich.«

Spektakuläres Glück ist bei genauer Betrachtung oftmals nicht mehr als das Ergebnis ganz und gar nicht spektakulärer jahrelanger Vorbereitung.

Wie entsteht Glück?

Es gibt immer wieder Menschen, die mit Geld großes Glück haben. Wenn Sie aber dieses Glück genauer unter die Lupe nehmen, erkennen Sie eine ähnliche Vorbereitung. In der Regel sind es Menschen, die gelernt haben zu sparen. Sie verfügen über eine gewisse Geldmenge, und sie haben gelernt, Chancen zu ergreifen.

Das Glück klopft bei allen Menschen in Form von Chancen an. Einige hören das Klopfen gar nicht, weil sie die Chancen nicht erkennen. Wer zu sehr »umherhechten« muss, um seine Rechnungen zu bezahlen, hat den Kopf nicht frei, um Chancen zu erkennen.

Andere erkennen die Chancen zwar, aber sie können keine Entscheidung treffen und wollen alles aufschieben. Gute Gelegenheiten rasen schnell an uns vorbei. Sie warten nicht auf langsame Genossen. Wir müssen sofort zugreifen.

Nur wenige Menschen erkennen die Gelegenheit, haben das nötige Kapital und greifen sofort zu. Sie haben Glück. Und ganz wenige Menschen machen sich auf und suchen nach Chancen. Sie haben viel Glück.

Die Bestandteile von Glück sind also:
- Kapital ansparen,
- Gelegenheiten erkennen,
- schnell eine Entscheidung treffen können und sofort zugreifen.

Wenn jemand großes Glück hatte, ist er oft dem Glück entgegengegangen und hat Risiken auf sich genommen. Wir sehen die Rosen, aber nicht den Spaten. Wir sehen das Glück, aber nicht die Vorbereitung. Wir sehen auch nicht die Fehlschläge. Wir würden überrascht sein, wie systematisch die Vorbereitung der »Glückspilze« ist.

Wir neigen dazu, Dinge, die wir nicht verstehen, als Wunder oder Glück abzutun. Wir haben jedoch gesehen, dass Wunder »gebaut« werden. Und auch Glück ist das Ergebnis von jahrelanger Vorbereitung.

Letztendlich liegt es an unserer Einstellung, ob wir Wunder im Bereich des Übersinnlichen ansiedeln, nur weil wir sie nicht erklären können. Und ob wir behaupten, einfach kein Glück zu haben. Sie

wären dann nicht verantwortlich und Ihr Pech wäre eine prima Ausrede. Wenn Sie jedoch Verantwortung übernehmen wollen, ist Glück
für Sie planbar. Und jeder Mensch hat seine Chancen.

Die grundlegende Frage ist: Wollen wir für alles Verantwortung
übernehmen – auch für Wunder und Glück? Wenn ja, dann werden Sie
sich wundern, welche Wunder Sie bewirken können. Wenn Sie Verantwortung ablehnen, dann werden Sie behaupten, »Pech gehabt zu haben« (und wer kann schon dagegen ankämpfen). Wenn Sie Verantwortung übernehmen, dann planen Sie Ihr Glück.

Ist es einfach, das Wunder zu tun?

Wenn Sie die nächsten Kapitel lesen, werden Sie feststellen, dass nichts
schwer zu verstehen ist. Es ist tatsächlich so, dass es *leicht* ist, reich zu
werden. Es ist leicht, die einzelnen Disziplinen zu verstehen und anzuwenden.

Könnten Sie sich heute hinsetzen und eine Stunde lesen und fünf
Minuten in Ihrem Erfolgsjournal schreiben? Könnten Sie pro Quartal
auf ein Seminar gehen? Und könnten Sie sich mit ausgesuchteren
Menschen umgeben? Natürlich, denn es ist leicht zu verstehen.

Trotzdem ist es nicht *einfach*. Denn auch ganz leichte Dinge sind
nicht einfach, wenn sie beständig getan werden müssen. Disziplin und
geänderte Gewohnheiten sind nicht einfach. Eigentlich sind sie sogar
fast gar nicht zu schaffen. Wie oft schon haben wir uns etwas vorgenommen und später einfach nicht getan?

Die Antwort dazu werden Sie in Kapitel 5 finden. Sie werden sehen,
dass Disziplin und neue Gewohnheiten immer mit neuen Glaubenssätzen beginnen. Ohne neue Glaubenssätze werden wir unsere Gewohnheiten nicht verändern, aber wenn wir neue Glaubenssätze »einrichten«, dann sind neue Gewohnheiten kein Problem.

Chancen verschwenden ihre Zeit nicht mit Menschen, die unvorbereitet sind. Jede Vorbereitung beginnt mit der inneren Einstellung.
Glauben Sie wirklich, dass Sie alleine verantwortlich sind? Die Bereit

schaft, volle Verantwortung zu übernehmen, ist für das Wunder wesentlich. Wer Verantwortung übernimmt, läuft auf vollen Touren.

Die Power-Ideen auf den Punkt gebracht

- Die meisten Menschen überschätzen, was sie in einem Jahr tun können, und unterschätzen, was sie in zehn Jahren tun können.
- Eingreifende Veränderungen finden auf fünf Ebenen statt: Taten, Techniken, Persönlichkeitsentwicklung, Weltsicht und Selbstbild.
- Sie können Risiken in Ihren Möglichkeiten sehen oder Sie können Möglichkeiten in Ihren Risiken sehen.
- Befriedigender, als eine Million zu haben, ist es, Millionär zu sein – der Mensch zu sein, der in der Lage ist, Wunder zu bewirken.
- Menschen mit geringem Selbstwertgefühl beschützen sich selbst, indem sie kein Risiko eingehen.
- Um Wunder zu tun, brauchen Sie Risikobereitschaft.
- Hätten Sie nicht Angst, bevor Sie einen neuen Schritt machen, so wäre das ein Hinweis darauf, dass dieser Schritt eine Nummer zu klein für Sie ist.
- Spektakuläres Glück ist bei genauer Betrachtung oftmals nicht mehr als das Ergebnis ganz und gar nicht spektakulärer, jahrelanger Vorbereitung.
- Wir sind verantwortlich dafür, wie viel Glück wir haben. Wir sind auch verantwortlich dafür, wie viele Wunder sich in unserem Leben ereignen.

4

Warum sind nicht mehr Menschen wohlhabend?

Es ist ein großer Unterschied, ob Sie spielen, um nicht zu verlieren, oder ob Sie spielen, um zu gewinnen.

Daniel S. Peña, Raising Capital

Im Alter von 25 Jahren beginnen in Deutschland Zehntausende ihre berufliche Laufbahn. Sie sind einer davon. Was glauben Sie, wie hoch ist wohl die Chance, dass Sie mit 65 Jahren reich sind? Schauen wir uns den jährlichen Bruttoverdienst der Beschäftigten in Deutschland an:

- 87,30 Prozent verdienen weniger als 25 000 €,
- 10,40 Prozent verdienen zwischen 25 000 und 50 000 €,
- 1,60 Prozent verdienen zwischen 50 000 und 100 000 €,
- 0,50 Prozent verdienen zwischen 100 000 und 250 000 €,
- 0,10 Prozent verdienen zwischen 250 000 und 500 000 €,
- 0,05 Prozent verdienen über 500 000 €.

Es ist leicht, die Grundprinzipien des Wohlstandes zu lernen, die in diesem Buch beschrieben sind. Warum sind dann nicht mehr Menschen wohlhabend? Weil es genauso leicht ist, arm zu bleiben. Es ist leicht, täglich Eintragungen in dem Erfolgsjournal zu machen. Es ist aber auch leicht, es nicht zu tun. Es ist leicht, jeden Monat zehn Prozent zu sparen; es ist aber auch leicht, alles Geld auszugeben. Es ist leicht, mehr Geld zu verdienen; es ist aber genauso leicht, wenig zu verdienen. Den Unterschied, welches der beiden Dinge wir tatsächlich tun, bilden unsere Glaubenssätze.

Denken Sie an Urlaub: Manche Menschen mögen es, auf einer Liege ausgestreckt in der Sonne langsam zu köcheln. Andere müssen sich bewegen und spielen mehrere Stunden Beachvolleyball.

Beide glauben, ihre Art sei der optimale Urlaub, beiden fällt ihre Art leicht.

Einige Dinge haben alle Menschen gemeinsam, die kein Geld haben. Es gibt einige Grundsätze, an die sie sich halten, um kein Vermögen aufzubauen:

Menschen, die kein Geld haben, definieren Reichtum niemals klar

Was bedeutet Reichtum für Sie? Haben Sie eine klare Zahl vor Augen? *Das Leben ist wie ein Versandhaus. Es gibt uns genau das, was wir haben wollen.* Die Beschreibung »irgendwann eine Menge Geld« ist nicht präzise genug. Sie schreiben ja auch nicht an Ihr Versandhaus: »Bitte schicken Sie mir etwas Nettes.« Sie brauchen eine klare *Zahl*, was Wohlstand für Sie bedeutet. Also legen Sie sich fest, welche Summe Kapital Sie wann haben wollen:

Im Jahr _______ werde ich ___________ € haben.

Solange Sie die Zahl nicht festgelegt haben, kann das Leben das Geld nicht an Sie losschicken. Ein Tipp: Sie können später immer noch erhöhen, aber bitte schreiben Sie die Zahl auf.

Um Reichtum klar zu definieren, sind drei Dinge notwendig: Sie müssen die genaue Zahl wissen, die Zahl aufschreiben und in Bilder umwandeln.

Denken Sie einmal an ein Bett. Haben Sie jetzt vor Ihrem geistigen Auge B-E-T-T gesehen, oder war es ein Bild? Frisch gemacht oder zerwühlt, leer oder lag jemand drin? Unser Unterbewusstsein reagiert nicht auf Zahlen und Wörter. Es reagiert auf Bilder. Um wirklich Wohlstand anzuhäufen, brauchen wir unser Unterbewusstsein als Verbündeten. Es lässt uns die Dinge automatisch tun, die nötig sind.

Haben Sie Ihrem Unterbewusstsein die Bilder gegeben, die es braucht? Haben Sie schon einmal eine Uhr, ein Auto oder ein Haus ausgeschnitten und immer bei sich getragen? Jedes Mal, wenn Sie es sich angeschaut haben, hat sich das Bild verfestigt. In meinem Leben hat es jedes Mal funktioniert.

Ich glaube, wir können es uns nicht leisten, dies nicht zu tun. Unser Gehirn braucht solche »Landkarten«, an denen es sich orientieren kann. Wenn wir uns nur der normalen alltäglichen Reizüberflutung aussetzen, brauchen wir uns nicht zu wundern, wenn wir nirgendwo ankommen.

Ich habe einen erfolgreichen jungen Mann kennen gelernt, der sich innerhalb von sechs Jahren vom einfachen Werkzeugmacher bis an die Firmenspitze hochgearbeitet hat.

Er sagte mir: »Ich habe mir ein Bild der Menschen besorgt, die in meinem Unternehmen über eine Million pro Jahr verdienen. Ich wollte unbedingt dazugehören. Einen Kopf habe ich ausgeschnitten und dafür ein Bild von mir dort eingeklebt. Mehrere Male jeden Tag habe ich mir das Gruppenbild angeschaut und dann kurz die Augen geschlossen. Ich habe mir vorgestellt, wie es sein würde, im Kreise dieser erfolgreichen Männer zu sein. Was sie zu mir sagen würden, wohin ich reisen würde, was ich essen und trinken würde, wie es sich anfühlen würde. Nach ungefähr einem Jahr wusste ich, dass ich es schaffen musste. Ich verlangte es einfach von mir. Das setzte mehr Energie frei, als man sich vorstellen kann. Solange ich mich auf dieses Ziel konzentrierte, konnten keine Angst und kein Zweifel aufkommen. Das Bild war bereits Wirklichkeit in mir, bevor ich das Ziel erreicht hatte.«

Innerhalb von sechs Jahren hatte er sein Ziel erreicht. Derjenige, dessen *Kopf er aus dem Foto geschnitten hatte, kündigte.*

Ich möchte Sie warnen: Ich habe heute genau das, was ich mir vor zehn Jahren vorgestellt habe. Es schien damals ein Wunder. Ich habe heute nicht weniger, als ich mir damals gewünscht habe. Ich weiß also, dass es funktioniert. Ich habe aber auch nicht mehr.

Menschen, die kein Geld haben, machen Wohlstand zu einem Wanderziel

Wann immer wir uns gut fühlen, neigen wir dazu, unsere Ziele zu vergrößern. Und sind wir in einem Tief, würden wir die Ziele gerne runterschrauben. Unser Unterbewusstsein arbeitet aber nach Dauer und Häufigkeit. Verändern Sie darum Ihr Fernziel möglichst wenig. Je größer das Ziel, desto weniger brauchen Sie es zu verändern. Vielleicht haben Sie sich auch schon die Frage gestellt: Soll ich mir lieber kleine, realistische Ziele setzen oder große Luftschlösser ansteuern? Meiner Ansicht nach sind große Ziele viel realistischer als kleine. Ich will Ihnen auch sagen, warum.

Stellen Sie sich zunächst ein kleines Ziel vor. Sobald sich ein Problem zwischen Sie und das Ziel stellt, verdeckt Ihnen das Problem die Sicht zum Ziel.

Alles, was Sie sehen, wenn Sie in Richtung Ziel schauen wollen, ist das Problem. Sie können das Ziel überhaupt nicht mehr sehen. *Wann immer wir unsere Augen aber nicht auf das Ziel gerichtet haben, entstehen Zweifel und Angst.* Wissen Sie, was viele Menschen tun, um zu vermeiden, dass sie auf das Problem schauen? Sie suchen sich ein neues Ziel.

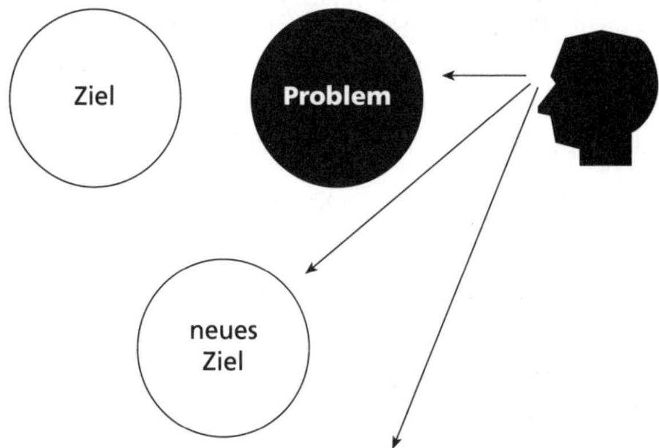

Natürlich wird auch zwischen ihnen und dem neuen Ziel irgendwann ein Problem auftauchen. Um auch diesem Problem auszuweichen, suchen sie sich unter Umständen wieder ein neues Ziel. Stellen Sie sich im Gegensatz zu dem kleinen Ziel nun vor, Sie hätten ein sehr großes Ziel. In diesem Fall wird ein Problem Ihnen nicht völlig die Sicht auf Ihr Ziel nehmen. Sie wissen also weiterhin, warum Sie tun, was Sie tun.

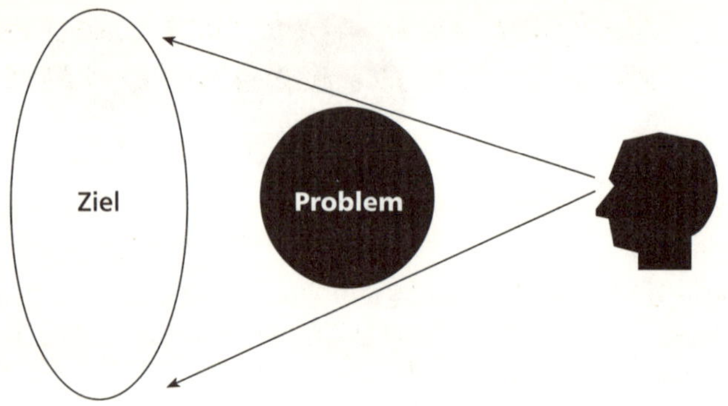

Ein weiterer Grund, warum große Ziele hilfreich sind: Ziele erweitern unsere Wahrnehmung von Möglichkeiten. Menschen neigen dazu, nur in dem Maße aufmerksam zu sein, wie sich für sie daraus ein Wert ergibt. Große Ziele erlauben uns daher, uns für mehr zu interessieren, zusätzliche Möglichkeiten zu entdecken und neue Menschen kennen zu lernen.

Menschen, die großen Wohlstand angehäuft haben, hatten bereits frühzeitig große Ziele. Jedes Problem steht immer in Relation zum Ziel. So waren die Probleme *relativ klein*, auch wenn sie eventuell unüberwindbar schienen.

Nehmen Sie zum Beispiel Ted Turner, den Gründer von CNN. Als er noch jung war, lernte er einen Grundsatz von seinem Vater: *Setze dir Ziele, die du zu deinen Lebzeiten nicht erreichen kannst.* Er beschloss, den größten TV-Sender der Welt aufzubauen. Können Sie sich vorstellen, dass sich auf dem Weg dorthin einige Probleme aufgetan haben? Ted Turner sagt: »Ganz gleich, welche Probleme auftauchten, im Vergleich zu meinem Ziel waren sie relativ klein. So habe ich mich nie in meinen Problemen verloren, sondern immer den Blick auf das Ziel gerichtet.«

Menschen, die kein Geld haben, machen Wohlstand nie zu einem absoluten Muss

Stellen Sie sich vor, Sie gehen durch einen Wald und kommen an eine Schlucht. In ungefähr fünf Metern Tiefe sehen Sie eine Geldbörse, aus der einige Zehn-Euro-Scheine herausschauen. Vorsichtig beginnen Sie, in die Schlucht hinabzuklettern. Plötzlich rutschen Sie auf den Felsen aus und können sich gerade noch im letzten Moment an einer Wurzel festhalten. Wahrscheinlich beschließen Sie, dass das Risiko, sich das Genick zu brechen, zu groß ist, und gehen weiter.

Wie würde sich diese Situation verändern, wenn Sie anstelle der Geldbörse dort unten in der Schlucht ein kleines Mädchen liegen sehen würden? Stellen Sie sich vor, es hat sich verletzt und schluchzt herzergreifend. Sofort formt sich eine neue Fragestellung in Ihrem Kopf. Sie fragen sich nicht mehr: »Soll ich da hinuntersteigen oder nicht?« Natürlich steht für Sie fest, dass Sie das verletzte Mädchen nicht einfach da liegen lassen können. Die neue Frage lautet nur noch: »*Wie* kann ich das Kind herausholen?« Dem Mädchen zu helfen wurde für Sie zu einem absoluten Muss.

Wir erleben immer wieder, dass erfolgreiche Menschen sich bewusst in eine Muss-Situation bringen. Sie verpflichten sich öffentlich. Sie bringen sich an den Punkt, an dem sie alle Menschen um sich herum wissen lassen: »Ich werde auf diesen Berg steigen. Entweder siehst du mich oben vom Gipfel winken oder tot im Tal liegen.«

Menschen, die großen Wohlstand angehäuft haben, sind nicht in erster Linie mustergültige Beispiele eiserner Disziplin, sondern sie tun nur, was sie tun müssen. Sie können nicht anders. Sie würden es nicht ertragen können, arm oder Durchschnitt zu bleiben.

Sie haben es in der Hand, aus jedem Ihrer Ziele ein absolutes Muss zu machen. Legen Sie Ihr Traumalbum an und betrachten Sie es immer wieder. Schließen Sie Ihre Augen und malen Sie sich aus, wie es ist, so zu leben. Tun Sie das immer wieder über einen Zeitraum von drei Monaten. Schließlich werden Sie sehen, dass Ihr Unterbewusstsein beginnt, etwas Wichtiges zu akzeptieren: *Dass Sie nicht glücklich sein könnten ohne diese Ziele zu erreichen. Dass es für Sie großen Schmerz bedeuten würde, wenn sich nichts änderte. Dass Sie Ihr Ziel einfach erreichen müssen.* Dann können Sie beginnen, sich öffentlich zu verpflichten, wohlhabend zu werden. Sie richten es so ein, dass es nun alle von Ihnen erwarten werden. Sie verkünden es so kraftvoll, dass Ihre Umwelt für den Rest Ihres Lebens über Sie spotten wird, wenn Sie es nicht schaffen. Es gibt für Sie dann keinen Weg zurück. Das mag Ihnen hart erscheinen. Vielleicht sind Sie sich auch nicht sicher, ob Sie wirklich Wohlstand brauchen. Im nächsten Kapitel werden Sie das für sich klären. Ein für allemal.

Menschen, die kein Geld haben, halten nicht durch

Als Winston Churchill schon sehr alt war, wurde er von der Universität in der Nähe seiner Geburtsstadt eingeladen, eine Rede zu halten. Es war das Ereignis in England. Von weither kamen die Menschen, um den größten und berühmtesten lebenden Engländer zu erleben. Man hatte gehört, dass er seine größte Rede halten wollte. Die geballte Weisheit seines langen Lebens wollte er in Worte kleiden.

Tausende Menschen saßen schließlich dicht zusammengedrängt im größten Vorlesungssaal der Universität und warteten gespannt auf den großen Mann und seine gewaltige Rede. Churchill stand auf, ging an das Mikrofon und sagte: »Geben Sie nie, nie, nie, nie auf.«

Und dann setzte er sich wieder hin. Ende der Rede. Er stand auch nicht mehr auf. Langsam begann es den Anwesenden zu dämmern: Churchill wollte nicht mehr sagen, weil ihm nichts auch nur annähernd so wichtig war. Nicht aufzugeben war Inhalt seines Lebens.

Wenn seine Rede schon recht knapp ausfiel, warum begnügte er sich dann nicht damit zu sagen: »Geben Sie *nie* auf«? Warum wiederholte er *nie* viermal? Churchill wusste um die menschliche Natur nur allzu gut. *Menschen neigen dazu, sich Grenzen zu setzen.*

Es ist leicht, einen Grund zum Aufgeben zu finden. *Wenn wir uns Grenzen setzen, dann werden wir sie auch erreichen.* Wenn Sie sich ein Ziel setzen, dann darf es *nichts* geben, was Sie davon abhält. Nichts, gar nichts. Denn wenn Sie irgendetwas abhalten könnte, dann werden Sie irgendwann auch abgehalten. Dann wäre es besser, Sie sparen sich die Energie und fangen gar nicht erst an.

Als deutsche Flugzeuge London bombardierten, bedrängten Churchills Vertraute ihn aufzugeben. Sie umringten ihn und redeten auf ihn ein: »Sehen Sie nicht, dass mit jeder Bombe viele Engländer sterben? Kapitulieren Sie, die Deutschen gewinnen sowieso. Jetzt ist es nur noch unnötiges Blutvergießen, für das Sie verantwortlich sind. Sie sehen zu, wie Ihr Volk grausam bestraft wird, weil Sie so halsstarrig sind. Nehmen Sie Vernunft an ...« Churchill soll in jener Nacht die Fäuste in Richtung der deutschen Bomber geschwungen und ausgerufen haben: »Ihr besiegt mich nicht. Ich gebe nie auf. Nie, nie, nie!«

Eine solche Situation könnte eine Grenze für viele Menschen darstellen. Alle Freunde und Ratgeber wenden sich von Ihnen ab. Die Menschen, die Ihnen geholfen und Kraft gegeben haben, distanzieren sich von Ihnen, wollen Ihnen Schuldgefühle einreden oder erklären Sie für verrückt.

Martin Luthers »Grenze« war nicht die katholische Kirche, die ihn nicht akzeptierte und verfolgte. Vielmehr waren es seine Freunde und Gesinnungsgenossen, die ihm Zweifel einreden wollten: »Was ist, wenn du Unrecht hast? Wie viel Tausende von Menschen hast du dann auf dem Gewissen? So sicher kannst du nicht sein, dass du dieses Risiko eingehst. Du müsstest die ewigen Qualen all dieser Menschen verantworten ...«

Bevor Sie wie eine Briefmarke an Ihrem Ziel kleben, müssen Sie selbstverständlich herausfinden, ob Sie es tatsächlich erreichen wollen. Unter Umständen erreichen Sie Ihr Ziel nur, um enttäuscht festzustellen, dass es Sie nicht befriedigt. Wie viele Menschen haben lange von einem Haus mit großem Garten geträumt und bemerkten, als sie endlich in dem Haus wohnten, dass es ihnen viel zu viel Arbeit ist. Ständig Rasen mähen, putzen und renovieren, reparieren ... Unter Umständen wären sie mit einer schönen Eigentumswohnung viel glücklicher geworden.

Möchten Sie wissen, ob Ihr Ziel Sie wirklich glücklich machen und befriedigen wird? Ansonsten gehen Sie einen harten Weg, nur um am

Ende festzustellen, dass Sie eigentlich etwas ganz Anderes wollten. Wenn Sie sich aber absolut sicher sind, macht diese Gewissheit zusätzliche Kräfte und Motivation frei. So können Sie es prüfen. Es ist ganz einfach:

Bitte schreiben Sie ein großes Ziel auf (Haus, Auto, Job, Tätigkeit, Firma, Partner, Reise …). Beschreiben Sie es so gut wie möglich. Lassen Sie kein Detail aus.

Schließen Sie nun Ihre Augen, und stellen Sie sich vor, wie es wäre, wenn Sie das Haus, das Auto, den Job, die Firma … hätten. Stellen Sie sich einen typischen Tagesablauf vor. Wie fühlt es sich an? Was müssen Sie tun? Welche Tätigkeiten und Aktivitäten sind notwendig? Welche Schwierigkeiten könnten auftreten?

Wenn Sie diese Übung zehn Minuten lang durchhalten und sich dabei wohl fühlen, haben Sie eine recht große Gewähr, dass Sie nach Erreichen Ihres Ziels zufrieden sein werden. Dann lohnt es sich, niemals aufzugeben.

Menschen, die kein Geld haben, übernehmen keine Verantwortung

Wenn wir unsere Energie für Warum-Fragen aufbringen, dann finden wir Entschuldigungen. Wir suchen in der Vergangenheit, in der wir rückwirkend nichts mehr verändern können. Menschen, die Wie-Fragen stellen, konzentrieren sich dagegen auf Lösungen. Sie suchen Wege, die sie jetzt oder in Zukunft gehen können.

Wir sind immer verantwortlich, wenn etwas nicht funktioniert. Wir können unsere Verantwortung für unser Leben niemals delegieren – auch nicht an Ärzte, Anwälte und Steuerberater. Es kann hilfreich sein, solche Fachleute als unsere Manager zu sehen, die uns in gewissen Angelegenheiten helfen. Aber verantwortlich bleiben wir. Wir müssen die

Kontrolle behalten und unsere Manager managen. *Akzeptieren Sie niemals eine übergeordnete Instanz, vor deren Tür Ihre Verantwortlichkeit endet.* Ob Sie gesund sind, Rechtsstreite gewinnen oder Ihre Steuerfragen zufrieden stellend klären, unterliegt Ihrer Verantwortung. Die Fachleute helfen Ihnen dabei. Aber Sie sind der Boss.

Merkwürdigerweise sind viele Menschen zwar nach und nach bereit, immer mehr Verantwortung für einen Misserfolg zu übernehmen, den sie dann nicht mehr auf irgendwelche Umstände schieben, aber trotzdem übernehmen sie keine Verantwortung für ihre *Erfolge*.

Bitte beantworten Sie sich zwei einfache Fragen:

- Vorausgesetzt, Sie würden »alles geben«, wie viel Geld könnten Sie dann in den nächsten zwölf Monaten maximal verdienen? _____________ €.
- Wie haben Sie diese Zahl errechnet?

____

____

Was halten Sie von folgender Rechnung: Sie nehmen den *besten Monat, den Sie jemals in Ihrem Leben hatten, und multiplizieren diesen mit 12*. Anschließend steigern Sie zusätzlich diesen Spitzenverdienst jeden Monat um zehn Prozent. Hätten Sie bei solch einer Rechnung ein ungutes Gefühl, kommt Ihnen das unrealistisch vor?

Dann ist es an der Zeit, dass Sie auch für Ihre Erfolge volle Verantwortung übernehmen. Es lag eben nicht an günstigen Umständen und an dem besonderen Monat. Es lag nicht an Glück, an anderen Menschen oder an der astrologischen Konstellation. Sie allein haben diesen Erfolg bewirkt. Sie waren verantwortlich. Und Sie können ihn jederzeit wiederholen. Sie können sich die dazu nötigen Umstände schaffen. Sie haben es einmal getan und können es wieder tun.

Wenn Sie sich einreden, es sei nicht wiederholbar, dann sabotieren Sie Ihre Chance, hohes Selbstwertgefühl aufzubauen. Darum ist es auch so wichtig, ein Spitzenergebnis schnell zu wiederholen. Dann beweisen Sie sich, dass Sie der Schöpfer waren und nicht irgendwelche günstigen Umstände. Akzeptieren Sie, dass Sie sehr gut sind. Übernehmen Sie Verantwortung für Ihre Spitzenergebnisse.

Menschen, die kein Geld haben, sind nicht bereit, 110 Prozent zu geben

Wer Entschuldigungen sucht, wird Entschuldigungen finden. Hier zwei der gefährlichsten Ausreden und Entschuldigungen. Sie sind deshalb so gefährlich, weil sie sich als Lebenseinstellung verkleidet haben. In Wirklichkeit aber sind es Lebenslügen oder Ausreden:

- »Ich bin auch in Zukunft mit dem zufrieden, was ich habe.«
- »Wenn ich alles geben würde, wäre ich der Beste.«

Hinter beiden versteckt sich oft Selbstbetrug, Angst und mangelndes Selbstwertgefühl.

Zufriedenheit ist ein hehres Ziel. Wir tun alles, um glücklich und zufrieden zu sein. Was aber lässt uns glücklich sein? Die Antwort ist: Wenn wir im Einklang mit unserer menschlichen Natur leben. Und es liegt tief in der menschlichen Natur, zu wachsen und erfolgreich zu sein. Im Wachstum und in der Entwicklung liegt also letztendlich die Zufriedenheit.

Fällt Ihnen etwas ein, worauf Sie so richtig stolz sind? Eine außergewöhnliche Leistung? Etwas, worauf Sie mit großer Zufriedenheit zurückschauen? Ist es nicht so, dass Sie diese Leistung vollbracht haben, weil Sie nicht ganz zufrieden gewesen wären, wenn Sie nichts verändert hätten?

Dankbarkeit für das, was wir heute haben, ist unentbehrlich. Mit demselben aber auch morgen zufrieden zu sein, widerspricht dem menschlichen Bedürfnis nach Wachstum. Ein Baum wächst, solange er lebt. Ein Mensch, der aufhört zu wachsen, beginnt zu sterben. Größte Befriedigung haben wir, wenn wir alles geben.

Wie viele hoch talentierte Menschen schieben ihr ganzes Leben die Entschuldigung vor sich her: »Ich könnte richtig gut sein, wenn ich mich richtig anstrengen würde.« Warum es sich um eine Entschuldigung handelt? Überlegen Sie bitte: Was wäre, wenn diese Menschen alles geben würden und trotzdem keinen Erfolg hätten? Genau davor haben sie Angst. *Wer alles gibt, nimmt sich die letzte Ausrede und muss Erfolg haben.* Er kann sich nicht mehr hinter einer coolen Lebenskünstlerfassade verstecken. Nur wenn Sie 110 Prozent geben, übernehmen Sie volle Verantwortung für Ihr Leben. Sie wollen und haben dann keine Ausrede mehr. Sie müssen dann Erfolg haben. Und Sie werden Erfolg haben.

110 Prozent zu geben bedeutet Wachstum. Angenommen, Sie wollen Ihre Muskeln stählen und wollen zehnmal ein Eisen stemmen. Welche der zehn Anstrengungen ist am wichtigsten? Wann wächst der Muskel am meisten? Die Bulgaren, die die meisten Gewichthebermedaillen gewinnen, sagen: Die *elfte.* Viele Menschen orientieren sich an 100 Prozent und erreichen nur 80 Prozent. Wenn Sie sich an 110 Prozent orientieren, erreichen Sie relativ leicht die 100 Prozent. Schnell erkennen Sie, dass 100 Prozent relativ sind.

Menschen, die kein Geld haben, fehlt ein guter Coach

Der wichtigste Grundstein für Reichtum ist ein Coach. Eine Persönlichkeit, die wesentlich erfolgreicher ist als Sie und die Sie unter ihre Fittiche nimmt und Sie fördert. Wann immer ich mit sehr reichen Menschen gesprochen habe, habe ich herausgefunden, dass sie einen Coach hatten und zumindest einige sehr nahe Vorbilder, mit denen sie sich sehr vertraut gemacht haben.

Alle reichen Menschen, die ich kenne, verfügen über ein ausgeprägtes Selbstbewusstsein. Dieses Selbstwertgefühl ist so stark, dass es ihnen schwer fällt, Fehler einzugestehen. Sie haben sich so programmiert, dass sie im Zweifel vor sich selbst immer gut dastehen. Sie haben keinerlei Schwierigkeiten, sich für ihre Erfolge verantwortlich zu fühlen. Ganz im Gegenteil, sie verdrehen Dinge gerne innerlich, um vor sich selbst noch besser dazustehen.

Aber an einen geben sie alle die Lorbeeren gerne weiter: an ihren Coach. Sie geben freiwillig zu, dass sie ihren Erfolg zu 80 Prozent und mehr ihrem Coach zu verdanken haben. Selbst Menschen wie Ross Perot und Richard Branson.

Nehmen Sie Spitzensportler. Warum haben sie alle einen Coach gehabt? Warum haben sie sogar noch einen Coach, nachdem sie sich in der Weltelite etabliert haben? Der Grund ist: *Nur ein Coach macht aufgrund seiner Erfahrung in der kürzestmöglichen Zeit das Optimale aus Ihrem Talent.* Sie brauchen also nicht alle Fehler selber zu machen. Sie können die Verbindungen ihres Coaches nutzen.

Stellen Sie sich vor, Sie hätten gerade Ihre vierjährige theoretische Ausbildung zum Oberförster beendet. Und nun wandern Sie nach Kanada aus. Sie kennen dort weder die Tücken des Waldes noch die Angewohnheiten der Tiere oder die Besonderheiten der Pflanzen. Angenommen, man bietet Ihnen ein herrliches Revier von 5 000 Hektar in den Bergen. Sie wüssten nicht so richtig, wie Sie anfangen sollten ...

Und nun stellen Sie sich vor, Sie würden herausfinden, dass in diesem Revier der uralte Förster Greybeard 67 Jahre lang gelebt hat und jeden Pfad, jedes Tier und Pflänzchen kennt. Er weiß, wo Treibsand liegt und wo Lawinengefahr besteht. Er kennt die möglichen Schädlinge und die Schlangennester. Glauben Sie, dass es nützlich sein könnte, ein halbes Jahr lang von diesem Förster Greybeard gecoacht zu werden? 67 Jahre Erfahrung in sechs Monaten!

Darüber hinaus wird ein guter Coach auch über einen längeren Zeitraum einen wohl dosierten Druck ausüben können, der Sie antreibt, 110 Prozent zu geben. Denn wir tun alles, um Schmerz zu vermeiden und Freude zu erleben. Der stärkere Drang von beidem aber ist, Schmerz zu vermeiden. Stellen Sie sich vor, Sie sind in einem Zimmer und tun gerade das Schönste, was Sie sich vorstellen können. Plötzlich fängt es an zu brennen. Ihr Wunsch, Schmerz zu vermeiden und aus dem brennenden Raum zu fliehen, ist dann größer, als sich weiter Ihrer Freude bringenden Handlung zu widmen. Ein guter Coach versteht das Zusammenspiel von Schmerz und Freude und kann darum seinen Schüler optimal motivieren. Er weiß, dass Schmerz zwar der stärkere Motivator ist, dass aber zu viel Schmerz lähmen kann.

Außerdem überwacht ein Coach Ihren Fortschritt objektiver, als Sie es höchstwahrscheinlich selbst täten. Wenn Sie dann vom Plan abweichen, enttäuschen Sie nicht nur sich selbst, sondern auch den Coach. Sie unterwerfen sich also stärkerem Druck. Das Muss ist stärker. Erfolgsorientierte Menschen weichen darum einer Kontrolle nicht aus, sondern begrüßen sie.

Ein Coach erwartet mehr von Ihnen, als Sie sich selber zutrauen. Erwartungen sind wie ein Kompass. Sie bestimmen den Weg, den wir im Leben nehmen. Wenn die Messlatte von Ihrem Coach angelegt wird, müssen Sie sich mehr strecken.

Power-Tipp

Suchen Sie sich einen Coach.

- Der Finanzcoach sollte mindestens zehnmal so viel Geld haben wie Sie.
- Er kann Ihnen helfen, Fehler zu vermeiden.
- Er fördert Ihr Talent und verhindert, dass Sie Zeit verlieren.
- Der Coach kann Sie stark motivieren, wenn er sich nicht scheut, auch ein wenig »Schmerz« auf Sie auszuüben.
- Er überwacht Ihre Fortschritte und kontrolliert Ihre Leistungen.
- Er treibt Sie oft zu höheren Zielen, die Sie alleine nie angehen würden.

Wollen Sie sicherstellen, dass Sie die Anregungen in diesem Buch auch in die Tat umsetzen? Das Coach-Prinzip ist das beste Mittel, um es zu gewährleisten. Nichts ist so effektiv und wird auch nur annähernd so schnell und so viel Erfolg potenzieren, wie ein sehr guter Coach es kann. Natürlich ergeben sich hier sofort weitere Fragen: Was ist ein sehr guter Coach? Wo finden Sie ihn? Wie können Sie ihn dazu bewegen, Sie zu coachen? Welche Regeln müssen Sie beim Coaching beachten? Weil diese Fragen so wichtig sind, habe ich ihnen Kapitel 13 gewidmet.

Menschen, die kein Geld haben, konzentrieren sich auf ihre Schwächen

Bitte schreiben Sie auf, was dafür spricht, dass Sie wohlhabend werden, und was dagegen spricht. Was sind Ihre Stärken und was sind Ihre Schwächen?

Stärken	Schwächen

Wissen Sie noch, in welcher Spalte Sie angefangen haben zu schreiben? *Kein Mensch, der sich zuerst auf seine Schwächen konzentriert, wird Reichtum erwerben.* Das soll nicht heißen, dass Sie die Schwächen nun einfach ignorieren sollen. Es geht hier zunächst nur um die Reihenfolge, in der Ihnen Ihre Stärken und Schwächen einfallen. Und darum, was Sie vermögend macht.

Vielleicht haben Sie auch schon gehört, dass man nur dann erfolgreich werden kann, wenn man seine Schwächen ausmerzt. Das ist heute nicht mehr herrschende Meinung. Wir wissen heute, dass die Beseitigung einer Schwäche nicht zu Reichtum führt. Wer gegen eine Schwäche ankämpfen will, verbraucht viel Energie, um schließlich Durchschnitt zu sein.

Ihre Stärken machen Sie reich

Was Sie reich machen wird, sind Ihre Stärken. Nehmen Sie Tennis. Steffi Graf hat eine besondere Stärke, ihre Vorhand. Wann immer sie konnte, setzte sie diese Stärke ein. Anstatt sich darauf zu konzentrieren, ihre relativ schwache Rückhand zu verbessern, versuchte sie, die Bälle zu umlaufen und ihre Vorhand einzusetzen.

Ihre Gegnerinnen haben daraufhin versucht, möglichst nur noch ihre Rückhandseite anzuspielen, woraufhin ihr Training umgestellt wurde, um die schwache Rückhand zu verbessern. Die Folge war, dass Steffi ihre Lust am Spiel verlor. Sie konzentrierte sich mehr darauf, nicht zu verlieren, als zu gewinnen.

Es ist ein großer Unterschied, ob wir spielen, um nicht zu verlieren, oder ob wir spielen, um zu gewinnen.

Wie viele Menschen nehmen sich die Lebenslust und jede Chance auf Reichtum, weil sie verzweifelt versuchen, ihre Schwächen auszumerzen. Das ist oft ein aussichtsloser Kampf, der jeden Spaß verdirbt. Sie können Ihre Schwächen nicht ignorieren. Aber Sie sollten sie auch nicht bekämpfen, denn das wird Sie nicht reich machen. *Finden Sie darum für Ihre Schwächen eine Lösung.* Wenn Sie bis heute kein guter Buchhalter geworden sind, wird es wahrscheinlich nie eine Ihrer Stärken werden. Akzeptieren Sie diese Tatsache und finden Sie eine Lösung. Stellen Sie einen Buchhalter ein.

Auch Ihre Stärken können Sie nicht einfach dem Zufall überlassen. Für Ihre Talente brauchen Sie einen Coach. Jemanden, der Sie systematisch fördert und coacht, bis Ihre Stärken unübersehbar hervorragen. Hervorragendes bringt Geld. *Finden Sie also für Ihre Schwächen eine Lösung und für Ihre Stärken einen Coach.*

Wie hoch ist der Preis für Wohlstand?

Über den Preis, den Sie bezahlen müssen, hört man die fantastischsten Horrorgeschichten. Vom gesundheitlichen Ruin bis hin zu grausamer Vernachlässigung der Familie und der Mutation zu einem geldbesessenen Monster gibt es nichts, wofür das Streben nach Wohlstand nicht verantwortlich gemacht wird.

Ob Sie gesund sind und ein glückliches Familienleben führen wollen, hat aber in erster Linie etwas mit Ihrer Einstellung zu Gesundheit und Familie zu tun. Wenn überhaupt Geld darauf einen primären Einfluss hat, dann schadet es der Gesundheit eher, *kein Geld* zu haben. Chronische Geldnot wird eher einen dunklen Schatten über Ihre Familie werfen als Wohlstand. Kein Geld zu haben wird eher zu Kriminalität anregen, als in Geld zu schwimmen.

Es ist relativ leicht, wohlhabend zu werden. Sie werden die einzelnen Schritte dazu in diesem Buch klar und einfach verständlich aufgezeigt finden. Und selbstverständlich müssen Sie dafür einen Preis zahlen: Ihre Zeit. Sie müssen sich nicht Ihrer Familie entfremden, aber Sie brauchen etwas Zeit. Einige Stunden, um dieses Buch durchzuarbeiten, und einige Tage, um Ihre Finanzen grundlegend zu ordnen. Auch in Zukunft brauchen Sie pro Monat einige Stunden. Aber das ist nichts im Vergleich dazu, wie viel Zeit Sie gewinnen.

Das Sabbatjahr

Stellen Sie sich vor, Sie könnten innerhalb der nächsten fünf Jahre ein ganzes Jahr freimachen. Sie könnten ein Jahr lang tun und lassen, was Sie wollen, und dennoch alle Rechnungen bezahlen. Sie könnten die Reisen machen und die Dinge tun, die Ihnen Spaß machen und für die Sie im normalen Alltag nicht genug Zeit haben.

Diese Idee stammt aus der Zeit des Alten Testaments, das gebot, alle sieben Jahre die Felder brachliegen zu lassen und die Weinberge nicht zu beschneiden. Das Sabbatjahr war ein Jahr, in dem die semitischen Völker Abstand gewannen und sich besinnen konnten. Man konnte in Ruhe die Richtung seines Lebens überprüfen und planen. Man konnte verreisen oder einfach nichts tun.

Nachdem ich einige Jahre gearbeitet hatte, war Geld kein Hinderungsgrund, sondern die Unterstützung meines Lebens geworden, die es eigentlich sein soll. Ich konnte von den Zinsen meines gesparten Geldes leben. Also nahm ich ein Jahr frei. Während der ersten Wochen tat ich wenig, dann reiste ich viel und besuchte Seminare. Ich lernte zu meditieren und wurde ruhig. Ich las Bücher, die mein Leben bereicherten – und die nichts mit meinem vorherigen Job zu tun hatten. Ich lernte, wieder auf meine innere Stimme zu hören. Ich wollte meine Zukunft planen und stellte fest, dass ich keine Antworten fand, sondern Fragen.

Immer neue Fragen entstanden. Schließlich verdichteten sich meine Fragen zu zwei grundlegenden Kernsätzen: Ich wollte wissen: »Wer bin ich?« und »Warum bin ich hier – was ist der Sinn meines Lebens?« Um den Antworten näher zu kommen, fing ich an zu schreiben. Ich fuhr in die Karibik und setzte mich mit dem Vorsatz unter eine Palme, beide Fragen mit jeweils einem Satz zu beantworten.

Ich glaube, Sie erahnen, wie wertvoll diese Zeit für mich war. Nach elf Tagen und vielen, vielen geschriebenen Seiten sah ich sie klar vor mir. Ich sah meine Aufgabe. Die Kraft, die Energie und die Leidenschaft, die dem Wissen um den eigenen Lebenssinn entspringt, sind überwältigend. Ich habe die Leidenschaft meines Lebens entdeckt.

Vielleicht haben auch Sie einige Dinge vor sich hergeschoben. Dinge, für die Sie Zeit und möglicherweise Ruhe brauchen. Was würden Sie tun, wenn Sie ein Sabbatjahr nehmen könnten? Ein Jahr, das nur Ihnen gehört und in dem Geld keine Rolle spielt?

Natürlich muss man nicht finanziell frei sein, um seinen Lebenssinn zu entdecken. Aber sicherlich stimmen Sie mir zu, dass es hilft. Allzu viele Menschen denken, dass sie sich aufgrund von tagtäglichen Sorgen nicht die Zeit nehmen können, um sich mit den wichtigsten Fragen des Lebens auseinander zu setzen.

Und darum weiß ich, dass der Preis viel höher ist, wenn Sie keinen Wohlstand aufbauen. Ihr Selbstwertgefühl leidet. Für optimale Gesundheit ist eine gewisse finanzielle Sicherheit sehr förderlich. Sie investieren Zeit, um mithilfe dieses Buches auf intelligente Weise Wohlstand zu erwerben. Diese Investition zahlt sich vielfach aus. Sie gewinnen dadurch so unendlich viel an Mehrzeit, zum Beispiel ein »Sabbatjahr«.

Ich behaupte, es ist gut, Geld zu haben. Es ist besser, reich und gesund als arm und krank zu sein. Geld zu haben entspricht viel mehr der Natur des Menschen. Es ist natürlich zu wachsen. Dazu gehört auch Wachstum des Geldes.

Wir haben jetzt einige Fragen aufgeworfen, die unter Umständen ungute Gefühle in Ihnen hervorrufen. Vielleicht kollidieren sie mit Ihren tiefen Überzeugungen und Glaubenssätzen. Lassen Sie uns darum herausfinden, was Sie *wirklich* über Geld denken.

Die Power-Ideen auf den Punkt gebracht

- Große Ziele sind realistischer als kleine Ziele, weil Probleme Ihnen nicht vollständig die Sicht auf das Ziel verdecken können.
- Erfolgreiche Menschen haben es immer verstanden, sich in eine Muss-Situation zu bringen. Sie wären nie glücklich geworden ohne ihre Ziele zu erreichen.
- Wenn Sie sich Grenzen setzen, werden Sie diese Grenzen auch erreichen.
- Übernehmen Sie nicht nur Verantwortung für Ihre Misserfolge, sondern auch für Ihre Erfolge. Wenn Sie sich einreden, Ihre Spitzenergebnisse seien nicht wiederholbar, dann sabotieren Sie Ihre Chance, Spitzenselbstwertgefühl aufzubauen.
- Wer 110 Prozent gibt, nimmt sich selbst die letzte Ausrede und muss Erfolg haben.
- Sie brauchen einen guten Coach, der mit seiner Erfahrung das Optimale aus Ihrem Talent macht.
- Ein Mensch, der sich zuerst auf seine Schwächen konzentriert, wird keinen Reichtum erwerben.
- Es ist ein großer Unterschied, ob wir spielen, um nicht zu verlieren, oder ob wir spielen, um zu gewinnen.
- Viele Menschen nehmen sich die Lebenslust und jede Chance auf Reichtum, weil sie verzweifelt versuchen, ihre Schwächen auszumerzen.

- Der Preis, den Sie für Wohlstand bezahlen müssen, ist Zeit. Das ist
  aber nichts im Vergleich dazu, wie viel Zeit Sie durch Wohlstand er-
  halten. Wohlstand ermöglicht es Ihnen, in Ruhe und ohne Geldsor-
  gen über den Sinn des Lebens nachzudenken.

Zur Vertiefung dieses Kapitels finden Sie in meinem Buch ›Die Gesetze
der Gewinner‹ die 30 Grundsätze, die zu innerem und äußerem Reich-
tum führen.

5

Was denken Sie wirklich über Geld?

Die gegenwärtige Situation eines Menschen
ist das genaue Spiegelbild seiner Glaubenssätze.

Anthony Robbins, Das Power-Prinzip

Wenn ich Sie fragte, ob Sie gerne mehr Geld hätten, würden Sie sicher antworten: »Dumme Frage! Natürlich will ich mehr Geld.«

Sie haben Recht. Natürlich denken Sie, dass Sie mehr Geld wollen. Aber was will Ihr Unterbewusstsein? Erinnern Sie sich an unseren Vergleich mit dem Versandhauskatalog. Sie bestellen genau das, wovon Sie tief überzeugt sind, dass es gut für Sie ist. *Im Grunde genommen haben Sie heute genau das, wovon Sie glauben, dass es richtig und gut für Sie ist.*

Solange Sie über Geld glauben, was Sie glauben, werden Sie immer die gleiche Bestellung aufgeben. Auch wenn Sie denken, Sie wollen mehr, wird es nicht funktionieren. Es ist so, als warteten Sie auf den Briefträger und hofften, dass er Ihnen etwas anderes bringt (oder mehr), als Sie geordert haben. Wenn Sie aber immer wieder dasselbe bestellen, macht diese Hoffnung wenig Sinn.

Bitte beantworten Sie sich folgende Fragen:

- Haben Sie schon einmal mehr Geld ausgegeben, als Sie wollten? Warum?
- Haben Sie jemals abnehmen wollen und es nicht »geschafft«? Warum?
- Haben Sie sich schon einmal vorgenommen zu sparen und es dann doch nicht getan? Warum?
- Haben Sie sich jemals vorgenommen, mindestens drei Monate keine Kleidung mehr zu kaufen, und es dann dennoch getan? Warum?
- Haben Sie jemals Ihr Konto überzogen? Warum?

- Haben Sie irgendwann einmal angefangen zu sparen und dann unterbrochen oder abgebrochen? Warum?
- Haben Sie sich jemals irgendetwas fest vorgenommen und es dann doch nicht getan? Warum?

Auf der anderen Seite haben Sie sich sicherlich ebenso Dinge vorgenommen und sie tatsächlich umgesetzt. Warum? Was war anders?

Kann es sein, dass es da tief in Ihnen eine höhere Instanz gibt? Etwas, das manchmal Ihre guten Vorsätze und Planungen einfach »überstimmt«?

Es gibt einen Unterschied zwischen dem, was Sie wollen, und dem, was Sie glauben. Möglicherweise wollen Sie viel mehr Geld haben, glauben aber, dass Geld den Charakter verdirbt.

Lassen Sie uns also herausfinden, was Sie wirklich in Ihrem Innersten von Geld halten. Wir werden sehen, wie Ihr Unterbewusstsein funktioniert. Anschließend werden Sie untersuchen, wie Ihre Einstellung zu Geld – ich verwende hierfür den Begriff *Glaubenssatz* – entstanden ist. Sie werden entscheiden können, ob die einzelnen Glaubenssätze für Ihre Ziele förderlich sind oder nicht. Sie lernen, je nach Bedarf Ihre Glaubenssätze zu verändern.

Wie viel Bargeld tragen Sie bei sich?

Wenn Sie morgens aus dem Haus gehen, wie viel Geld haben Sie dann normalerweise bei sich? Notieren Sie einen durchschnittlichen Betrag:

_______________ €.

Warum diesen Betrag? Warum nicht mehr? Warum nicht mindestens 500 €? Die meisten Menschen haben weniger als 150 € bei sich. Warum ist das so? Die Antworten, die ich in meinen Seminaren immer wieder höre, sind:

- Ich fürchte, die 500 € zu verlieren.
- Ich hätte Angst davor, dass ich das Geld einfach ausgebe.

- Ich könnte bestohlen werden.
- Ich würde mich unwohl fühlen.
- So viel habe ich gar nicht.

Welche Botschaften geben diese Menschen an ihr Unterbewusstsein weiter, wenn sie so denken? Sie haben Angst. Sie fühlen sich unwohl. Sie trauen sich selbst nicht. Und das bei »nur« 500 €. Wie würde das bei größeren Summen aussehen? *Die beste Vorbereitung für Wohlstand ist zu lernen, sich mit Geld wohl zu fühlen.* Darum mein Vorschlag: Haben Sie immer einen 500-Euro-Schein bei sich. Legen Sie ihn nicht zu Ihrem anderen Geld. Diesen 500-Euro-Schein sollten Sie nie ausgeben. Er ist eine eiserne Reserve. Wie eine Hantel Ihren Muskel trainiert, so trainiert er Ihr Unterbewusstsein, um Wohlstandsbewusstsein zu entwickeln (wenn Sie das bereits tun, nehmen Sie 1 000 €). Sie werden kaum einen reichen Menschen treffen, der nicht immer eine solche Reserve von mindestens 500 € bei sich trägt. Und Sie werden feststellen, dass die Reichen mit dieser Gewohnheit begannen, lange bevor sie reich wurden.

Power-Tipp

Haben Sie immer einen 500-Euro-Schein bei sich.

- Sie fühlen sich reich. Sie lernen, sich mit Geld wohl zu fühlen.
- Sie gewöhnen sich daran, Geld zu besitzen.
- Sie lernen, sich selbst bezüglich Geld zu vertrauen.
- Sie bauen Ihre Angst ab, Geld zu verlieren oder beraubt zu werden.
- Sie sind für den Notfall gerüstet und haben für Schnäppchen immer genug bei sich, um eine Anzahlung zu leisten.
- Sie trainieren Ihren Disziplin-Muskel.
- Ihr Unterbewusstsein wird Ihnen helfen, mehr Geld zu erhalten, weil es sieht, dass Geld Ihnen Freude bereitet.

Die meisten Handlungen und Prozesse im Körper geschehen automatisch, ohne dass wir uns ihrer bewusst sind. Genauso wie wir nicht darüber nachdenken, wann und wie wir ein- oder ausatmen, steuern tief verwurzelte Glaubenssätze unser Unterbewusstsein. Haben Sie schon einmal überlegt, ob das auch für Ihren Umgang mit Geld zutreffen könnte?

Wie denken Sie über Geld, Reichtum und Wohlstand?

Bitte überprüfen Sie, was Sie über Geld denken. Kreuzen Sie die Sätze an, die auf Sie zutreffen. Schreiben Sie die Sätze so um, dass sie auf Sie zutreffen.

- ☐ Geld stinkt.
- ☐ Wenn ich reich bin, lieben Frauen/Männer nur mein Geld.
- ☐ Geld zerrinnt mir zwischen den Fingern.
- ☐ Schuster, bleib bei deinen Leisten.
- ☐ Wer den Pfennig nicht ehrt, ist des Talers nicht wert.
- ☐ Geld verdirbt den Charakter.
- ☐ Geld schafft Gutes.
- ☐ Geld ist nicht alles.
- ☐ Immer wenn ich Geld bekomme, hat es ein anderer verloren.
- ☐ Viel Geld kann man nur durch Rücksichtslosigkeit und Härte bekommen.
- ☐ Eher geht ein Kamel durch ein Nadelöhr, als dass ein Reicher in den Himmel käme.
- ☐ Geld macht hochnäsig und arrogant.
- ☐ Nur wer spart, wird reich.
- ☐ Gott liebt die Armen.
- ☐ Geld ist die Messlatte für meinen Erfolg.
- ☐ Wenn ich viel Geld habe, kann ich mich nicht mehr an den Kleinigkeiten freuen.
- ☐ Geld macht bequem.
- ☐ Geld ist schön und gut.
- ☐ Geld ist reine Energie.
- ☐ Reichtum macht einsam.
- ☐ Ich liebe Geld.

☐ Wer reich ist, hat keine wahren Freunde mehr.
☐ Reichtum schafft Neider.
☐ Reiche können nicht mehr schlafen.
☐ Das letzte Hemd hat keine Taschen.
☐ Viel Geld schafft Sorgen und Probleme.
☐ Reichtum geht auf Kosten meiner Gesundheit.
☐ Ich bin auch in Zukunft zufrieden mit dem, was ich habe.
☐ Wenn ich wollte und alles geben würde, könnte ich reich werden – aber ich will nicht.
☐ Reichtum geht auf Kosten meiner Familie.
☐ Geld bewirkt viel Gutes.
☐ Fast alles, was wir haben, ist dem edlen und guten Streben nach Geld zu verdanken.
☐ Geld macht glücklich.
☐ Wer denkt, Geld kann kein Glück kaufen, der weiß nur nicht, wo man einkaufen muss.
☐ Geld ist nicht alles, aber ohne Geld ist alles nichts.
☐ Ohne Geld bin ich ein kompletter Versager.
☐ Alles ist vorherbestimmt.
☐ Armut ist schlecht, erbärmlich und mies.
☐ Sparen ist nur für Penner und Untalentierte.
☐ Sei zufrieden mit dem, was du hast.
☐ Mit viel Geld würde ich faul und träge.
☐ Mehr, als ich habe, verdiene ich auch nicht.
☐ Wenn ich viel Geld haben wollte, müsste ich mich derart ändern, dass mein Partner mich nicht mehr so lieben würde.
☐ Gute und intelligente Menschen sollten immer vermögend sein.
☐ Es steht in den Sternen geschrieben, ob ich reich werde.
☐ Bescheidenheit ist eine Zier.
☐ Ein großer Überfluss an Geld ist obszön.
☐ Ich hätte niemals die Disziplin, um zu sparen.
☐ Ich habe kein Glück.
☐ Mit viel Geld würde ich dekadent.
☐ Wenn meine Kinder in Reichtum aufwachsen, werden sie verweichlicht und drogensüchtig.
☐ Reichtum ist ungerecht. So viele Menschen leiden Hunger.
☐ Es gibt Wichtigeres als Geld.
☐ Wenn ich mehr verdiene, muss ich nur mehr Steuern zahlen.
☐ Ich ziehe Geld an wie ein Magnet.
☐ ____
☐ ____

Wie wirken sich Ihre Glaubenssätze aus?

Wir werden gleich feststellen, wie Ihre Einstellung zu Geld entstanden ist. Bitte überfliegen Sie zunächst noch einmal die Sätze, die Sie angekreuzt haben. Was glauben Sie, welche Auswirkung diese Überzeugungen auf Ihr Leben haben? Können Sie bereits erkennen, inwieweit Ihre heutige finanzielle Situation ein Spiegelbild Ihrer Überzeugungen ist?

—————————————————————————————————

—————————————————————————————————

Könnte es sein, dass Sie tatsächlich in etwa das haben, von dem Sie *glauben*, dass es gut für Sie ist?

Die Vergangenheit ist nicht wie die Zukunft

Vor einigen Jahren wog ich 96 Kilogramm und hasste Joggen. Wenig hätte mich mit mehr Abscheu erfüllen können, als stupide durch einen Wald zu trotten. Joggen war meines Erachtens nur etwas für Menschen mit einer angeborenen Macke. Es mussten schon eine Menge Chromosomen grausam verstrickt sein, um einen Menschen dazu zu bringen, bei Kälte und Regen draußen seine Runden zu drehen, anstatt sich in seinem warmen Bettchen zu kuscheln.

Im Sportunterricht mussten wir immer einen Dauerlauf von den Umkleidekabinen zum Sportplatz machen. Eines Tages lief mein Sportlehrer genau hinter mir. Mit großem pädagogischem Fingerspitzengefühl schrie er: »Schäfer, Sie sollen keine Löcher in den Boden treten, Sie sollen laufen. Ein Elefant ist ja leichtfüßig im Vergleich zu Ihnen. Bei dem Krach, den Sie beim Auftreten machen, verscheuchen Sie das ganze Wild im Umkreis von fünf Kilometern!« So machte er etwa zehn Minuten lang weiter. Die ganze Klasse fand das sehr lustig. Mein Selbstbewusstsein war jedoch noch nicht groß genug, um einfach mitzulachen. Und so fing ich an, Joggen zu hassen. Jede »sinnvolle« Sportart führte ich gerne aus. Aber Joggen war doch wirklich zu stupide ... Über die Jahre verfestigte sich dieser Glaubenssatz zu einer tiefen Überzeugung. Entsprechend war meine Kondition auch nicht sehr gut.

Bis ich vor einigen Jahren auf Hawaii Stu Middelman kennen lernte. Er war damals Anfang 40 und hatte so ziemlich alle Ultralangstreckenrennen gewonnen, die man sich vorstellen kann, und mehrere Weltrekorde aufgestellt: 1 000 Meilen in elf Tagen, das Rocky-Mountain-Rennen (600 Meilen), das französische Sechs-Tage-Rennen, die US-Meisterschaft über 100 Meilen ...

Als ich ihm erzählte, dass ich Joggen hasse, nahm sein Gesicht einen missionarischen Ausdruck an. Und dann machte er einen ungeheuerlichen Vorschlag: »Zieh dir deine Schuhe an und wir joggen zusammen. Ich sehe an der Art, wie du dich bewegst, dass du eigentlich sehr gut laufen können müsstest.« Außerdem gäbe es eine von ihm entwickelte Art zu laufen, die einem mehr Energie gebe und bei der man tagelang nur von seinen Fettreserven zehren würde. Ich war neugierig geworden. Ich protestierte noch schwach, dass es Mittag sei, ich meine 96 Kilogramm vorsichtig im Schatten halten sollte und dass ich in der prallen Sonne nicht mehr als fünf Minuten durchhalten würde. Aber Stu wollte mich nun einmal bekehren.

Also liefen wir los – wohltuend langsam. Während der ersten Minuten analysierte Stu meinen Stil genau und zählte alles auf, was ich gut machte. Zusätzlich gab er mir eine Anzahl von Tipps, was Atmung, Armhaltung und das Aufsetzen der Füße angeht. Erstaunlicherweise wurde ich nicht müde. Wir liefen insgesamt zweieinhalb Stunden. Ich war so stolz, dass es mir Spaß machte. Seitdem bin ich jeden Tag gelaufen. Ich wiege seit vier Jahren 78 Kilogramm und bin fit. Heute kann ich nicht verstehen, dass nicht jeder läuft. Man fühlt sich so lebendig, energiereich und gesund.

Was auch immer Sie über sich selbst und Wohlstand glauben, Sie können Ihre Einstellung sofort ändern.

Finden Sie heraus, was Sie wirklich über Geld glauben

Stellen Sie sich einen Überfluss an Geld vor. Viel, viel, sehr viel Geld. Notieren Sie alles, was Sie mit finanziellem Überfluss verbinden. Mit Überfluss an Kapital, Überfluss an Geld, Überfluss an Besitztümern und Überfluss an Eigentum.

____

____

Was spricht für Sie dafür, dass Sie sehr viel Geld haben, und was spricht dagegen? Wo wären die Vorteile und wo die Nachteile? Schauen Sie noch einmal auf die Liste der von Ihnen angekreuzten Glaubenssätze.

Vorteile	Nachteile

Wie ist Ihr Verhältnis von Vorteilen und Nachteilen? Unter Umständen schreiben Sie mehr Vorteile auf als Nachteile. Bei Glaubenssätzen gilt aber nicht das Prinzip der Mehrheit. Es gilt das Prinzip der emotionalen Stärke.

Ein einziger Glaubenssatz kann entscheiden

Es spielt keine Rolle, wie viele Glaubenssätze Sie haben, positive oder negative. Entscheidend ist, wie stark sie sind. Die meisten Menschen haben negative Assoziationen in Bezug auf finanziellen Überfluss, die stärker sind als ihre positiven Assoziationen über finanzielle Freiheit.

Ein Beispiel: Einer meiner Bekannten sieht, dass Reichtum für ihn klare Vorteile hätte. Er könnte mehr Zeit mit seiner Familie verbringen, hätte mehr Luxus und Bequemlichkeit. Er könnte sich und seiner Familie mehr bieten. Er und seine Frau müssten nicht so hart arbeiten, sondern sie könnten Angestellte haben, die ihnen Arbeiten abnehmen würden, die delegiert werden können. Sie könnten auf Reisen gehen und interessante Menschen kennen lernen.

Im Grunde genommen hat dieser Bekannte nur eine negative Einstellung zu Reichtum. Er glaubt, Geld verderbe den Charakter. Charakterstärke und Integrität sind aber für meinen Bekannten sehr wichtig. Es ist für ihn so wichtig, einen guten Charakter zu haben, dass er »gerne« auf Reichtum verzichtet. Sein Unterbewusstsein hilft ihm also, »seinen guten Charakter zu bewahren«. Und so gibt er viel zu viel aus und spart nicht. Objektiv gesehen ist das für einen intelligenten Menschen wie ihn sehr dumm. So dumm, dass es eigentlich gar nicht zu ihm passt. Aber auf diese Weise hält er seinen Charakter »rein und sauber«.

Achtung

Diese und die folgenden Übungen sind die wichtigsten im ganzen Buch. Denn alles baut auf Ihren Glaubenssätzen auf. Reich werden zu wollen, ohne seine Glaubenssätze zu kennen oder zu ändern, ist so, als ob Sie gegen den Wind spucken. Denken Sie daran: Ihr Unterbewusstsein will Ihr Bestes und besorgt Ihnen darum genau das, wovon Sie tief überzeugt sind, dass es gut für Sie ist.

Wenn Sie dieses Buch nur lesen, werden Sie auf jeden Fall sehr nützliche und interessante Informationen erhalten. *Aber wenn Sie Ihre finanzielle Situation wirkungsvoll und effektiv verändern wollen, dann sollten Sie die Übungen schriftlich machen.* Es ist Ihr Leben. Aber wenn Sie schon Zeit und Geld in dieses Buch investieren, dann können Sie es auch richtig machen und wesentlich wohlhabender werden.

Was sind Ihre stärksten Glaubenssätze über Geld?

1. ____
2. ____
3. ____

Wie sind Ihre Glaubenssätze entstanden?

Wie wir festgestellt haben, sind viele Ihrer Glaubenssätze eher zufällig entstanden. Womöglich hat es ausgereicht, dass Personen, die in Ihrer Entwicklung eine wichtige Rolle gespielt haben, Ihnen Lebensweisheiten mit auf den Weg gegeben haben. Unter Umständen reichte es, nur die Menschen um Sie herum zu beobachten. Möglicherweise haben Sie häufig etwas Bestimmtes über Geld gehört. Oder Sie haben erlebt, wie Ihre Eltern Geld verwalteten.

Wer waren die drei bis zehn Menschen, die Sie bis zu Ihrem 18. Lebensjahr am stärksten beeinflusst haben (Mutter, Vater, Freunde, Verwandte, Vorbilder, Lehrer, Ausbilder ...)?

_____________________________   _____________________________

_____________________________   _____________________________

Wer beeinflusst Sie heute am stärksten? Ein Tipp: Wer auch immer am meisten Zeit mit Ihnen verbringt (Partner, Freunde, Kollegen, Eltern, Mitarbeiter, Sportkameraden), beeinflusst Sie auch am stärksten.

_____________________________   _____________________________

_____________________________   _____________________________

Was verbinden diese Menschen mit Geld? Wie sind sie mit Geld umgegangen? Was für Ratschläge haben sie Ihnen gegeben?

1. Person: _______________________________________

____

2. Person: _______________________________________

____

3. Person: ______________________________________

____

Haben diese Menschen
es schlecht mit Ihnen gemeint?

Ratschläge sind aus mehreren Gründen mit Vorsicht zu genießen. Natürlich haben die meisten Menschen es gut mit Ihnen gemeint. Sie konnten Ihren Eltern in den meisten Fällen glauben, wenn sie gesagt haben: »Du sollst es einmal besser haben als wir.« *Allerdings nicht viel besser. Nur ein bisschen besser.* Denn sonst wäre Ihr Erfolg der Beweis des Versagens Ihrer Eltern. Ratschläge sollen Ihnen somit zwar den Weg, aber auch die Grenze zeigen. Sie sollen erfolgreich werden, aber nicht zu erfolgreich.

Die meisten Ratgebenden wollen ihre eigene Situation rechtfertigen. Die Ratschläge zeigen oft den wunden Punkt, an dem der Ratgebende gescheitert ist. Jemand, der Ihnen den Rat gibt, kein Risiko einzugehen, hat vermutlich sein Leben grausam eingeengt, weil er selbst nicht die nötigen Risiken auf sich genommen hat. *So sind Ratschläge oft getarnte Rechtfertigungen der eigenen Situation.*

Darüber hinaus hat der Ratgebende natürlich auch immer sein eigenes Wohl im Auge. Eltern, die ihr Kind bei sich haben wollen, werden ihm kaum den Rat geben, ein Stellenangebot im Ausland anzunehmen.

Grundsätzlich gilt: *Nehmen Sie niemals den Ratschlag eines Menschen an, der nicht dort ist, wo Sie gerne wären.*

Sie kennen jetzt Ihre Glaubenssätze über Geld –
was nun?

Mit den Überzeugungen, die die meisten Menschen über Geld haben, können Sie unmöglich wohlhabend werden. Sie sabotieren sich selbst und treten auf der Stelle.

Sind Sie mit Ihrer Einstellung zu Geld zufrieden? Wenn Sie nicht glauben, dass Geld schön und gut ist, werden Sie nicht wohlhabend, selbst wenn Sie mehr Geld wollen. Es geht also darum, Überzeugungen zu entwickeln, die Ihnen helfen, das zu bekommen, was Sie wollen.

Es gibt eine einfache Technik, mit der Sie Ihre Einstellung zu Geld und die ihr zugrunde liegenden Überzeugungen innerhalb von 30 Minuten ändern können. Vorab müssen wir aber klären, ob wir überhaupt das Recht haben, an unseren Glaubenssätzen »herumzubasteln«.

Ist Geld gut oder schlecht?

Sind die einzelnen Glaubenssätze über Geld nun richtig oder falsch? Die Gemüter erhitzen sich immer wieder über gut und böse, richtig und falsch.

Vor wenigen Jahrhunderten war es herrschende Meinung, dass die Erde eine Scheibe sei. Alle sollten verbrannt werden, die sie für eine Kugel hielten. Auch dachten wir, Pflanzen seien grün, bis wir herausfanden, dass wir Farben sehen, weil ein Gegenstand alle Farben des Lichtes schluckt. Die Farbe, die er nicht schluckt, scheint dann die Farbe des Gegenstandes zu sein. Nichts ist so, wie es sich unserem Auge darstellt. Die Einteilung in richtig und falsch ist wenig hilfreich. Denn wir irren uns ständig.

Und doch tun wir uns aus vielen Gründen mit dieser Sichtweise schwer. Ein Grund ist unser Bedürfnis nach Sicherheit. Wir wollen uns auf uns und auf andere verlassen können. Wir haben vielleicht Schwierigkeiten mit der Aussage Konrad Adenauers: »Was kümmert mich mein dummes Geschwätz von gestern.« Noch gewagter scheint die Formulierung: »Was kümmert mich mein dummer Glaubenssatz von gestern.« Das Wort, das hier mitschwingt, heißt »Konsequenz«. Vielleicht überdenken Sie Ihre Einstellung, nachdem Sie die nächsten Sätze von Mahatma Gandhi gelesen haben:

»Konsequenz ist keine absolute Tugend. Wenn ich heute eine andere Einsicht habe als gestern, ist es dann für mich nicht konsequent, meine

Richtung zu ändern? Ich bin dann inkonsequent meiner Vergangenheit gegenüber, aber konsequent gegenüber der Wahrheit ... Konsequenz besteht darin, dass man der Wahrheit folgt, wie man sie erkennt.«

Als Gandhi heiratete, hatte er sicherlich andere Glaubenssätze über Ehe und Sex als später, als er sich entschloss, nicht mehr mit seiner Frau zu schlafen, um sich ganz auf seine Aufgabe zu konzentrieren. Er wollte ganz für Indien da sein. Ob das »richtig« war, gebührt uns nicht zu fragen.

Und genau das ist der Punkt. Menschen neigen dazu, alles in richtig und falsch einzuordnen. Diese Einordnung in »gut« und »böse« ist eine rein menschliche Erfindung. In der Natur gibt es so etwas nicht.

Wie entsteht ein Glaube?

Ein Farmer hatte ein schönes Pferd. Die Menschen in seinem Dorf beneideten ihn darum. Sie sagten: »Ein solch schönes Pferd müsste man haben.« Der Farmer antwortete nur: »Wer weiß ...«

Eines Tages lief das Pferd weg, und die Menschen im Dorf sagten: »So ein Pech.« Der Farmer erwiderte nur: »Wer weiß ...«

Nach einigen Wochen kam das Pferd mit drei weiteren wilden Pferden, die ihm gefolgt waren, zurück. Die Menschen im Dorf konnten es kaum fassen: »Hat der Farmer ein Glück!«, riefen sie. Der Farmer meinte nur: »Wer weiß ...«

Als der Sohn des Farmers eines der Wildpferde zureiten wollte, stürzte er und brach sich ein Bein. Die Dorfbewohner waren entsetzt: »Sein Vermögen hat ihm kein Glück gebracht, ohne seine Pferde wäre der Sohn des Farmers noch gesund.« Der Farmer meinte nur: »Wer weiß ...«

Wenig später brach ein Krieg aus, und alle gesunden jungen Männer wurden zum Militärdienst eingezogen. Der Sohn des Farmers mit seinem gebrochenen Bein musste zu Hause bleiben, worüber er sehr zornig war. Der Farmer besänftigte ihn: »Wer weiß ...«

Von den jungen Männern kam nach Ende des Krieges nicht einer zurück. Die Dorfbewohner tuschelten: »Der Farmer hat ein unglaubliches Glück.«

Eine objektive Realität gibt es nicht. Durch die Wahrnehmungsforschung und durch Einstein wissen wir, dass der Betrachter sich seine Realität schafft. Das, was wir sehen, existiert nur so, weil wir es so sehen. Dieses Buch existiert für Sie nur so, wie Sie es lesen und verstehen wollen. Für eine Schlange würde die Realität Buch ganz anders aussehen, denn Schlangen sehen nur infrarot.

Wenn Sie sich ohnehin Ihre Realität schaffen, wie viel leichter können Sie sich dann Ihre Glaubenssätze schaffen? Sie haben bereits häufiger in Ihrem Leben Ihre Einstellungen (Glaubenssätze) geändert. Sie haben sich in jemanden verliebt und wieder getrennt. Sie haben ein Kleidungsstück gemocht und fanden es später hässlich ... Sie können Ihren Glauben also ändern und sind trotzdem noch Sie selbst. Wie auch immer Sie sich sehen: Das sind Sie. Ihre Einstellung zu sich und der Welt »schafft« Sie. Was auch immer Sie glauben, bestimmt Ihre Situation.

Stellen wir uns die Meinung als Tischplatte vor:

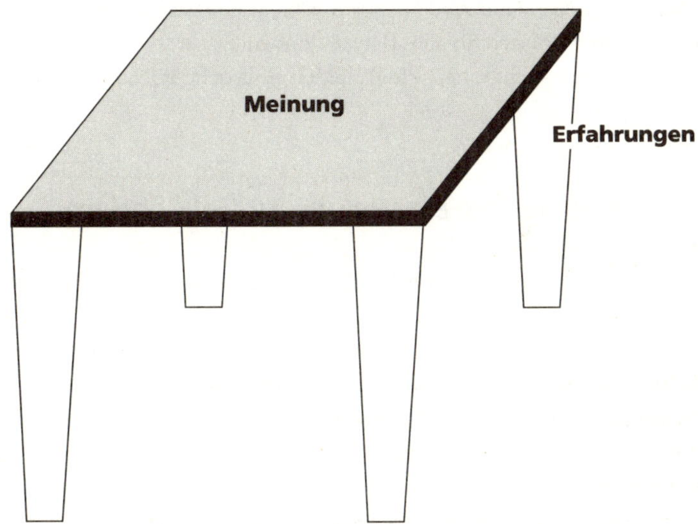

Um aus dieser Meinung einen Glauben zu formen, sind mindestens drei, besser vier und mehr Tischbeine (Erfahrungen, die die Meinung bestätigen) nötig.

Haben Sie sich schon einmal mit Aktien versucht? Wie ist es ausgegangen? Ich kenne viele Menschen, die ein- bis zweimal Aktien gekauft und dabei alle vernünftigen Regeln des Aktienkaufs verletzt haben. Der Kurs fiel, und um die Verluste nicht noch höher ausfallen zu lassen, haben sie schnell verkauft. So bildete sich ihre Meinung: Ich habe Pech mit Aktien. Der dermaßen Geschädigte fragt nun herum, wer noch alles schlechte Erfahrungen mit Aktien gemacht hat, und beginnt fleißig, Tischbeine zu sammeln. *Um unsere Meinung zu verfestigen, »leihen« wir uns Erfahrungen von anderen aus. Wir suchen nach den Ereignissen, die unsere Meinung bestätigen.*

Können Sie gut mit Geld umgehen? Viele antworten mit »nein« und suchen nach Beweisen, die diesen Glauben unterstützen. *Die Situation, in der wir uns befinden, repräsentiert unsere Überzeugungen.*

Verdirbt Geld den Charakter? Wie viele Menschen kennen Sie, die das glauben? Und dann schlagen sie die Zeitung auf, um noch mehr Beweise für ihre Überzeugungen zu finden. Könnten diese Menschen ebenso Beweise dafür finden, dass mit Geld Gutes bewirkt wird? Sicherlich. Wir können für alles Beweise finden. Für absolut alles. Darum gibt es so viele Religionen, Philosophien, politische Richtungen ...

Wie Sie Ihre Einstellung zu Geld ändern

Es gibt keine richtigen und falschen Überzeugungen. Nehmen wir den Satz: »Der Reiche hat viele Neider.« Hat wirklich jeder Reiche Menschen, die ihn beneiden? Er ist ebenso korrekt, wie es wahrscheinlich ist, dass der Reiche andererseits viel mehr Menschen hat, die ihn bewundern. Die Frage ist also nicht, ob Ihre Einstellung richtig oder falsch ist. Es geht alleine darum, *ob sie Ihnen auf dem Weg zu Ihrem Ziel hilfreich ist.*

Selbstverständlich müssen Sie dazu zunächst einmal Ihr Ziel kennen. Falls Sie es nicht bereits getan haben, notieren Sie Ihre Ziele ausführlich. Überlegen Sie, was Sie sein, tun und haben möchten. Fangen Sie mit den Fernzielen an, damit diese Kompasswirkung für Ihre kurz-

und mittelfristigen Ziele haben. Beziehen Sie alle fünf Lebensbereiche ein: Gesundheit, Finanzen, Beziehungen, Emotionen und Lebenssinn.

In sieben Jahren und mehr möchte ich …

- … sein: Wie wollen Sie sich sehen, wie sollen andere Sie sehen?

  ____

  ____

- … tun: Wie soll Ihr typischer Tagesablauf aussehen? Was wollen Sie tun beziehungsweise nicht mehr tun müssen?

  ____

  ____

- … haben: Welche Besitztümer, Freunde, Gesundheit, Familie wollen Sie haben?

  ____

  ____

In drei Jahren und mehr möchte ich …

- … sein: Wie wollen Sie sich sehen, wie sollen andere Sie sehen?

  ____

  ____

- … tun: Wie soll Ihr typischer Tagesablauf aussehen? Was wollen Sie tun beziehungsweise nicht mehr tun müssen?

  ____

  ____

- … haben: Welche Besitztümer, Freunde, Gesundheit, Familie wollen Sie haben?

  ____

  ____

Schauen Sie sich nun noch einmal Ihre Überzeugungen an. Welche werden Sie auf dem Weg zu Ihrem Ziel unterstützen? Welche werden Sie behindern? Denken Sie daran: *Sie suchen sich ständig die Beweise, die Ihren Glauben unterstützen. Sie sehen, worauf Sie sich aufgrund Ihres Glaubens konzentrieren. Darum wird Ihre Welt so, wie Sie glauben, dass sie ist.* Stellen Sie darum fest, welche Ihrer Glaubenssätze Ihnen hinderlich sein werden, weil sie Sie zwingen, sich auf die falschen Dinge zu konzentrieren.

Bitte notieren Sie die Überzeugungen, die Sie ändern wollen:

1. ____
2. ____
3. ____
4. ____
5. ____

Denken Sie an unser Bild mit dem Tisch. Ein Glaube besteht aus einer Meinung (Tischplatte) und vielen Erfahrungen (Tischbeine), die die Meinung unterstützen.

Um einen Glauben zu ändern, müssen Sie zuerst die Tischbeine abbrechen. Lösen Sie sich von allen Beweisen, und betrachten Sie die Meinung isoliert. Überlegen Sie nun einmal, ob diese Meinung für Sie Sinn macht. Falls nein, stellen Sie die Meinung gezielt in Frage.

Nehmen wir das Beispiel »Geld verdirbt den Charakter«. Hier einige Fragen, die erheblichen Zweifel an dieser wenig hilfreichen Meinung säen. Sehen Sie, was ein Seminarteilnehmer, der dies einmal glaubte, geantwortet hat:

1. *Warum ist dieser Glaube unter Umständen abwegig?*
   Weil ich einige sehr vermögende Menschen kenne, die sehr integer und charakterstark sind. Ich kenne andererseits arme Menschen, die Schufte sind. Charakter ist offensichtlich nicht eine Frage des Geldes. Schon in der Bibel war Reichtum gut. Im gesamten Alten Testament waren alle Helden auch reich.

2. *War die Person, die mir das beigebracht hat, wohlhabend?*
   Nein! Und ich möchte mit keiner der Personen tauschen, die diese Meinung haben. Ich möchte nicht ihren Job, ihre Wohnung, ihr Auto, ihre Freunde. Ich möchte nicht in ihrer Haut stecken, und ich möchte nicht ihre Glaubenssätze haben. Es sind liebe Menschen, aber ich möchte nicht so sein wie sie.

3. *Was wird es mich letztendlich finanziell und emotional kosten, wenn ich diesen Glauben nicht aufgebe?*
   Ich müsste mich dann weiterhin stark mit Aufgaben beschäftigen,

die ich nicht mag. Dadurch stumpfe ich ab. Arm sein verdirbt also den Charakter eher, weil man abstumpft. Ich würde den Respekt vor mir selbst verlieren und eine Minimalexistenz führen. Ich würde ein Leben ohne Begeisterung leben und mich selbst verachten.

4. *Was wird es meine Familie und die, die ich liebe, kosten?*
Ich werde ihnen nicht den Lebensstandard bieten können, den sie verdienen. Nein, viel schlimmer: Ich werde sie mit meinem Beispiel und Ratschlägen in Richtung Armut beeinflussen. Ich würde ihre Entwicklung hemmen, um meine eigene Situation zu rechtfertigen.

5. *Wie wird mein Leben verbessert, wenn ich diesen Glauben jetzt verändere? Wie fühle ich mich dadurch?*
Ich konzentriere mich auf die Dinge, die mein Leben bereichern und verschönern. Ich suche nach Gelegenheiten. Ich achte mich, weil ich jetzt ehrlich zu mir selbst bin: Ich kann an meinem Charakter und an meinem Wohlstand arbeiten. Je mehr Wohlstand ich habe, desto besser wird sich mein Charakter zeigen. Ich fühle mich befreit.

Und nun nehmen Sie den ersten Glaubenssatz, den Sie verändern wollen, und beantworten Sie dieselben Fragen.

1. *Warum ist dieser Glaube unter Umständen abwegig?*

____

____

2. *War die Person, die mir das beigebracht hat, wohlhabend?*

____

____

3. *Was wird es mich letztendlich finanziell und emotional kosten, wenn ich diesen Glauben nicht aufgebe?*

____

____

4. *Was wird es meine Familie und die, die ich liebe, kosten?*

____

____

5. *Wie wird mein Leben verbessert, wenn ich diesen Glauben jetzt verändere? Wie fühle ich mich dadurch?*

———————————————————————————————————

———————————————————————————————————

Ändern Sie Ihre Glaubenssätze, und Sie ändern Ihr Leben

Sie haben bis jetzt vier wichtige Schritte unternommen:

1. Sie haben herausgefunden, was Sie über Geld glauben. Immer wenn irgendetwas in Ihrem Leben nicht so ist, wie Sie es gerne hätten, sollten Sie herausfinden, welche Überzeugungen dahinter stecken.
2. Sie haben geprüft, ob diese Überzeugungen hilfreich für Ihre Ziele sind. Dazu haben Sie sich Ihre Ziele bewusst gemacht.
3. Sie haben den Glaubenssatz kurzzeitig von seinen Erfahrungen und Beweisen isoliert. Das erlaubt Ihnen, Ihre Meinung isoliert zu betrachten.
4. Sie haben die Meinung kritisch hinterfragt. Dadurch kommen erhebliche Zweifel an dem alten Glaubenssatz auf.

Sie sind jetzt bereit, Ihre alte Meinung durch eine neue Meinung zu ersetzen. Anschließend können Sie die neue Meinung zu einem Glauben machen, indem Sie die nötigen Erfahrungen und Beweise dazu suchen.

Vielleicht denken Sie nun: »So einfach kann das doch nicht sein.« Ich möchte Sie einladen, es auszuprobieren. Bedingung ist allerdings, dass Sie die Übung schriftlich machen. Sie werden begeistert sein.

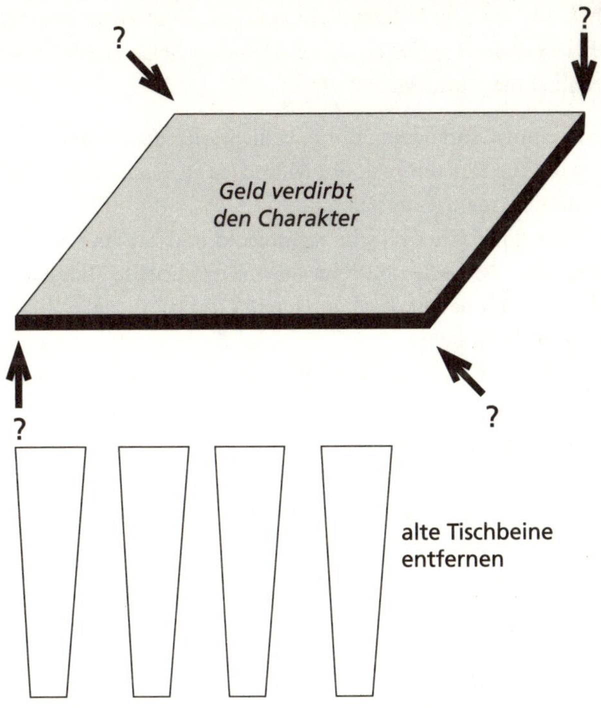

Ersetzen Sie die alte Meinung durch eine neue

Suchen Sie nun eine neue Meinung, die hilfreicher für Ihre Ziele ist. Eine Meinung, die Ihnen Kraft gibt und durch die Sie sich auf die für Sie wichtigen Dinge konzentrieren. Anschließend suchen Sie sich die Beweise dazu, die Erfahrungen, die aus der Meinung einen Glaubenssatz machen. So wie ein Tisch mindestens drei bis vier Tischbeine braucht, um stabil stehen zu können, so brauchen Sie mindestens ebenso viele unterstützende Erfahrungen. Sie können sich diese Beweise und Erfahrungen ruhig aus dem Leben anderer Menschen »ausleihen«.

Nehmen Sie also die alte Meinung: »Geld verdirbt den Charakter«, und formulieren Sie einen neuen Glauben, zum Beispiel: »Mit Geld kann ich viel Gutes tun. Es liegt nicht am Geld, sondern an mir.« Und nun suchen Sie die Beweise zu dieser Meinung. Schauen Sie, was der Seminarteilnehmer aufschrieb:

1. Ich habe einmal Karl-Heinz Böhm kennen gelernt. Der benutzt sein Geld und seine Bekanntheit, um Menschen in Ostafrika zu helfen. Geld hilft ihm, mehr Gutes zu tun.
2. Mein ehemaliger Chef ist sehr vermögend und hat eine Abteilung für behinderte Menschen in seiner Firma eingerichtet. Ich habe oft seinen Charakter bewundert. Durch sein Geld hat er viele Möglichkeiten, sinnvoll zu helfen.
3. Geld zeigt den Charakter und gibt mir mehr Möglichkeiten. Ich kann mit Geld *mehr Gutes* oder *mehr Schlechtes* tun. *Es liegt an mir.* Und ich glaube an mich. Geld ist darum bei mir gut aufgehoben. Ich habe bereits zwei Patenkinder in Venezuela.
4. Ich bewundere Sir John Templeton. Er ist Milliardär und dennoch ein bescheidener Mann. Er unterhält 18 Stiftungen, die er verwaltet und finanziert. Er hat die Leitung seiner Firmen abgegeben, um sich nur um die Stiftungen zu kümmern.

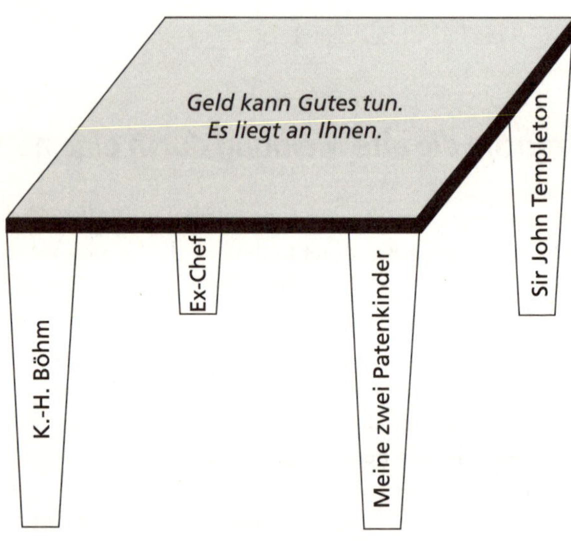

Nehmen Sie auch gleich Ihr Beispiel und transformieren Sie Ihren alten
Glaubenssatz:

Alter Glaube: ____

Neuer Glaube: ____

Beweise und Erfahrungen: _______________________________

Ändern Sie Ihre Glaubenssätze, um Ihre finanziellen Ziele zu erreichen.

- Denken Sie daran, dass das Leben das Spiegelbild Ihrer Glaubenssätze ist.
- Finden Sie heraus, welche Glaubenssätze »verantwortlich« sind.
- Trennen Sie die Beweise von Meinungen, und tauschen Sie die Meinung gegen eine neue, die Ihrem Ziel nützlicher ist.
- Formen Sie aus der neuen Meinung einen Glaubenssatz, indem Sie sie mit Beweisen unterstützen.
- Wenn Sie Ihre Glaubenssätze verändern, tun Sie andere Dinge, Sie schaffen neue Gewohnheiten und verändern somit Ihr Leben.
- Verfestigen Sie Ihren neuen Glaubenssatz sofort durch Impulse an Ihr Nervensystem. Mit anderen Worten, tun Sie den ersten Schritt jetzt.
- Sie haben jetzt die richtigen Voraussetzungen für finanziellen Erfolg geschaffen.

Um Ihre finanziellen Ziele zu erreichen, brauchen Sie drei Glaubenssätze:

1. Es *muss* sich verändern.
2. *Ich* muss es verändern.
3. Ich *kann* es verändern.

Wann immer ein Mensch seine Situation wirkungsvoll verändert, hat er das Gefühl: »Ich *muss* es tun.« Er weiß, dass nur er alleine verantwortlich ist. Und er hat so viel Selbstvertrauen, dass er glaubt, die notwendigen Veränderungen auch durchführen zu können.

Napoleon Hill hat das wohl bekannteste Buch über Erfolg geschrieben: *Denke nach und werde reich.* Seine Stiefmutter gab ihm Folgendes mit auf seinen Weg:

»Die Hütte hier, die wir als Heim bezeichnen, ist eine Schande für uns und ein Hemmschuh für unsere Kinder. Wir alle sind körperlich gesund, und es besteht gar kein Grund für uns, die Armut zu akzeptieren, wo wir doch wissen, dass sie nichts anderes als das Ergebnis von Faulheit oder Gleichgültigkeit ist.

Wenn wir hier bleiben und die Umstände akzeptieren, in denen wir jetzt leben, werden unsere Kinder in diesen Umständen heranwachsen und sie ebenfalls akzeptieren. Ich mag Armut nicht! Ich habe die Armut nie als mein Schicksal akzeptiert und werde das auch jetzt nicht tun!

Im Moment weiß ich noch nicht, wie unser erster Schritt auf dem Weg aus der Armut in die Freiheit aussehen wird, aber so viel weiß ich: Wir werden es schaffen, uns zu befreien, ganz gleich, wie lange es dauert, wie viele Opfer wir bringen müssen. Ich habe die Absicht, unseren Kindern den Vorteil einer guten Bildung zu verschaffen. Mehr noch, ich möchte, dass sie vom Ehrgeiz erfüllt sind, die Armut zu besiegen. Armut ist eine Krankheit, die chronisch wird und schwer zu überwinden ist, wenn man sie erst einmal akzeptiert hat.

Es ist keine Schande, arm geboren zu sein. Aber ganz bestimmt ist es eine Schande, dieses Erbe als etwas Unwiderrufliches hinzunehmen. Wir leben in einem der reichsten und höchstentwickelten Länder der Welt. Hier winken jedem Chancen, der bestrebt ist, sie zu erkennen und zu ergreifen. Und was unsere Familie angeht – wenn uns keine Chance winkt, dann schaffen wir uns eben selbst die Chance, diesem Leben hier zu entrinnen!

Armut ist wie eine schleichende Lähmung. Ganz allmählich zerstört sie das Verlangen nach Freiheit, raubt einem den Wunsch, sich an den besseren Dingen des Lebens zu freuen, untergräbt die persönliche Initiative. Außerdem konditioniert sie den Menschen auf die Hinnahme einer Vielzahl von Ängsten, darunter der Angst vor Krankheit, Kritik und körperlichen Schmerzen.

Unsere Kinder sind zu jung, um die Gefahren zu kennen, die entstehen, wenn man die Armut als Schicksal akzeptiert. Aber ich werde dafür sorgen, dass sie diese Gefahren erkennen. Und ich werde auch dafür sorgen, dass sie ein Wohlstandsbewusstsein entwickeln! Dass sie Wohlstand erwarten und bereit sind, den Preis für Wohlstand zu bezahlen!«

Überlegen Sie für sich: *Muss* sich Ihre Situation ändern? Wenn ja, dann müssen *Sie* sie ändern, und Sie *können* sie ändern.

Ob Sie etwas *müssen* oder nicht, liegt an Ihrem Glaubenssatz. Auch hier können Sie Ihre »Software« umprogrammieren.

Leverage

Um etwas zu einem *Muss* zu machen, brauchen wir Leverage. Leverage bedeutet so viel wie Druck, eine Hebelwirkung. Leverage entsteht immer dann, wenn Sie großen Schmerz empfinden würden, wenn Sie etwas nicht täten, aber große Freude empfinden würden, wenn Sie es täten.

Sie können künstlich Leverage folgendermaßen erzeugen: Assoziieren Sie Schmerz mit der Tatsache, dass sich Ihre finanzielle Situation nicht verändert.

Schreiben Sie alle Dinge auf, auf die Sie verzichten müssten. Was würden Sie verpassen, wenn Sie in Ihrem Leben niemals finanziell sicher oder frei wären? Wie würde sich das auf Ihre Beziehungen, Ihre Gesundheit, Ihren Stresspegel, Ihr Selbstwertgefühl, Ihr Bedürfnis nach Freiheit auswirken? Besonders wenn Sie sich in späteren Jahren immer noch ähnlich abmühen müssen?

____

____

Schmerzvermeidung allein reicht nicht aus, um Druck auf sich selbst auszuüben. Um Ihre Ziele zu einem Muss zu machen, brauchen Sie Schmerz und Freude. Schmerz, wenn Sie das Ziel nicht erreichen, und Freude, wenn Sie es erreichen.

Schreiben Sie nun alle Dinge auf, die Sie erhalten würden, wenn Sie finanziell unabhängig wären und nie mehr arbeiten müssten. Sie könnten sich ausschließlich den Dingen widmen, die Ihnen Spaß machen und die anderen helfen. Wie würde sich das auf Ihre Lebensfreude, auf Ihr Selbstwertgefühl, auf Ihre Beziehungen auswirken? Wie viel Freizeit hätten Sie, wie viel Spaß hätten Sie? Wie würde das Ihre Gesundheit und die Mission Ihres Lebens beeinflussen? Wie würde Ihr Leben und das der Menschen um Sie herum bereichert?

Was Sie brauchen, um aus Ihren Wünschen ein absolutes Muss zu machen, sind gute Gründe. Gründe, warum Sie etwas tun wollen und müssen. Fragen Sie sich öfter *warum* statt *wie,* wenn es um Entscheidungen geht. Jeder Mensch, der große Ziele erreicht hat, hat sich anfangs zu 90 Prozent auf das Warum und nur zu 10 Prozent auf das Wie konzentriert. Die meisten Menschen denken zu 90 Prozent an das Wie und nur zu 10 Prozent an das Warum und erreichen darum ihre Ziele nie.

Nachdem Sie dieses Kapitel durchgearbeitet haben, möchte ich Ihnen gratulieren. Es kostete einiges an Mühe. Aber Sie haben den Grundstock für Ihren Wohlstand gelegt. Sie wissen jetzt genauer, was Sie wollen.

Was unter Umständen für die meisten Menschen wie ein Wunder aussieht, können Sie in sieben Jahren erreichen. Denn Sie haben es in der Hand, Sie haben die Macht über Ihre Zukunft. Sie haben eine präzise Vorstellung davon, was nötig ist, um wohlhabend zu werden. Sie haben den ersten Schritt getan und festgestellt, was Sie über Geld wirklich denken. Sie haben Ihre Glaubenssätze gegebenenfalls geändert, damit diese Sie auf dem Weg zu Ihrem Ziel unterstützen.

Die Power-Ideen auf den Punkt gebracht

- Die gegenwärtige Situation eines Menschen ist das genaue Spiegelbild seiner Überzeugungen.
- Im Grunde genommen haben Sie heute genau das, wovon Sie glauben, dass es richtig und gut für Sie ist.
- Die beste Vorbereitung für Wohlstand ist zu lernen, sich mit Geld wohl zu fühlen.
- Die meisten Menschen haben negative Assoziationen in Bezug auf finanziellen Überfluss, die stärker sind als ihre positiven Assoziationen über finanzielle Freiheit.
- Die finanzielle Situation, in der Sie aufgewachsen sind, prägte Sie genauso wie die Dinge, die Sie häufig über den Umgang mit Geld beobachtet oder gehört haben.
- Wenn Sie Ihre finanzielle Situation wirkungsvoll und effektiv verändern wollen, dann müssen Sie Ihre ungünstigen Einstellungen ändern.
- Reich werden zu wollen, ohne seine Glaubenssätze zu kennen oder zu ändern, ist so vergeblich, wie gegen den Wind zu spucken.
- Mit Ratschlägen zeigen Ihnen Menschen zwar den Weg, aber auch die Grenze. Ratschläge sind sehr oft eine getarnte Rechtfertigung der eigenen Situation.
- Suchen Sie Ratschläge nicht in Ihrer Nähe, sondern dort, wo sie am besten sind.
- Es ist wichtig, dass Sie Überzeugungen entwickeln, die Ihnen helfen, das zu bekommen, was Sie wirklich wollen.
- Sie können jede Überzeugung in 30 Minuten ändern.
- Jeder von uns hat bereits in der Vergangenheit seine Einstellung oder Meinung geändert. Was damals unbewusst oder zufällig geschehen ist, können Sie ebenso gut gezielt einsetzen.
- Das entscheidende Kriterium für Ihre Überzeugungen muss heißen: Ist diese Meinung hilfreich auf dem Weg zu meinem Ziel?
- Wann immer irgendetwas in Ihrem Leben nicht so ist, wie Sie es

gerne hätten, finden Sie zunächst heraus, welche Überzeugungen dahinter stecken.

- Um Ihre finanziellen Ziele zu erreichen, brauchen Sie drei Glaubenssätze:

  1. Es *muss* sich verändern.
  2. *Ich* muss es verändern.
  3. Ich *kann* es verändern.

- Um irgendetwas zu einem Muss zu machen, brauchen wir Leverage. Leverage besteht aus dem Vermeiden von Schmerz und dem Empfinden von Freude.

- Sie können künstlich Leverage entwickeln. Assoziieren Sie Schmerz mit der Tatsache, dass Sie Ihr Ziel nicht erreichen, und Freude mit der Tatsache, dass Sie Ihr Ziel erreichen.

- Jeder Mensch, der große Ziele erreicht hat, hat sich anfangs zu 90 Prozent auf das Warum und nur zu 10 Prozent auf das Wie konzentriert.

**Der praktische Leitfaden
zur ersten Million**

6

Schulden

Akzeptiere niemals eine kurzfristige Lösung
für ein langfristiges Problem.

Daniel S. Peña, Deals and Acquisitions

Schulden zu haben ist heute für viele selbstverständlich. Drei von vier Haushalten in Deutschland haben Konsumschulden. Warum auch nicht? Wer will schließlich als Geizhals durchs Leben gehen?

Nach meinem Studium dauerte es ungefähr ein Jahr, bis ich mich mit fast 40 000 € verschuldet hatte. Denn ich wollte auf keinen Fall so sein wie mein Vater. Immer wenn der etwas kaufte, nahm er ein Notizbüchlein heraus und trug mit spitzem Bleistift ein: »Bodo, Eis, 0,40 DM, 3.8.1968«, so dass es jeder sehen konnte. Peinlich!

Nein, bei mir war von Geiz nichts zu spüren. Meine Freunde konnte ich im Restaurant meistens einladen. Ich brauchte ein großes Auto, ich musste schließlich repräsentieren. Außerdem musste ich ja Kosten schaffen – wegen der Steuer. Und dann die wunderbare Erfindung der Kreditkarten: Ich selber musste nie bezahlen. Das taten die Jungs von der Kreditkartenfirma – zumindest zunächst einmal …

Und dann hatte ich gehört: »Der Gewinner fährt 1. Klasse durchs Leben.« Also fuhr ich 1. Klasse: Es gab keinen Sekt – nur Champagner. Es gab keine Steaks – nur Filetsteaks.

Ich wollte bereits in der Zukunft leben – wie ein vermögender Mensch. Bald meldete sich die Vergangenheit immer häufiger in Form von Rechnungen, Mahnungen und steigenden Kreditraten. Als guter Verkäufer mit gutem Einkommen gelang es mir immer wieder, einen neuen Kredit zu beschaffen. Ich fing an, Geld umzuschichten, das heißt, ich besorgte mir neue Kredite, um die Raten der alten Kredite bezahlen zu können. So verfing ich mich langsam aber sicher in einer Abwärtsspirale.

Ich weiß nicht, wie Ihre persönliche Situation aussieht. Vielleicht müssen Sie dieses Kapitel lesen – sozusagen als letzten Strohhalm. Vielleicht haben Sie gar keine Konsumschulden. Dann lesen Sie bitte auf jeden Fall die ersten sechs Seiten. Eventuell haben Sie zwar Konsumschulden, aber nicht in beängstigender Höhe. In dem Fall lesen Sie das Kapitel bitte trotzdem. Wahrscheinlich werden Sie eine andere Einstellung gewinnen, nach dem Motto: »Wehret den Anfängen.«

Dumme und intelligente Schulden

Natürlich sind Schulden nicht gleich Schulden. Bei einem Hauskauf steht der Hypothek ein Wert gegenüber. Hier gelten eigene Gesetze. Ansonsten können Sie grundsätzlich nur Geld für Ihre Firma aufnehmen oder für sich selbst. Meiner Meinung nach ist es ausgesprochen gefährlich, Konsumschulden zu machen. Möbel, Autos, Urlaub, Musikanlagen, Fernseher, Waschmaschine sind einige klassische Gründe für Konsumschulden. Viele junge Menschen denken, sie brauchen unbedingt eine komplette Wohnungseinrichtung an dem Tag, an dem sie ihre neue Wohnung beziehen. Ich möchte Ihnen dringend davon abraten, Konsumschulden zu machen. Erinnern Sie sich: »Was wir wollen ist nicht gleich dem, was wir brauchen.«

Ganz anders ist es, wenn Sie Ihre Firma aufbauen. Ohne die folgenden zwei wichtigen Grundpfeiler ist heute ein schnelles Wachstum kaum möglich: O. P. und O. P. M. (*other people*, andere Menschen, und *other people's money*, anderer Leute Geld).

Lassen Sie uns also die Vor- und Nachteile von Konsumschulden untersuchen. Zunächst zu den Vorteilen:

Vorteile gibt es also keine. Um es gleich deutlich zu sagen: Konsumschulden sind dumm, destruktiv, demotivierend, energieraubend und enden oft in einem Teufelskreis.

Warum? Wir haben zwei Möglichkeiten, wie wir unsere Energie einsetzen: Wir können an einer langfristigen Lösung oder an einer kurzfristigen Scheinlösung arbeiten. Das Problem bei einer kurzfristigen Lösung ist, dass wir uns in Wahrheit von unserem langfristigen Ziel entfernen. Unser Ziel ist Wohlstand. Wenn wir Kredite aufnehmen, um diesen Wohlstand heute schon auszuleben, berauben wir uns unserer Motivation. Einmal deshalb, weil wir nach einiger Zeit feststellen, dass wir nicht weiterkommen. Geld ist nun einmal zählbar. Und wenn wir unser Gesamtvermögen zählen und heute weniger haben als Null, dann drängt sich uns die Frage auf: Wofür arbeite ich eigentlich? Zum anderen berauben wir uns unserer Motivation, weil wir uns die Belohnung unserer zukünftigen Arbeit bereits heute gegeben haben. Drittens wissen oder ahnen wir zumindest, dass Konsumschulden »nicht gut« sind. Wenn wir bewusst gegen unsere eigene innere Stimme handeln, verlieren wir an Selbstbewusstsein. Niedriges Selbstbewusstsein bedeutet aber auch niedrige Motivation.

Wir holen einen großen Teil unserer Motivation aus der Erwartung, dass unsere Situation sich in Zukunft verbessert. Diese Verbesserung erreichen wir, indem wir an einer langfristigen Strategie arbeiten, um uns als Experten zu positionieren. Wen private Schulden drücken, dem fehlt die Zeit und die Motivation, um eine solche Strategie umzusetzen. Stattdessen muss er ständig unwichtige Dinge tun – nur weil sie dringend geworden sind.

Wenn wir eines sicher erwarten können, dann sind es unerwartete Umstände. Wer Kredite aufnimmt, kauft heute, was er mit zukünftigen Verdiensten bezahlen will. Nun, zukünftige Verdienste könnten ausbleiben, unerwartete Umstände könnten sich einstellen. Wir alle wissen, dass Banker recht nervös werden, wenn wir unsere Kreditraten nicht bezahlen können, weil unser Einkommen aufgrund von unerwarteten Umständen gesunken ist. Nervöse Banker rauben Motivation und Lebenslust. Wir alle wissen, dass es zumindest unklug ist, Konsumschulden zu machen. Warum ist es dann heute fast normal, welche zu haben?

Wie entstehen Schulden?

Wichtig ist, dass Sie erkennen, dass Sie in Ihre Situation nicht hineingeraten sind, sondern ganz einfach falsche Glaubenssätze hatten oder haben.

Erinnern wir uns, wie unser Gehirn funktioniert. Wir tun alles, um Schmerz zu vermeiden und Freude zu erleben. Schulden entstehen in der Regel, weil jemand im Moment Schmerz vermeiden will: Sich etwas nicht leisten zu können, das einem gut gefällt, bedeutet Verzicht, und Verzicht bedeutet Schmerz. Wir würden aber Freude erleben, wenn wir das schöne Kleid kaufen oder den Urlaub buchen könnten. Das Gehirn reagiert immer stärker auf das Aktuelle und Unmittelbare. Dass wir uns langfristig in eine schlimme Lage hineinmanövrieren, wenn wir zu viel kaufen, ist dem Gehirn nicht so wichtig. Es will kurzfristig Schmerz vermeiden und Freude erleben.

Menschen haben zwar die Fähigkeit entwickelt, strategisch zu planen und zu analysieren. Aber das Programm, aktuellen Schmerz zu vermeiden und Freude zu erleben, ist stärker als das analytische Programm.

Wir wissen alle, dass langfristig der Schmerz viel größer ist, wenn wir uns total verschuldet haben, als der relativ kleine Schmerz eines momentanen Verzichts. Welch kluge Erkenntnis. Nur leider hat das in den letzten 4000 Jahren nicht dazu geführt, dass weniger Konsumschulden gemacht werden. Schulden entstehen nun einmal nicht auf Vernunftbasis.

Um zu verstehen, wie stark das Programm *Jetzt-Freude-erleben-und-Schmerz-vermeiden* unsere Handlungen beeinflusst, möchte ich Ihnen von den Babyloniern berichten:

Auch die alten Babylonier konnten bereits Konsumschulden machen. Sie gingen zu den Urahnen der heutigen Banken, den Geldverleihern. Der Geldverleiher stellte Fragen, die wir heute aus Gesprächen mit Bankern kennen: »Haben Sie Sicherheiten?« Der Babylonier konnte neben den auch heute üblichen Sicherheiten aber noch etwas anbieten – sich selbst. Dadurch florierte das Geldverleihgeschäft enorm: Jeder war kreditwürdig, denn jeder konnte sich selbst als Sicherheit anbieten. War der Babylonier nicht mehr in der Lage zurückzuzahlen, so wurde er als Sklave verkauft. So wie heute ein Haus unter den Hammer kommt, so kam damals der Mensch selbst unter den Hammer. Neun von zehn Sklaven endeten »an der Mauer«.

Nach den Beschreibungen antiker Historiker, wie dem Griechen Herodot, gehörten die beeindruckenden Stadtmauern Babylons zu den sieben Weltwundern der Antike. Die unter Nabupolassar erweiterten Mauern hatten eine Höhe von über 50 Metern, eine Länge von etwa 18 Kilometern und waren so breit, dass oben sechs Pferde nebeneinander reiten konnten.

Diese Mauern wurden von Sklaven erbaut. Die Arbeit war unglaublich hart. Die Sonne brannte unbarmherzig auf die Sklaven herab, die die Ziegel der Mauer emportrugen. Die weitere Lebenserwartung dieser Sklaven betrug durchschnittlich drei Jahre. Wenn sie vor Erschöpfung zusammenbrachen, peitschte ein Aufseher auf sie ein. Konnten sie sich nicht mehr erheben, so wurden sie vom Pfad herabgestoßen und zerschellten unten auf den Felsen. Nachts wurden die Leichen weggeschafft.

Dieses Szenario beobachteten die Einwohner Babylons jeden Tag. Die arbeitenden Sklaven waren eine ständige Wahrheit, die in jedem Babylonier allgegenwärtig war. Interessant ist, dass zwei Drittel aller Sklaven an der Mauer keinesfalls versklavte Kriegsgefangene waren, sondern Babylonier, die ihre Freiheit verloren hatten.

Wir könnten die Frage stellen: Wie konnte ein Mensch nur so dumm sein, solch ein Risiko einzugehen? Wie konnte er einen Kredit aufnehmen und sich selbst als Sicherheit geben, wenn er ständig vor Augen hatte, was ihm blühen konnte?

Die Antwort lautet: Weil das menschliche Gehirn jetzt Freude erleben will und jetzt Schmerz vermeiden will. Der zukünftige, viel größere Verzicht der Freiheit und der Schmerz, als Sklave zugrunde zu gehen, wiegt nicht so schwer wie das Jetzt. Also kommen wir mit analytischem Verstand nicht weiter. Zu sagen: »Ich kann mir ausrechnen, was passiert, und darum vermeide ich klug Konsumschulden«, hat damals nicht funktioniert und funktioniert heute erst recht nicht. Schließlich trifft es uns nicht ganz so hart wie die alten Babylonier –

wir landen nur in einer sklavereiähnlichen Situation, wenn wir uns verschulden.

Wie verhindere ich Schulden?

Es gab Babylonier, die Kredite aufnahmen. Viele von ihnen wurden Sklaven. Es gab aber auch Babylonier, die nicht zum Geldverleiher gingen und mit Geld sehr gut umgehen konnten. Diese Menschen bauten persönlichen Wohlstand auf und machten Babylon zur wahrscheinlich reichsten Stadt, die es je gegeben hat. Was war der Unterschied?

Es gibt talentierte, fähige Menschen, die sich finanziell ruiniert haben, und es gibt Menschen, die vor zehn Jahren bei Null angefangen haben und heute ein Vermögen besitzen. Alle haben dasselbe *Schmerz-vermeiden-Freude-erleben-Programm* im Kopf.

Der Unterschied ist, wie wir Schmerz und Freude definieren. Den Ausschlag geben unsere Glaubenssysteme. Sie bestimmen, wann wir Schmerz empfinden und Freude erleben. Ich kenne Männer, die keine Krawatte anziehen würden, die nicht aus reiner Seide ist, von einem namhaften Designer stammt und mindestens 49 € kostet. Diese Männer würden körperliche Schmerzen erleiden, wenn sie sich eine Polyesterkrawatte von C&A umbinden müssten und der Wind dann die Krawatte so verdrehen würde, dass jeder das Logo lesen könnte. Ich kenne aber andere Männer, die körperliche Schmerzen erleiden würden, wenn sie für eine Krawatte 49 € ausgeben müssten. Sie erleben Freude, wenn sie sparen. Wir sehen also: Unsere Glaubenssätze bestimmen, wann wir Freude oder Schmerz erleben.

Wir handeln nicht aufgrund unserer »logischen Einsichten« und Vorsätze, sondern aufgrund unserer Glaubenssätze. Ändern wir unsere Glaubenssätze, ändern wir unsere finanzielle Situation.

Bitte stellen Sie sich folgende Frage: »Warum bin ich es wert, viel Geld zu besitzen?«

Fragen Sie sich, welche Glaubenssätze verantwortlich sind für Ihre Schulden. Hier sind einige Fragen, die Ihnen dabei helfen können:

- Welche Nachteile hat es für mich, wenn ich meine Schulden loswerde? (Wenn es solche Nachteile nicht gäbe, dann hätten Sie keine Schulden.) Mögliche Nachteile sind: Verzicht auf Freiheit, Einschränkungen, Imageverlust, Bequemlichkeit ...

- Welche Vorteile hat es, wenn ich meine Schulden loswerde?

- Welche weiteren Vorteile erwachsen mir aus diesen Vorteilen?

- Welche Glaubenssätze haben mich dazu geführt, Schulden zu machen?

- Welche Nachteile muss ich in Kauf nehmen, wenn ich weiter verschuldet bleibe?

- Wie will ich mich entscheiden?

Bitte gehen Sie nun zu den Übungen in Kapitel 5 und verändern Sie Ihre Glaubenssätze. Programmieren Sie sich neu: Sie sind der Meister Ihres Lebens. Sie sind nicht der Sklave irgendwelcher zufällig angenommener Glaubenssätze.

Dreizehn praktische Tipps zum Abbau von Schulden

1. Richten Sie sich auf Ihr langfristiges Ziel aus. Fragen Sie sich, ob alles, was Sie denken, sagen und tun, zu Ihrer Zielerreichung beiträgt.
2. Ändern Sie Ihre Glaubenssätze. Die praktischen Tipps anwenden

zu wollen, ohne die Glaubenssätze zu verändern, ist wie gegen den Wind zu spucken.

3. Sagen Sie niemals: »Darauf kommt es auch nicht mehr an.« Es kommt jetzt auf *jeden* Euro an.

4. Listen Sie alle Ihre Ausgaben auf. Ich weiß, das ist ein wenig mühselig, aber ich verspreche Ihnen, es wird sich lohnen. Arbeiten Sie mit einem Budgetplan.

5. Zerreißen Sie Ihre Kreditkarten. Jetzt sofort. Besorgen Sie sich erst dann eine neue, wenn Sie 50 000 € Guthaben besitzen.

6. Wandeln Sie Ihren Dispositionskredit in einen normalen Kredit um. Die Zinsen sind niedriger und Sie können anfangen zu tilgen.

7. Listen Sie alle Außenstände auf. Gehen Sie persönlich zu Ihren Schuldnern und kassieren Sie. Bieten Sie Ratenzahlung an. Bedanken Sie sich für jede erhaltene Zahlung überschwänglich.

8. Reden Sie offen mit Ihren Gläubigern. Verstecken bringt Ihnen nur Unverständnis und Ärger ein. Reden Sie dagegen offen, so werden die meisten mit Ihrem Angebot der Rückzahlung einverstanden sein.

9. Bieten Sie maximal die Hälfte des Betrags, den Sie monatlich zur Rückzahlung übrig haben, tatsächlich an. Dafür gibt es zwei Gründe: Erstens, weil Sie ab sofort anfangen wollen zu sparen, und zweitens müssen Sie auf Nummer Sicher gehen, um Ihre Gläubiger nicht zu enttäuschen.

10. Fragen Sie sich bei jeder Ausgabe: *Ist das wirklich nötig? Muss das unbedingt sein?*

11. Suchen Sie nach neuen Verdienstquellen.

12. Setzen Sie einen maximalen Betrag fest, den Sie pro Monat ausgeben werden, und einen Mindestbetrag, was Sie verdienen werden.

13. Entwickeln Sie einen Sinn für Dringlichkeit. Simulieren Sie den absoluten Ernstfall. Handeln Sie so schnell wie möglich. Sie haben doch Ihre Glaubenssätze verändert und Ihre Kreditkarten zerrissen?

Strategien zum Umgang mit Schulden

Der beste Umgang mit Schulden ist, sie zu tilgen. Das geht aber nicht immer so einfach. Vielleicht müssen Sie eine Weile mit Ihren Schulden leben. Deshalb möchte ich Ihnen Hilfen geben, damit Sie trotz Schulden glücklich sein können.

Ihre Einstellung zu Schulden

Sie kennen inzwischen meine Einstellung zu Problemen: Probleme haben zwei Seiten, also auch eine gute. Wir müssen jetzt etwas verändern, wir müssen jetzt wachsen. Ich möchte Sie daher fragen: Was könnte die gute Seite daran sein, Schulden zu haben? Was müssen Sie jetzt tun, was Sie sonst womöglich nie getan hätten? Welche Menschen müssen Sie jetzt kennen lernen? Was kann alles Gutes aus Ihren neuen Glaubenssätzen erwachsen? Wie können Sie den Druck, unter dem Sie jetzt stehen, in eine positive Antriebskraft verwandeln?

Ihre Einstellung zu sich selbst

Leider erlebe ich es bei meinen Beratungsgesprächen immer wieder, wie sich verschuldete Menschen mit Selbstvorwürfen zerfleischen. Sie haben vielleicht Schulden, aber Sie sind kein Versager. Definieren Sie Ihre Identität nicht nur über Ihren Geldwert. Schließlich sind Sie ein Mensch und kein Geldschein. Sie sind ein wertvoller Mensch mit vielen liebenswerten Eigenschaften.

Auf jeder besseren Managerschulung lernen Sie, dass Sie Ihre Mitarbeiter möglichst selten kritisieren sollten. Wenn es absolut nötig ist, sollten Sie nach ganz gewissen Regeln Kritik üben:

Bevor Sie jemanden kritisieren, sollten Sie sich kurz hinsetzen und aufschreiben, welche zehn Eigenschaften Sie an dieser Person schätzen. Zweitens sollten Sie immer die Handlung von der Person isolieren. Stellen Sie also niemals die Person selbst in Frage.

Sagen Sie mir bitte einen Grund, warum wir uns selbst schlechter behandeln sollten, als wir andere behandeln? Viele Menschen zerstören sich selbst durch ihre Selbstkritik. Sie machen sich selbst nieder. Ich schlage darum vor: Wenn Sie in Zukunft hart mit sich ins Gericht gehen wollen, sagen Sie laut zu sich: »Stop!« Nehmen Sie Ihr Erfolgsjournal, und listen Sie zehn Eigenschaften auf, die Ihnen an Ihnen selbst gut gefallen. Machen Sie sich zweitens klar, dass Ihre Glaubenssätze die Ursache für Ihre heutige Situation sind. Und Glaubenssätze können Sie jederzeit verändern.

Geben Sie niemandem die Schuld

Wir neigen dazu, anderen Menschen oder gewissen Umständen die Schuld zu geben. Denken Sie daran: Wem Sie die Schuld geben, dem geben Sie die Macht. Sie benötigen jetzt so viel Kraft und Macht wie möglich.

Als ich das damals erkannte, konnte ich meine Schulden rasch abbauen. Vorher beschuldigte ich meine Firma, meine Kunden, die nicht zahlten, den Staat mit seiner Steuerpolitik. Tatsache war, dass ich mich da hineinmanövriert hatte und mich nur allein da wieder herausholen konnte. Diese klare Erkenntnis setzt viel Energie frei. Energie, die dann für die Schulden und nicht für die Schuld eingesetzt wird.

Haben Sie keine Angst

Angst kann Sie in dieser Lage nur lähmen. Was sollten Sie auch befürchten? Sollte wirklich eine Katastrophe eintreten, so werden Sie auch daran eine gute Seite entdecken. Malen Sie sich also einmal das Schlimmste aus, das geschehen könnte. Auch dann würde es weitergehen, stimmt's? Solch eine Einstellung ist schwierig anzunehmen. Wenn es Ihnen aber gelingt, ist es unheimlich befreiend. Es hilft Ihnen loszulassen. Denn eine Katastrophe ist das Ende des Alten. Sie zerstört, was war, und ermöglicht eine Geburt. Wenn das Alte zerstört ist, entsteht ein Vakuum, das mit einer Neuschöpfung gefüllt werden will. Also auch eine Katastrophe hat eine gute Seite, wenn Sie sie entdecken: Die Chance, völlig neu zu beginnen ... Und tatsächlich hat ein Großteil aller Erfolgsgeschichten nach einer Katastrophe begonnen.

Hören Sie nicht auf andere

Immer wieder höre ich bei Schuldenberatungen: »Was werden die Nachbarn sagen? Welche Schande! Meine Eltern werden vor Kummer umkommen ...«

Der Wert Ihrer Person misst sich nur zu einem relativ kleinen Teil an Ihrer finanziellen Situation. Auf Freunde, die Sie nur gern haben, wenn Sie viel Geld besitzen, können Sie gut verzichten. Und wenn jemand vor Kummer umkommen will, so ist das dessen eigene freie Entscheidung. Machen Sie Ihr Wohlbefinden nicht von der Meinung anderer Menschen abhängig.

Vermeiden Sie Mitleid

Zeigen Sie niemals Zweifel. Reden Sie mit niemandem über Ihre Schulden. Viele Menschen reden über ihre missliche Lage, unter dem Vorwand, Hilfe zu suchen. *Hilfe kommt aber nicht zu denen, die sie brauchen, sondern zu denen, die sie verdienen.* Wenn Sie von Ihren Problemen berichten, erhalten Sie allenfalls Mitleid. Wer Mitleid bekommt, will mehr Mitleid und berichtet darum mehr schreckliche Dinge. Um diese schöne Mitleidbeziehung aufrecht zu erhalten, müssen Sie in Ihrer miesen Situation bleiben. Sonst könnten Sie ja keine schrecklichen Dinge mehr berichten. Wir alle wollen Sympathie. Hüten wir uns davor, eine Identität anzunehmen, die uns diese Sympathie in Form von Mitleid erhalten lässt. Stattdessen sollten wir uns Respekt verdienen.

Wir brauchen die Identität eines Gewinners. Gewinner ziehen Gelegenheiten an. Gewinner zeigen keine Zweifel.

Haben Sie immer Bargeld –
auch wenn Sie offiziell keines haben

Stellen Sie sich Herrn Schuldenberg vor. Er hat 175 000 € Schulden und kein Geld. Er kann auch nirgendwo mehr welches bekommen. Seine Freunde verriegeln die Tür, wenn er kommt, in Banken löst sich der automatische Alarm aus, wenn eine Kamera sein Gesicht sieht. Er muss aber weiter seine Miete bezahlen. Kreditkarten sind keine mehr vorhanden, ab nächste Woche wird Essen ein Problem. Die Telekom droht, das Telefon abzustellen, wenn nicht innerhalb einer Woche die offenen Rechnungen beglichen werden. Ähnliche Aktionen drohen von den Elektrizitätswerken. Weitere Strecken kann er mangels Benzin nicht fahren.

Was ich mit dieser Beschreibung sagen will: 80 Prozent von Herrn Schuldenbergs Problem sind nicht die 175 000 € Schulden, sondern die Tatsache, dass er jetzt keine 5 000 € in bar hat. Ich will nicht andeuten, dass die 175 000 € Schulden leicht zu nehmen seien. Aber 80 Prozent der Energie muss Herr Schuldenberg verschwenden, weil er 5 000 € nicht hat. Dadurch kann er sich kaum auf das konzentrieren, was jetzt oberste Priorität wäre: Einkommen zu generieren. Darum ist es wichtig, immer eine eiserne Reserve in einem Schließfach oder im Tresor zu haben.

Gehen wir einen Schritt weiter: Stellen Sie sich vor, Herr Schuldenberg hat keine Möglichkeit, die 175 000 € abzubezahlen. Er hatte es unterlassen, seine privaten Finanzen strikt von den Firmenfinanzen zu trennen. Die private Situation und die Lage seiner Firma sind ausweglos. Er muss Konkurs anmelden.

Wie würde sich nun die Situation von Herrn Schuldenberg verändern, wenn er 25 000 € Bargeld hätte, von denen niemand etwas weiß? Den Konkurs würde er zwar trotzdem nicht vermeiden, aber er hätte die Möglichkeit, sechs bis zwölf Monate relativ sorgenfrei zu leben und alle wichtigen persönlichen Rechnungen zu bezahlen. Darüber hinaus könnte er in aller Ruhe über eine neue Idee nachdenken und ein neues Geschäft beginnen.

Haben Sie sich einmal gefragt, warum reiche Menschen gelegentlich Konkurs gehen, alles verlieren und trotzdem ihren Lebensstandard beibehalten?

Power-Tipp

Haben Sie immer eine eiserne Reserve in Ihrem Safe (z. B. 25 000 €).

- Über 80 Prozent aller drückenden Probleme sind dann geregelt. Es erdrückt Sie in der Regel nicht die Höhe der Schulden, sondern die Vielzahl der »kleinen« Probleme.
- Dies ist eine Notreserve. Das heißt, dieser Betrag darf nur zur Abwendung eines Konkurses oder Offenbarungseids benutzt werden. Vorher müssen Sie so tun, als wäre dieses Geld nicht existent.
- Es bietet sich Ihnen dadurch immer die Chance eines Neubeginns.
- Diese 25 000 € sind sehr gut für Ihr Selbstbewusstsein und Ihr Sicherheitsbedürfnis.
- Diese Strategie sind Sie sich selbst, Ihrer Gesundheit und Ihrer Familie schuldig.

Überlegen Sie den Zeitpunkt Ihres Konkurses gut

Wenn der Konkurs unvermeidbar ist, so ist der Zeitpunkt klug zu wählen. Hier sollten Sie sich so schnell wie möglich mit einem erfahrenen Konkursanwalt in Verbindung setzen. Dieser wird Ihnen sagen können, ob es noch Sinn macht, weiter zu kämpfen. Einen Karren aus einem tiefen Morastloch herauszustemmen ist oft viel schwieriger und unbefriedigender, als sich nach einem neuen Karren umzuschauen.

Sollten Sie sich für den Konkurs entscheiden, dann ist der Zeitpunkt wichtig: »Fünf vor zwölf« ist aus vielen Gründen besser als »zwölf Uhr«. Solche Entscheidungen sind schwierig, weil es sich unter Umständen um Ihr »liebstes Kind« handelt. Sie haben sich wahrscheinlich gefühlsmäßig gebunden, haben viel Zeit, Kraft, Energie und Geld investiert. Außerdem bringen Sie eventuell eine wichtige Unternehmerqualität mit: Optimismus. Beachten Sie aber das Gesetz der Serie. Was sich über einen Zeitraum hinweg verschlechtert hat, wird sich kaum plötzlich stark verbessern, ohne dass Sie etwas verändern und ganz neue Wege gehen. Lassen Sie sich hier unbedingt fachkundig beraten.

Folgen Sie der 50/50-Regel

Verwenden Sie niemals mehr als 50 Prozent des Geldes, das Sie erübrigen können, um Schulden zu bezahlen. Wenn Sie also 3 000 € verdienen und 2 500 € zum Leben brauchen, dann bleiben Ihnen 500 € übrig. 250 € nehmen Sie dann zum Tilgen der Schulden und 250 € sparen Sie (ohne dass jemand etwas davon weiß).

Wahrscheinlich haben Sie von Ihren Eltern und Bankern andere Ratschläge erhalten. Aber überlegen Sie einmal: Wie motivierend kann das Ziel wirklich sein, nach Jahren endlich schuldenfrei zu sein? Sie denken vielleicht, dass Sie dann endlich die drückende Last von Ihrer Schulter weghaben. Und das gibt wirklich kurzzeitig ein schönes Gefühl. Tatsächlich haben Sie dann Null. Sie haben gar nichts. Sie sind dann so weit wie die meisten Menschen bei ihrer Geburt. Null ist kein Ziel, schuldenfrei ist keine Vision, die unsere Emotionen anspricht.

Ein Ziel ist es, die ersten 25 000 € Guthaben anzuhäufen. Die erste Viertelmillion. Die erste Million … Entwickeln Sie darum sofort Wohlstandsbewusstsein, indem Sie jetzt anfangen zu sparen. Setzen Sie sich Ziele, die Sie wirklich motivieren können.

Nachdem ich die 50/50-Regel verstanden hatte, hat sich meine Identität schlagartig verändert: *Ich konnte sofort beginnen zu sparen, ich musste nicht warten, bis ich bei Null war.*

Auch Sie können jetzt anfangen. Es spielt keine Rolle, wie verschuldet

Sie sind, beginnen Sie jetzt. Sie werden nur etwas länger benötigen, als wenn Sie schuldenfrei wären – genau genommen doppelt so lange. Also müssen Sie zusehen, dass Sie mehr verdienen, damit Ihre 50 Prozent, die Sie sparen können, genauso groß sind wie die 100 Prozent, wenn Sie keine Schulden hätten.

Zeigen Sie Disziplin

Als ich damals meine Schulden schnell tilgen wollte, hatte ich mir folgenden Plan zurechtgelegt: Zuerst sprach ich mit allen Gläubigern. Ich berichtete ihnen von meiner Situation und versicherte ihnen, dass sie alles Geld so schnell wie möglich zurückerhalten würden. Ich bat sie, mir aber einen Zahlungsaufschub von drei Monaten zu gewähren. Bis auf eine Institution waren alle einverstanden – ich konnte also schnell eine Reserve schaffen. Dadurch veränderte sich meine gesamte Einstellung zu Geld. Ich fing an, mich vermögend zu fühlen. Parallel wollte ich wissen, wie diszipliniert ich sein konnte. Ich beschloss, mit nur noch 5 DM am Tag zu leben – Wohnung, Telefon, Auto, Versicherungen und andere Fixkosten ausgenommen. Von 5 DM am Tag musste ich essen und alle anderen unregelmäßigen Ausgaben bestreiten.

Früher hatte ich Freiheit als die Möglichkeit, zu tun und zu lassen, was ich will, definiert. Meine neue Definition lautet: Freiheit bedeutet, die Disziplin zu haben, das umzusetzen, was ich mir vorgenommen habe.

Inspiriert zu dieser Definition hat mich der Teil der Babylonier, die großes Vermögen geschaffen haben und die die Disziplin hatten, nicht zum Geldverleiher zu gehen. Die alten Babylonier sagten immer wieder: »Wie kannst du dich einen freien Menschen nennen, wenn deine Schwäche dich in diese Situation gebracht hat? Bist du ein Stück weicher Ton, das von jedem Menschen oder Wunsch geformt werden kann, oder ein Stück Bronze, das stark ist und sich nicht beirren lässt?«

Die Durchführung meines 5-DM-Programms war alles andere als leicht. Ich war aber bald unheimlich stolz auf meine Konsequenz. Ich fuhr zu dieser Zeit einen Ford Fiesta. Die Fahrerseite hatte außen keinen Türgriff mehr, weil ich einen Zaun gestreift hatte. Dadurch konnte ich die Fahrertür nicht von außen öffnen. Ich musste immer wie ein Eichhörnchen über den Beifahrersitz ins Auto klettern. (Eichhörnchen ist ein schmeichelnder Vergleich, wenn man bedenkt, dass ich damals 96 Kilo wog.) Ich hatte immer Sorge, dass ein Kunde mich dabei beobachten könnte und sein Vertrauen in mich Kratzer bekommen würde.

Können Sie sich vorstellen, dass ich sehr stark versucht war, die 180 DM für einen neuen Türgriff auszugeben? Glauben Sie nicht auch, dass ich versucht war, diese Ausgabe als »unbedingt notwendig« einzustufen, weil alles andere sich negativ auf mein Geschäft auswirken würde? Das passte aber nicht gut in mein 5-DM-Programm. Also parkte ich meinen Fiesta immer so dicht an einer Hauswand oder an einem Auto, dass jeder sehen konnte, dass ich nur über die Beifahrertür einsteigen konnte.

Das habe ich acht Monate durchgehalten. In dieser Zeit konnte ich aber nicht nur eine erste Barreserve schaffen, sondern auch meine gesamten Schulden tilgen. Vor allem aber konnte ich sehr viel Selbstvertrauen aufbauen: Ich weiß seit damals, dass ich die Disziplin habe, alles umzusetzen, was ich mir vornehme.

Bevor ich das 5-DM-Programm begann, war ich recht undiszipliniert. Ich wusste nicht, dass Disziplin frei macht (Glaubenssatz). Ich habe damals Disziplin als eine veraltete Eigenschaft wenig genialer Menschen angesehen. Schließlich hatte ich mich durch die Schule gemogelt und bessere Noten erhalten als fleißige, diszipliniert arbeitende Mitschüler.

Heute weiß ich, dass ich nicht aufgrund meiner Disziplinlosigkeit ein gutes Abi gemacht habe, sondern trotzdem. Lassen Sie mich Ihnen erzählen, wie ich Disziplin lernte und meine Einstellung zu Disziplin änderte:

Eines Tages ging ich mit meinem Coach zusammen in die Küche, um Kaffee zu holen. Er nahm eine Kanne Kaffee und fing an, einfach den Kaffee auf den Boden zu schütten. Ich sprang zur Seite, um keine Spritzer abzubekommen, und rief: »Warten Sie, warten Sie, Sie haben doch gar keine Tasse!« Unbeeindruckt schüttete er weiter. Während ich völlig verdattert auf die Kaffeepfützen am Boden schaute, sagte mein Coach sehr langsam und eindringlich zu mir: »Sehen Sie, Herr Schäfer, der Kaffee sind Ihre Talente, die einfach vergeudet am Boden liegen. Ohne Tasse ist der Kaffee nichts wert, selbst wenn Sie sehr viel davon haben. Ohne Disziplin sind Ihre Talente nichts wert.«

Ist Ihnen aufgefallen, was mein Coach getan hatte? Er hatte meinen Glauben über Disziplin sehr wirkungsvoll verändert. Während ich den Kaffee vom Küchenboden wischte, sah ich Disziplin zum ersten Mal als Hebel für meine Talente. Disziplin ist Kraft und gibt dem unendlichen Potenzial in uns Form. Ohne Disziplin ist jedes Talent verschwendet.

Was tun, wenn die Schulden hoffnungslos sind?

Überlegen Sie den Zeitpunkt von Konkurs oder Offenbarungseid genau, falls er sich nicht vermeiden lässt. Und denken Sie daran: Wenn Sie genug Bargeld haben (das Ihnen »nicht gehört«), ist beides kein Weltuntergang. Sie werden sich bald so sehr erholt haben, dass Sie einen Vergleich anbieten können. Wenn ein Gläubiger überzeugt ist, dass bei

Ihnen nichts mehr zu holen ist, gibt er sich auch mit einer Teilsumme zufrieden. Nach dem Motto: »30 Prozent sind besser als nichts« kommen Sie in der Regel sehr weit.

Ich möchte Sie nicht zum Konkurs oder Offenbarungseid ermuntern, ich möchte Ihnen aber aufzeigen, dass sie eine vernünftige Alternative sein können. Überlegen Sie bitte, dass sich Ihre Strategie immer nach Ihrem Fernziel ausrichten sollte. Einen Konkurs oder Offenbarungseid zu vermeiden ist aber kein Ziel. Die erste Million könnte dagegen ein Ziel sein. Fallstudien zeigen immer wieder, dass Schuldbewusstsein gegenüber Institutionen nicht unbedingt zur strategisch besten Entscheidung führen muss.

Ein früherer Kollege hatte sich eines Tages mit umgerechnet 87 000 € verschuldet. Als Ehrenmann sah er keine andere Möglichkeit, als tapfer zurückzuzahlen. Er machte Überstunden, seine Frau nahm Putzstellen an und arbeitete als Sprachlehrerin – neben dem Haushalt und ihren zwei kleinen Kindern. Zusammen verdienten sie 2 800 € netto, von denen sie über 1 500 € zur Tilgung aufwandten. Auto und Urlaub waren da nicht möglich. Leider tauchten immer wieder kleinere Forderungen aus der Vergangenheit auf. Manche unerwarteten Umstände traten ein. Dadurch konnten sie nicht alle Rückzahlungsversprechen halten. Ihre Freunde waren folglich ständig sauer. Nach sieben Jahren traf ich ihn wieder und führte für ihn eine Analyse durch. Wohlgemerkt, er hatte jeden Monat etwa 1 500 € bezahlt und keinesfalls gut gelebt. Er war aufgrund von nervösen Schlafstörungen abgemagert und depressiv geworden, bei ihm zu Hause wurde kaum mehr gelacht. Was glauben Sie, wie viel Schulden er noch hatte? 85 000 €! Das meiste Geld seiner monatlichen Zahlungen war zur Deckung der Zinsen seiner Darlehen aufgewandt worden. Den Rest teilten sich neu auftauchende Forderungen und das Finanzamt.

Hätte er einen Offenbarungseid geleistet und nach drei Jahren einen Vergleich mit 25 000 € angeboten, wäre er nicht nur ab dann schuldenfrei gewesen, sondern hätte bereits damals ein Guthaben von 27 000 € aufgebaut. Wenn er die 1 500 € weiter gespart hätte, hätte er nach sieben Jahren mindestens 126 000 € Guthaben besessen. So hatte der Ehrenmann noch 85 000 € Schulden, schließlich hatte er dem Bankangestellten sein Wort gegeben.

Stecken Sie Ihre Ziele nun noch höher

Die meisten verschuldeten Menschen kommen zu verhängnisvollen Schlüssen. Sie denken, dass sie am besten nur noch Minimalziele ansteuern sollten. Sie verdrängen ihre Wünsche und beerdigen ihre Träume. Sie beschließen, auf alle zu hören, die sagen: »Man kann auch mit wenig zufrieden sein.« Ihr Motto wird Bescheidenheit. Sie reden sich ein, »nicht für den Wohlstand gemacht zu sein«. Hemmende Glaubenssätze, wie »Schuster, bleib bei deinen Leisten«, kommen ins Bewusstsein. *Wer anfängt, sich mit weniger zufrieden zu geben, hat sich selbst aufgegeben.* Er will sich mit einer Minimalexistenz begnügen, ein Schattendasein führen, sich wie eine Kellerassel in der Dunkelheit verstecken. Sie sollten aber nicht vergessen, dass Ihre Schulden nicht entstanden sind, weil Sie kein Talent zum Reichwerden haben, sondern weil Sie ungünstige Glaubenssätze hatten. Der einzige Grund, warum viele Menschen ihre Ziele senken, wenn sie verschuldet sind, ist mangelndes Selbstbewusstsein. Wer sich hoch verschuldet hat – und großes Selbstbewusstsein besitzt –, der erkennt, dass er nun gar keine andere Chance hat, als Vollgas zu geben. Er erkennt, dass er mit der bisherigen Erwartungshaltung niemals wieder auf einen grünen Zweig kommt. *Unsere Erwartungen bestimmen, was wir erhalten.*

Menschen, die viel vom Leben erwarten, gibt das Leben auch viel. Jonathan Swift sagte einmal ironisch: »Gesegnet sei der, der nichts erwartet, denn er soll nicht enttäuscht werden.«

Schrauben Sie also Ihre Erwartungen höher. Licht ist am wichtigsten, wenn die Nacht am schwärzesten ist. Jetzt ist der Moment gekommen, ein Traumalbum zu beginnen. Nehmen Sie ein Fotoalbum und kleben Sie alles ein, was Ihnen gefällt: was Sie bald sein, tun und haben wollen. Tun Sie es so bald wie möglich, schließlich wollen Sie ja auch, dass Ihre Erwartungen so bald wie möglich Realität werden. Als ich damals mit meinem Fiesta durch die Straßen fuhr, da wusste ich, dass ich bald einen 50 000-€-Wagen fahren würde. Ich wollte es, ich erwartete es, und ich wusste, dass es so sein würde. Ich stellte mir vor, wie ich ihn bar bezahlen würde. Zweieinhalb Jahre später war es so weit.

Finden Sie sich niemals damit ab, weniger zu haben, als Sie wollen. Reden Sie sich niemals ein, Sie »verdienten« nicht mehr. Sie alleine bestimmen, was Sie verdienen. Ihre Erwartungen bestimmen, was Sie erhalten. Ihnen gehört ein Platz am Licht.

Wie können Sie Spaß haben?

Viele Menschen meinen, dass sie nur glücklich sein können, wenn sie keine Probleme haben. Solange das Problem nicht gelöst ist, meinen sie, mit verbissenem Gesichtsausdruck herumlaufen zu müssen. Nun, Sie wissen bereits: »Wer reich werden will, muss nur nach einer längeren Liste von Problemen fragen.«

Probleme werden immer da sein. Wenn wir nur lachen, wenn wir keine Probleme haben oder die Sorgen für einen Moment vergessen haben, können wir nie bewusst ein Problem genießen. Denken Sie einmal nach: Immer, wenn Sie auf eine erreichte Leistung stolz sind, dann deshalb, weil Sie eine schwierige, problematische Situation gemeistert haben. Es gibt kein Problem, das nicht auch ein Geschenk für uns in den Händen hält. Wir suchen daher Probleme, weil wir ihre Geschenke brauchen. *Hinter jedem Schmerz liegt eine Goldgrube.* Wir brauchen die Chancen, die aus ihnen erwachsen. Also besteht ausreichend Grund, sich über sie zu freuen. Zumindest aber dürfen wir trotz Problemen Spaß haben.

Fragen Sie sich darum bewusst: Wie kann ich den Prozess genießen und Spaß haben?

Die höchste Weisheit über Schulden

Ein Kind ging einmal im Wald spazieren und kam an ein Haus auf einer großen Lichtung. Auf beiden Seiten des Hauses war ein großer Garten und in beiden Gärten stand jeweils ein Gärtner. Die Gärten waren aber sehr verschieden: Der eine war wild und voller Unkraut und der Gärtner darin ein sehr wütender Mann: Er riss Unkraut aus und schimpfte unentwegt.

Der andere Garten bildete eine einzige Harmonie. Überall blühten Blumen, alles war wunderschön natürlich. Der Gärtner in diesem Garten schien alles mühelos zu beherrschen. Er lehnte an einem Baum und pfiff vergnügt ein Liedchen.

Das Kind beschloss, lieber den entspannten, glücklichen Gärtner zu besuchen. Es fragte ihn, warum er denn seinen Garten so mühelos geordnet halten könne, während der andere Gärtner pausenlos arbeitete, ohne einen schönen Garten zu haben.

»Weißt du«, antwortete der entspannte Gärtner, »es gab einmal eine Zeit, da habe ich es genau so wie mein Kollege versucht. Ich habe das Unkraut ausgerissen, aber festgestellt, dass ich es nicht besiegen kann. Immer blieben Wurzeln im Boden zurück und Samenkörner fielen beim Ausreißen auf den Boden. Jedenfalls kam immer Unkraut nach. War ich an einem Ende des Gartens fertig, musste ich am anderen Ende wieder anfangen.

Dann habe ich mir eine neue Strategie überlegt. Ich suchte Blumen und Pflanzen, die schneller wachsen als das Unkraut. Diese Pflanzen erdrückten dann bald das Unkraut völlig. Wo immer diese Blumen stehen, ist kein Unkraut. Mein Garten hält sich von alleine sauber.«

Es war inzwischen fast dunkel geworden und das Kind ging mit dem Gärtner in das Haus seiner Familie. Als alle im Zimmer waren, machte der Gärtner plötzlich das Licht aus. Es war stockdunkel. Er fragte das Kind: »Kannst du die Dunkelheit ausreißen?« Als er das Licht wieder anschaltete, fuhr er fort: »Der einzige Weg, um die Dunkelheit zu besiegen, ist, sie mit Licht zu durchdringen. Du kannst sie nicht wegschaufeln oder mit ihr kämpfen.«

Es ist zum Beispiel nicht sehr effektiv, dass Sie gegen Ihre Ängste ankämpfen. Ein sehr wirkungsvolles Mittel gegen Angst ist dagegen Dankbarkeit. Wenn Sie sich einmal sehr vor der Zukunft ängstigen und zweifeln, ob Sie alles schaffen, ob alles gut geht, versuchen Sie einmal eine ganz einfache Übung: Schreiben Sie fünf Dinge auf, für die Sie dankbar sind. Die Angst ist wie die Dunkelheit. Wir können sie nicht ausreißen oder wegschaufeln. Sie können sie aber, wie Licht die Dunkelheit, mit Dankbarkeit »überstrahlen«.

Nichts ausgeben und sparen sind zwei Paar Schuhe. Das Gleiche gilt für Schulden. Gegen die Schulden anzurennen ist oft fast so, als ob Sie die Dunkelheit abtragen wollten. Aus diesem Grund ist die 50/50-Regel so wichtig. *Der beste Weg, die Schulden zu besiegen, ist, Vermögen aufzubauen.*

Als das Kind am nächsten Morgen weitergehen wollte, sah es einen dritten Garten. Es erkundigte sich bei der freundlichen Familie, was es mit diesem Garten auf sich habe. Der Gärtner antwortete: »Der Mann, dem dieser Garten gehört, ist ein großartiger Arzt. Er macht aus den Giftpflanzen, die dort wachsen, Medizin.«

Machen Sie aus Ihrer an sich giftigen Situation eine Arznei: Lassen Sie sich durch Ihre Lage anspornen. Wünschen Sie sich nicht leichtere Situationen, sondern wünschen Sie sich mehr Fähigkeiten. Wünschen Sie sich nicht, dass Ihre Probleme vergehen, wünschen Sie sich die Fähigkeit, mit Problemen umzugehen. Druck kann gut sein. Druck verhindert, dass Sie Ihr Potenzial verschwenden. Jetzt müssen Sie aktiv und kreativ sein, Sie müssen schöpferisch handeln. *Druck kann für Sie Gift oder Medizin sein.* Sie entscheiden. Wie sehen Sie sich selbst? Sind Sie ein Profi? Nun, ein Profi ist jemand, der seine beste Arbeit auch dann tun kann, wenn er sich nicht danach fühlt. Um es ganz deutlich zu sagen: Jeder kann Erfolg managen. Aber Misserfolg zu managen – darum dreht sich alles. Schulden sind niemals das Problem. Das Problem ist unsere Art, die Schulden zu sehen.

Treten Sie einige Schritte zurück

Gewinnen Sie Abstand von Ihrer Situation. Nehmen Sie Ihr Problem nicht zu ernst. Wenn Sie Monopoly spielen und verlieren, sterben Sie nicht. Sie werden auch nicht durch Schulden sterben. Nehmen Sie auch sich selbst nicht zu ernst.

Mein letzter Mentor, ein Milliardär, sagte immer zu mir, wenn ich eine schwierige geschäftliche Entscheidung treffen musste: »Bodo, folge deiner Intuition. Jede Entscheidung, die du triffst, ist nicht mehr als ein Furz im Kosmos der Zeit.«

Sie hatten einige ungünstige Glaubenssätze. Dadurch ist eine ungünstige Situation entstanden. Jetzt haben Sie Ihre alten Glaubenssätze ausgetauscht gegen reichtumsfördernde. Sie fangen an, Wohlstand aufzubauen. Durch diese Situation werden Sie vielleicht Dinge tun, die Sie sonst nie getan hätten. Wer weiß, was alles daraus erwächst.

Die Power-Ideen auf den Punkt gebracht

- Akzeptieren Sie niemals eine kurzfristige Lösung für ein langfristiges Problem.
- Konsumschulden töten Ihre Motivation und Ihr Selbstbewusstsein.
- Unsere Glaubenssätze bestimmen, ob wir Schulden machen. Unsere Glaubenssätze können wir jederzeit ändern.
- Nutzen Sie Ihre Energie für die Schulden, nicht für die Schuld. Klagen Sie niemanden an, auch sich selbst nicht.
- Nutzen Sie die Schulden, um Disziplin zu lernen. Wenn Sie Ihre Glaubenssätze verändern, fällt Disziplin leicht.
- Stecken Sie Ihre Ziele noch höher, denn Ihre Erwartungen bestimmen, was Sie erhalten.
- Jedes Problem hält ein Geschenk für uns in seinen Händen. Probleme sind *fun*.
- Finanzieller Druck kann für Sie Gift oder Medizin sein. Sie entscheiden.

- Jeder Idiot kann Erfolg managen. Aber Misserfolg zu managen ist die wahre Kunst.
- Die Schulden sind nicht das Problem. Unsere Art, die Schulden zu sehen, ist das Problem.

7

Wie Sie Ihr Einkommen erhöhen

Wer den ganzen Tag arbeitet,
hat keine Zeit, Geld zu verdienen.

John D. Rockefeller

Jeder bekommt genau das, was er verdient. Zwar höre ich immer wieder Menschen stöhnen: »Ich bin viel mehr wert, als ich bekomme.« Aber das ist falsch. Richtig ist: *Wenn Sie mehr »verdienen« würden, dann hätten Sie auch mehr.*

Ihr Einkommen richtet sich ziemlich genau nach dem Wert, den Sie in den Wirtschaftsmarkt einbringen. Der Markt liebt oder hasst Sie nicht; er bezahlt Sie nach Ihrem Wert. Wohlgemerkt geht es hier nicht um Ihren Wert als Partner, als Freund, als Vater oder Mutter. Hier geht es ausschließlich um Ihren wirtschaftlichen Wert. Sie sind also kein vom Glück verlassenes, verkanntes Genie, gegen das sich die Umstände, Menschen oder ignorante Vorgesetzte verschworen haben. Sie alleine haben es in der Hand zu bestimmen, wie viel Sie verdienen.

Sie müssen die Gesetze des Marktes kennen, nach denen sich die Höhe Ihres Einkommens richtet. *Solange Sie nicht verstehen, dass Ihr heutiger Verdienst das Resultat Ihrer gestrigen Entscheidung ist, können Sie nicht sagen: »Jetzt treffe ich eine andere Wahl.«* Als Designer Ihres Lebens gestalten Sie Ihr Einkommen oder Ihre Gehaltserhöhung selbst. Sie bekommen keine Gehaltserhöhung, sondern Sie verdienen sie sich. Wenn andere die Höhe Ihres Einkommens bestimmen könnten, dann hätten diese Menschen auch die Macht über Ihr Leben. Sie – und nur Sie – erhöhen Ihr Gehalt. Sie sind alleine verantwortlich. Sie alleine bestimmen.

Die nachfolgenden Gesetze, um Ihr Einkommen zu erhöhen, funktionieren seit Jahrtausenden. Sie gelten gleichermaßen für Arbeitneh-

143

mer und Selbständige. Wenn Sie dieses Kapitel durchgearbeitet haben, werden Sie in der Lage sein, Ihr Einkommen innerhalb von einem Jahr um wenigstens 20 Prozent zu erhöhen.

Zeigen Sie Stärke

Geld und Gelegenheiten antworten nicht auf Bedürftigkeit, sondern auf Fähigkeiten. Eine Gehaltserhöhung erhalten Sie nicht, weil Sie eine *brauchen*. Sie erhalten sie, weil Sie sie *verdienen*.

Fast alle Gespräche um eine Gehaltserhöhung laufen schon in diesem Punkt völlig falsch. Angestellter Bedürftig zu seinem Boss Mächtig: »…Wir haben noch ein Kind bekommen und wir *brauchen* jetzt eine größere Wohnung. Außerdem *brauchen* wir unbedingt ein neues Auto, sonst kann ich ja nicht zur Arbeit kommen … Ich *brauche* eine Gehaltserhöhung.« Boss Mächtig wird nicht nur die Gehaltserhöhung verweigern, sondern wahrscheinlich gleichzeitig beschließen, dass die Firma den Angestellten Bedürftig bald nicht mehr *braucht*.

Wenn Sie also eine Gehaltserhöhung haben wollen, erklären Sie, warum Sie sie *verdienen*. Bereiten Sie sich auf das Gespräch vor, indem Sie sich auflisten, welchen Nutzen Sie der Firma bringen und welchen zusätzlichen Nutzen Sie bringen können. Schreiben Sie auch alle Ihre Stärken auf. Kündigen Sie Ihr Gespräch frühzeitig an. Stellen Sie klar, dass es in dem Gespräch darum geht, Ihren Wert für die Firma festzustellen. Sollten Sie keine Verhandlungserfahrung haben, so üben Sie das Gespräch vor dem Spiegel oder mit Ihrem Partner. Zeigen Sie Stärke. Das Gleiche gilt für den Selbständigen. *Teilen Sie niemandem Ihre Zweifel mit*. Zeigen Sie Stärke. Menschen folgen keinem Zweifler. Sie folgen demjenigen, der stark und unbeirrt auf seine Ziele zusteuert. Stärke wird einfach besser bezahlt.

Fragen Sie nach Ihren Pflichten und nicht nach Ihren Rechten

Wenn Sie sich zu stark auf Ihre Rechte konzentrieren, kommen Sie nicht weiter. Fragen Sie, was Sie für Ihren Betrieb tun können, anstatt ständig darüber nachzudenken, was Ihr Betrieb für Sie tun kann. Eine Gesellschaft, die sich hauptsächlich an ihren Rechten orientiert, scheitert. Eine Beziehung, in der sich jeder auf seine Rechte konzentriert, wird scheitern. So sagte John F. Kennedy: »Überlegen Sie nicht, was Ihr Land für Sie tun kann, überlegen Sie, was Sie für Ihr Land tun können.« Der Grund kann purer Egoismus sein. Sie kommen mit dieser Einstellung viel weiter. Sie verdienen mehr. Sie wachsen. Sie sind zufriedener, weil Sie etwas leisten, anstatt nur die Leistungen anderer in Anspruch zu nehmen.

Wenn Sie für acht Stunden bezahlt werden, arbeiten Sie zehn Stunden

Geben Sie immer mehr, als irgendjemand von Ihnen erwarten könnte. Überraschen Sie alle Menschen um sich herum. Übertreffen Sie alle Erwartungen.

In einer Firma, in der ich als Schüler während der Ferien arbeitete, hatten die alten Hasen ganz bestimmte Möglichkeiten entdeckt, in die ich freundschaftlich eingeweiht wurde: Man konnte 18 Minuten vor der Frühstückspause schon einmal losgehen und etwa neun Minuten später zurückkommen. Die Zeitung konnte man auf der Toilette lesen – 20 Minuten lang. Wenn man Material holen musste, konnte man einen Erholungsspaziergang über die Cafeteria machen … Insgesamt konnte man es schaffen, zwar acht Stunden bezahlt zu bekommen, aber nur sechs Stunden zu arbeiten.

Ich rate Ihnen: Wenn Sie für acht Stunden bezahlt werden, arbeiten Sie zehn Stunden. *Verdienen* Sie sich mehr Geld. Entwickeln Sie Arbeitsgewohnheiten, die Sie vermögend machen werden. Es geht nicht darum, dass Ihre Firma von Ihnen etwas »zu viel« Leistung erhält. *Wer zu lange auf Sparflamme kocht, dessen Feuer geht schließlich ganz aus.* Selbst wenn ein Arbeitgeber Ihren Einsatz nicht sehen und belohnen will, so haben Sie doch etwas, was Sie immer weiterbringen wird: die Arbeitsgewohnheiten der Erfolgreichen.

Machen Sie die Dinge dringlich

Wenn es ein letztes Geheimnis des Erfolgs gibt, dann ist es die Fähigkeit, die alltäglichen Dinge im Leben zu nehmen und sie unglaublich dringend zu machen. Machen Sie sich einen Leitsatz: *So schnell wie irgend möglich.* Machen Sie sich einen Sport daraus, jeden mit Ihrer Schnelligkeit zu überraschen. Sorgen Sie dafür, dass Ihre Uhr schneller läuft. Vielleicht sagen Sie: »Wenn ich schnell arbeite, mache ich Fehler.« Das stimmt, wer viel tut und es schnell tut, macht mehr Fehler. Aber erstens wird das Gute überwiegen. Zweitens sind Fehler gut. Wer aus Angst vor Fehlern untätig wird, wird nie Großes vollbringen. Nicht Perfektion ist gefragt. *Perfektion bedeutet Lähmung.* Außergewöhnliches ist gefragt. Wer Angst vor Fehlern hat, der möchte alles richtig tun. Wer keine Angst vor Fehlern hat, vollbringt Außergewöhnliches.

Fragen Sie sich also: Wie kann ich Außergewöhnliches so schnell wie irgend möglich ausführen? Machen Sie auf sich aufmerksam. Geben Sie Faxantworten innerhalb von drei Minuten. Rufen Sie sofort zurück. Dulden Sie keine Aufschieberitis.

Power-Tipp

Tun Sie alles so schnell wie irgend möglich.

- Haben Sie keine Angst vor Fehlern.
- Thomas J. Watson von IBM sagte: »Wer in meiner Firma vorankommen will, muss die Anzahl seiner Fehler verdoppeln.«

- Fehler bringen Erfahrung. Erfahrung hilft Ihnen, *schnell* die richtigen Entscheidungen zu treffen.
- Lernen Sie, Ihrer Intuition zu vertrauen. Treffen Sie Entscheidungen schnell.
- Reagieren Sie auf Ihren ersten Impuls hin. Sie werden Fehler machen. Aber Sie werden mehr richtig machen.
- Wenn 51 Prozent aller schnellen Entscheidungen richtig sind, werden Sie reich.

Es gibt keine unbedeutenden Dinge

Alles, was es wert ist, getan zu werden, ist es wert, gut getan zu werden. Ob Sie einen Brief schreiben, einen Anruf machen, einen Konferenzraum vorbereiten, indem Sie die Stühle zurechtrücken. Es gibt keine unbedeutenden Dinge. Geben Sie immer 100 Prozent. Stellen Sie sich immer vor, ein Milliardär schaut Ihnen bei Ihrer nächsten Tätigkeit zu und entscheidet dann, ob er Sie als Partner in seiner Firma haben will.

Zur Erinnerung: Ich will nicht andeuten, dass Sie alles perfekt tun sollen. Perfekt bedeutet fehlerfrei. Angst vor Fehlern lähmt. Nennen Sie mir eine Firma, in der Perfektion gefragt wird, und ich zeige Ihnen eine Firma, die stagniert. Nein, erledigen Sie alles außergewöhnlich gut. Tun Sie alles anders: Tun Sie die Dinge hervorragend. Denn nur hervorragende Leistungen prägen sich bei anderen Menschen ein.

Machen Sie sich unentbehrlich

Übernehmen Sie Verantwortung über Ihr Aufgabengebiet hinaus. Machen Sie auf sich aufmerksam. Es gibt in jeder Firma einen oder mehrere Menschen, ohne die nichts geht: die Unentbehrlichen. Werden Sie unentbehrlich. Das heißt nicht, dass Sie alle Arbeit auf sich ziehen sollen, sondern die Verantwortung. Erweitern Sie Ihren Einflussbereich. Melden Sie sich freiwillig für Aufgaben. Übernehmen Sie die Organisation für Projekte. Nehmen Sie die Einstellung an: »Die Firma, das bin ich.«

Machen Sie sich andererseits in Ihrer eigenen Abteilung beziehungsweise in der Firma, die Ihnen gehört, entbehrlich. Bilden Sie sich niemals ein, dass Sie alles tun müssten, damit es gut getan wird. Sie werden sonst zum Sklaven Ihrer Firma.

Machen Sie sich also unentbehrlich, weil Sie bereit sind, Verantwortung zu tragen, und entbehrlich, weil Sie Aufgaben und Autorität wegdelegieren.

Bilden Sie sich fort

Das menschliche Gehirn musste zu Beginn der Evolution vor allem spontane Reaktionen hervorbringen. War Beute in Sicht, so musste man sofort losschlagen, bei Gefahr sofort auf die Bäume klettern … Wir haben es verstanden, vom Nomaden zum Sesshaften zu werden, weil wir begonnen haben, Zusammenhänge zu erkennen und vorauszuplanen. Heute zu säen und in ein paar Monaten zu ernten war eine wichtige Bewusstseinsveränderung. Eine dreijährige Ausbildung zu machen, vier bis sechs Jahre zu studieren, um dann später mehr zu verdienen, entspringt der gleichen Erkenntnis.

Aber nach dem Studium ist nicht Schluss. Jetzt geht es erst los. Leider haben wir diese Erkenntnisse auf die meisten Lebensbereiche noch nicht übertragen. Ansonsten würden wir nicht so kurzsichtig handeln. Zehn Jahre lang alles ausgeben macht arm. Zehn Jahre lang Schokolade essen macht fett und krank. Zehn Jahre übertriebener TV-Konsum macht blöde. Wer zehn Jahre kaum Fernsehen schaut, aber zwei Stunden am Tag aufbauende Fachliteratur liest, der kennt vielleicht nicht den aktuellen Bundesligatabellenstand. Aber er wird durchschnittlich zwei- bis dreimal so viel verdienen wie derjenige, der täglich zwei bis drei Stunden fernsieht.

Wenn es Probleme gibt, melden Sie sich freiwillig

Wer mehr verdienen will, darf Problemen nicht aus dem Weg gehen. Darum sind wir gut beraten, uns Problemen zu stellen. Melden Sie sich ruhig freiwillig, wenn schwierige Aufgaben verteilt werden.

Positionieren Sie sich als Experte

Tun, was alle tun, ist so viel wert wie Sand in der Wüste. Wenn Sie eine Bohrinsel in der Nordsee besitzen und diese brennt, wen rufen Sie? Red Adair. Fast jeder kennt ihn. Es gibt wahrscheinlich Millionen von Feuerwehrleuten weltweit, die kaum einer kennt, aber Red Adair kennt fast jeder. Warum: weil er sich als Experte spezialisiert hat. Er übernimmt nur große Ölbrände.

Wenn Sie das tun, was alle tun, werden Sie haben, was alle haben. Es reicht nicht zu sagen, dass Sie eine bessere Leistung bringen (selbst wenn es stimmt), denn das sagen alle. Wenn Sie das tun, was alle tun, dann müssen Sie Ihre Kunden finden. Wenn Sie sich als Experte im Markt positioniert haben, so kommt der Kunde zu Ihnen. Der entscheidende Punkt ist also nicht, besser zu sein, sondern *anders zu sein.*

Was haben Sie getan, um als Experte zu gelten? Richten Sie Ihre Entscheidungen danach aus, in diesem Jahr genügend zu verdienen und dadurch »automatisch« in ein paar Jahren in einer guten Position zu sein? Oder arbeiten Sie gezielt auf Ihren Expertenstatus hin?

Es beginnt mit dem Selbstbild. Richten Sie alle Entscheidungen so aus, dass Sie in drei Jahren der Experte in Ihrer Nische sind. Bauen Sie Ihr Geschäft nicht um die Kunden, die Sie haben, sondern bauen Sie Ihr Geschäft so, dass Sie die Kunden bekommen, die Sie wollen.

Ihre Vision entscheidet. Vielleicht sind Sie Arzt, und Ihr Ziel ist es, bekannter zu werden als Dr. Müller-Wohlfahrt. Plötzlich erhalten Sie einen Anruf vom Außenminister, der Ihnen mitteilt, dass Ihr Ruf bis in höchste Ränge vorgedrungen ist und dass der Bundeskanzler sich geehrt fühlen würde, Sie in seinem Kabinett als Gesundheitsminister aufzunehmen. Nach dem Motto, wenn die Macht ruft, geht man bescheiden in sich, sagen Sie zu. Ihre Vision hat sich schlagartig geändert. Glauben Sie, dass die neue Vision Ihr Leben völlig beeinflusst? Werden Sie nun die Zeitung (vielleicht auch eine andere Zeitung) und die Nachrichten anders sehen?

Die Kunst ist es, eine solche Vision ohne den Anruf vom Außenminister zu entwickeln. Finden Sie heraus, was Ihre Leidenschaft und Ihre Talente sind. Welche Nische können Sie in drei Jahren als *der* Experte besetzen? Und dann arbeiten Sie konsequent auf diesen Expertenstatus hin.

Wenn Sie sich nicht ändern, wird sich nichts ändern

Wenn Sie wollen, dass die Dinge sich für Sie ändern, müssen zuerst Sie sich ändern. Wenn Sie in drei, in fünf oder in sieben Jahren etwas anderes tun wollen als heute, so müssen Sie diese Veränderung vorbereiten und bewirken. Entscheiden Sie selbst, ob Sie in sieben Jahren noch den gleichen Tagesablauf wie heute haben wollen, die gleichen Ergebnisse, gleich viel oder gleich wenig Achtung von Ihren Mitmenschen erhalten wollen ...

Was wollen Sie tun? Sie werden nicht eines Tages aufwachen und in der Morgenzeitung lesen, dass Sie über Nacht zum Experten ernannt worden sind. Ein Mensch wird so sehr Experte, wie er sich seine Expertenrolle selber schafft. Wenn Sie also wollen, dass sich etwas ändert, dann nehmen Sie täglich einen Zeitblock aus Ihrem Arbeitspensum heraus. Reservieren Sie eine Zeit, um Ihren Expertenstatus aufzubauen. Bereiten Sie sich vor, indem Sie sich weiterbilden. Kreisen Sie Ihre spezielle Zielgruppe ein. Suchen Sie Zugangswege, um sich in Ihre Zielgruppe »hineinzubohren«. Machen Sie auf sich aufmerksam. Schreiben Sie Artikel in Fachzeitschriften ...

Wenn die Dinge für Sie besser werden sollen, müssen zuerst Sie selbst besser werden.

Hier die beste Technik, die ich je gefunden habe, um schneller Experte zu werden. Schreiben Sie heute schon eine volle einseitige Werbung, die auf Sie als Experte und Ihren besonderen Service oder Ihr Produkt aufmerksam macht. Das hat mehrere Vorteile:

1. Es zwingt Sie dazu, jeden Nutzen aus der Sicht des Kunden zu durchdenken.
2. Sie können sich viel klarer auf das Wesentliche konzentrieren.
3. Beim Ausformulieren stellen Sie möglicherweise fest, dass es Ihnen in letzter Konsequenz nicht gefällt. Dann können Sie frühzeitig umdenken und vermeiden viel verlorene Zeit und Energie.
4. Die einzelnen Schritte zum Erreichen des Expertenstatus liegen viel klarer vor Augen und Sie können auch Ihre Zielgruppe genauer bestimmen.
5. Sie erkennen, wie Sie die Bedürfnisse Ihrer Kunden am besten befriedigen, und fragen sich immer wieder, was ihnen am meisten nützt.
6. Der gesamte Prozess wird erheblich beschleunigt. Sie können sofort anfangen.

Beim Gehalt gibt es zwischen Angestellten und Selbständigen keinen Unterschied

Ob Sie als Selbständiger Erfolg haben, wird stark davon abhängig sein, ob Sie bereit sind, Angestellter und Chef in einer Person zu sein. Das heißt, selbst als Freiberufler müssen Sie sich selbst ein Gehalt zahlen von Ihrem Firmenkonto auf Ihr Privatkonto. Das heißt auch, dass Sie Firmenkosten und private Kosten strikt trennen. Jeden Monat zahlen Sie sich ein gleich bleibendes Gehalt. Wenn Sie das nicht tun, dann ergibt sich oft folgendes Szenario:

Siegfried Sorglos verdient zwischen 3 000 € und 12 000 € monatlich. Er entnimmt alles, was er kann. In den schlechteren Monaten muss er kleine Kredite aufnehmen, um seinen Lebensstandard von ca. 6 000 € zu halten. In den fetten Monaten belohnt er sich selbst, weil er ja schließlich so hart gearbeitet hat.

Siegfried Sorglos verdient sechs Monate im Jahr durchschnittlich 8 000 € und lebt gut. Die anderen sechs Monate des Jahres hat er aber nur 3 500 € im Durchschnitt und lebt auch dann gut. Schließlich ist Herr Sorglos nicht irgendwer. Er weiß, was er »sich schuldig« ist, und nimmt 15 000 € Kredit auf. Bei seinem Einkommen kein Problem, und 15 000 € sind »gut überschaubar«. Außerdem ist er optimistisch.

Clever manövriert sich Siegfried Sorglos durch die nächsten zweieinhalb Jahre. Seine Schulden sind jetzt auf »leicht überschaubare« 30 000 € angewachsen. Das Leasing rechnet er nicht mit. Leasing ist »schließlich steuergünstig«. Die Steuern des ersten Jahres sind auch kein Problem, weil er »Verluste darstellen« kann. Im nächsten Jahr aber muss er 6 000 € an Steuern zahlen, das Einkommen geht zurück, beim Verkauf des Leasingfahrzeuges muss er 4 350 € »draufzahlen«.

Bevor er sich versieht, hat er 50 000 € Schulden mit einer monatlichen Abtragung von 1 500 €. Sein Verdienst liegt nur noch bei 3 200 € aufgrund von »unerwarteten Umständen«. Die Steuern des dritten Jahres, die Voraussteuer, einige alte Rechnungen tauchen auf … Siegfried Sorglos stellt verbittert fest, dass alle, die von Optimismus reden, die »Realität falsch darstellen«. In Wahrheit sei das Leben hart und brutal. Selbstverständlich wirkt sich die neue Einstellung von Herrn Sorglos auf sein Einkommen negativ aus.

Dabei ist es so einfach: Hätte Siegfried Sorglos sich ein Gehalt von 3 200 € monatlich gezahlt, so hätte er auch gut gelebt und rund 30 000 € pro Jahr gespart. Nach den gleichen drei Jahren hätte er nach den Steuern über 65 000 € Guthaben gebildet. Diese 65 000 € bringen ihm 7 800 € Zinsen pro Jahr (12 Prozent). Seine Motivation ist hoch. Sein Einkommen steigt. *Er rechnet sich aus, dass er in sieben Jahren vermögend ist, wenn er nur 10 Prozent pro Jahr mehr verdient.*

Mein Vorschlag lautet darum: Zahlen Sie sich ein fixes Gehalt, das sich an Ihrem niedrigsten Umsatz orientiert.

Power-Tipp

Wenn Sie selbständig sind, zahlen Sie sich selbst ein fixes Gehalt.

- Sie gewöhnen sich daran, mit einem festen Betrag monatlich auszukommen.
- Sie trennen private und geschäftliche Finanzen streng.
- Sie bilden Guthaben. Dadurch wissen Sie, wofür Sie arbeiten. Ihre Motivation steigt. Ihre Motivation verbessert Ihr Einkommen.
- Bereits nach zwei Jahren haben Sie für zwölf Monate finanziellen Schutz. Sie könnten dann ein Jahr lang nichts tun und nur von Ihrem Gesparten leben. Wenn Sie wollen. Sie sind frei.

- Nach sieben bis zehn Jahren haben Sie finanzielle Sicherheit. Ihre Gans ist gewachsen. Sie haben ca. 5 000 € monatlich an Zinsen.
- Sie arbeiten nicht mehr, weil Sie müssen, sondern weil Sie Ihr Hobby ausleben.

Als Selbständiger müssen Sie privates Vermögen bilden

Vielleicht sind Sie auch versucht, alles Geld wieder in Ihre Firma zu stecken. Das ist der Fehler, den viele Selbständige machen. Sie bauen kein Vermögen *neben* der Firma auf. So machen Sie Ihr privates Wohlergehen davon abhängig, ob Ihre Firma Erfolg hat und Sie die Firma irgendwann zu einem guten Preis verkaufen können.

Wenn Sie wirklich viel Geld in Ihre Firma investieren wollen, so sind Sie gut beraten, O. P. M. (*other people's money*, das Geld anderer Leute) zu nutzen. Nehmen Sie Kredite auf. Besorgen Sie sich so viel Geld, wie Sie bekommen können. Denn erstens wissen Sie nicht, wie viel Sie brauchen, und zweitens werden Sie es früher oder später immer gebrauchen können.

Hier gilt genau das Gegenteil von dem zu Konsumschulden Gesagten. Noch einmal: Machen Sie niemals Konsumschulden, aber finanzieren Sie den Aufbau und Ausbau Ihrer Firma fremd. Denn hier gilt ein positiver Effekt. Ihr investiertes Kapital erhöht Ihren Umsatz. Der Wert Ihres Unternehmens steigt. Gleichzeitig sinkt der Wert des Geldes, das Sie zurückzahlen müssen, durch die Inflation. Wenn Sie beispielsweise durch eine gute Investition mit geliehenem Geld Ihren Umsatz um 12 Prozent pro Jahr steigern können, so haben Sie Ihren Umsatz in sechs Jahren verdoppelt. Nehmen wir an, dass in demselben Zeitraum die »wahre« Inflation die Rate, die Sie zurückzahlen müssen, um fünf Prozent pro Jahr entwertet, dann beträgt der wahre (abgezinste) Geldwert nach dem siebten Jahr, gemessen an dem Zeitpunkt, als Sie das Kapital aufgenommen haben, nur noch 69,8 Prozent.

Aus diesem Grund ist ein Selbständiger immer gut beraten, Geld aus seiner Firma zu ziehen und es privat gut anzulegen. Wenn es nötig sein sollte, können Sie diese privaten Anlagen als Sicherheit für O. P. M., das Geld anderer Leute, abtreten. (Oft ist das gar nicht notwendig.) Ziehen Sie also regelmäßig Geld aus Ihrer Firma und finanzieren Sie fremd.

Wie Sie Ihr Einkommen aufgliedern

Wenn ein Sportler seine Leistung verbessern will, so zerlegt er seine Leistung in einzelne Bausteine, wie etwa Schnellkraft, Kondition, Sprungstärke, Muskelmasse, Flexibilität, Stil, Technik, Schnelligkeit. Anschließend wird jeder Bereich gesondert analysiert und danach ein Trainingsprogramm erstellt. Dasselbe wollen wir mit Ihrem Verdienst machen. Zuerst die »Diagnose«, dann das »Rezept«.

Bitte lesen Sie die einzelnen Abschnitte und geben Sie sich selbst eine Note zwischen 1 (schlecht) und 10 (herausragend).

Qualität

Wie gut sind Sie in Ihrem Bereich? Haben Sie sich als Experte positioniert? Kennen Sie Ihr Fach? Haben Sie gute Mentoren und ein Experten-Netzwerk um sich herum aufgebaut, die Ihr Wissen und somit Ihre Qualität steigern? Bilden Sie sich auch neben Ihrem Spezialgebiet weiter? Wächst die Qualität Ihrer Persönlichkeit mit Ihrer Qualität als Experte mit? Kennen Sie die Gesetze des Erfolgs und wenden Sie sie an? Haben Sie Führungsqualitäten? Gemessen an den Hervorragenden in Ihrer Branche, wie gut ist Ihre Qualität?

Ihre eigene Bewertung: _______ Punkte
(maximal 10 Punkte)

Wie viel Energie sind Sie bereit in Ihr berufliches Fortkommen zu investieren? Wie viel Energie bringen Sie tatsächlich ein? Wie hoch ist Ihre Energie grundsätzlich? Können Sie Ihre Energie bündeln, sich also voll konzentrieren? Wie hoch ist Ihre Leidenschaft und Begeisterung für das, was Sie tun? Lieben Sie Ihren Beruf? Nehmen Sie sich trotzdem Zeit für Gesundheit, Sport, Familie und konstantes Lernen und Wachsen, weil Sie auf längere Sicht so mehr Energie haben?

Ihre eigene Bewertung: _______ Punkte
(maximal 10 Punkte)

Ausbreitung / Bekanntwerden

Ist Ihnen bewusst, dass dies der wichtigste Baustein Ihres Verdienstes ist? Die Ausbreitung ist der stärkste Multiplikator. Wie viele Menschen erreichen Sie mit Ihren Produkten/Ihrem Service? Boris Becker verdiente Geld, weil er gut war und viel Energie einsetzte. Aber großes Geld verdiente er, weil ihm Millionen Menschen zuschauten. Gutes Wissen, Können, gute Produkte gibt es heute in Massen. Ob Sie viel damit verdienen, richtet sich danach, wie viele Menschen davon wissen. Achtung: Hier gibt es 100 Punkte.

Ihre eigene Bewertung: _______ Punkte
(maximal 100 Punkte)

Selbstwert

Verstehen Sie, dass Wahrnehmung Realität ist? Wie gut können Sie sich verkaufen? Wie sicher treten Sie auf? Wie hoch ist Ihr Selbstwertgefühl? Sind Sie sich bewusst, dass Sie herausragend und außergewöhnlich gut sind? Können Sie sich präsentieren? Sehen andere in Ihnen einen Experten? Wollen gute Menschen Ihnen kostenlos einen Gefallen tun, weil Sie einfach gut sind? Denken andere, dass es gewinnbringend ist, Sie zu kennen? Können Sie sich positionieren?

Ideen

Sind Sie kreativ? Sind Sie aufgeschlossen für Neues? Kleben Sie an Ihrem Ziel, sind aber gleichzeitig bereit, ständig neue Wege zu diesem Ziel auszuprobieren? Sind Sie flexibel? Schreiben Sie Ideen sofort auf? Trauen Sie Ihren Ideen und setzen Sie sie um? Wie weit ist Ihre persönliche Ideenfabrik entwickelt? Fragen Sie sich ständig: »Wie trifft das auf mich zu?« Und: »Wie kann ich sofort handeln?« Verstehen Sie, dass es jede, wirklich jede Information und Lösung, die Sie brauchen, irgendwo gibt? Und dass Sie immer neue Ideen entwickeln müssen, um diese Informationen zu bekommen?

Um Ihre Gesamtpunktzahl zu errechnen, müssen Sie nur die erreichten Punktezahlen miteinander multiplizieren und dann durch zwei teilen. Möglich sind maximal 500 000 Punkte [= (10 × 10 × 100 × 10 × 10) ÷ 2 = x].

Hier ein Rechenbeispiel: Sie haben bei Qualität 5 Punkte, bei Energie 10 Punkte, bei Ausbreitung 3 Punkte, bei Selbstwert 6 Punkte und ebenfalls 6 Punkte bei Ideen. Das ergibt folglich 2 700 Punkte (gleich monatlicher Euro-Verdienst). Würden Sie beispielsweise Ihre Ausbreitung auf 30 Punkte erhöhen, hätten Sie 27 000 Punkte (€ monatlich).

Wahrscheinlich haben Sie jetzt für sich klare Wachstumsbereiche erkannt. Ich kann Ihnen einige Denkanstöße geben, aber die Arbeit müssen Sie tun.

Wie Sie die einzelnen Bausteine Ihres Einkommens verbessern

Die Fragen haben Ihnen sicherlich schon viele Hinweise gegeben. Lesen Sie Fachbücher und Fachzeitschriften. Betrachten Sie andere Länder. Wenn Sie nicht schon Englisch sprechen, wäre es gut, es zu lernen. Das hier angesprochene Lernen geht weit über den Fachbereich Ihrer Arbeit hinaus. Es geht darum, als ganzer Mensch zu wachsen und zu der Persönlichkeit zu werden, die Erfolg magisch anzieht.

Ich glaube, den größten Einfluss auf unsere Qualität als Experte sowie auf die Qualität unserer Persönlichkeit hat unsere unmittelbare Umgebung. *Umgeben wir uns mit »besseren« Leuten, werden wir besser. Umgeben wir uns mit »demotivierten« Menschen, stagnieren wir.*

Als kleines Baby lernen wir am besten durch unbewusstes Abschauen und Nachahmen. Genauso lernen wir auch heute noch am besten. Wir *brauchen* Menschen um uns herum, von denen wir uns etwas abschauen können. Ich habe es mir darum zur Angewohnheit gemacht, jeden Monat mindestens eine neue, interessante und auf einem Gebiet erfolgreichere Person, als ich es bin, kennen zu lernen.

Bitte überlegen Sie jetzt gleich, was Sie konkret innerhalb von 72 Stunden tun können, um mehr Qualität als Experte und Persönlichkeit zu erhalten.

Durch eine dumme, selbstzerstörerische Lebensweise blockieren wir oft unsere Energie. Das ist ein Aspekt, der von den meisten Menschen unterschätzt wird. Sie können nicht morgens aufwachen und die Welt erobern wollen, wenn Sie krank sind und noch nicht einmal aus dem Bett kommen. Wenn Sie gesund leben, werden Sie feststellen: *Je mehr Energie Sie verbrauchen, desto mehr Energie haben Sie.*

Energie ist Leben. Und Energie ist kein Zufall. Es geht mir nicht darum, hier ein Gesundheitswerk zu schreiben. Aber wenn Sie Ihr *Einkommen* verbessern wollen, dann denken Sie einmal darüber nach, wie Sie sich energiereicher fühlen können.

Was können Sie jetzt konkret tun, um mehr Energie zu erhalten?

Ausbreitung / Bekanntwerden

Sie müssen alles dafür tun, dass Menschen Ihr Produkt oder Ihren Namen kennen. Schreiben Sie Kolumnen in Zeitschriften. Gehen Sie zu Talkshows. Besorgen Sie sich eine gute PR-Agentur. Schreiben Sie Werbebriefe.

Vereinbaren Sie Kooperationen mit anderen örtlichen Händlern. Wenn Sie in London zu meinem Schneider gehen, dann empfiehlt er Ihnen gleich einen Hemdenschneider, ein Geschäft für maßgefertigte Schuhe, sein bevorzugtes Restaurant ...

Führen Sie Events durch, zu denen Sie potenzielle Kunden und Kooperationspartner einladen.

Ganz gleich, was Sie tun und wie viel Zeit Sie bereits damit verbringen: Sie sollten mehr Zeit fürs Vermarkten und das Bekanntwerden Ihrer Person oder Ihres Produkts aufwenden. Tun Sie alles, um auf sich aufmerksam zu machen.

Vergessen Sie nicht: Gute Fachleute und gute Information gibt es heute in Hülle und Fülle. Gut zu sein reicht nicht. Andere müssen davon erfahren. Es ist Ihre Aufgabe, dafür zu sorgen.

Was können Sie tun, um bekannter zu werden?

Selbstwert

In der Regel können sich Menschen nur 100 Prozent mehr Einkommen vorstellen. Nur doppelt so viel, wie Sie jetzt haben. Mehr halten die meisten für unglaubwürdig und entwickeln ein unsicheres Gefühl. Das ist ausschließlich eine Frage des Selbstwertgefühls. Steigern Sie Ihr Selbstwertgefühl und Sie steigern Ihr Einkommen.

Zum Selbstwert gehören aber auch die Fähigkeit und das Geschick, sich gut zu verkaufen. Wenn Sie keine Verkaufserfahrung haben, empfehle ich Ihnen, einige gute Verkaufsbücher zu lesen und dann über den Zeitraum von einem Jahr irgendetwas zu verkaufen. Nicht umsonst heißt es: »Ist der Handel noch so klein, bringt er mehr als Arbeit ein.« Vielleicht entdecken Sie eine Leidenschaft. Auf jeden Fall aber lernen Sie, sich selbst zu verkaufen.

Was können Sie tun, um Ihr Selbstwertgefühl zu steigern und sich besser zu verkaufen?

____

____

Ideen

Die besten Ideen kommen beim Autofahren, Spazierengehen, Sport oder im Halbschlaf. Wir brauchen dann einen Zettel oder ein Diktiergerät, um die Ideen festzuhalten – sonst verschwinden sie oft für immer. Ich habe mir ein Ideenjournal angelegt, in dem ich alle meine Ideen sammle. Die meisten werde ich nie verwirklichen, aber meine Ideenfabrik läuft auf Hochtouren.

Napoleon Hill sagte: »Jede Firma, jeder große Erfolg hat mit einer Idee begonnen.« Wenn unsere Ideen gut sind, wird von irgendwoher das Geld in unser Leben fließen. Eine einzige Idee kann Millionen wert sein.

Was können Sie tun, um Ihre Ideenfabrik auf Hochtouren laufen zu lassen?

____

____

Sie sehen, Ihr Einkommen bestimmt sich nicht durch die Willkür Ihres Chefs oder des Marktes. Um es zu steigern, überlegen Sie, an welcher Stelle der Formel Ihre größte Schwachstelle liegt. Arbeiten Sie daran. Suchen Sie nach Lösungen. Denken Sie aber auch daran, dass der stärkste Hebel die Ausbreitung ist.

Wenn Sie kontinuierlich an allen fünf Bausteinen arbeiten, verspreche ich Ihnen, dass Sie noch innerhalb eines Jahres Ihr Einkommen um mindestens 20 Prozent, wahrscheinlich aber noch mehr gesteigert haben.

Sehen Sie sich nach anderen Geldquellen um

Einerseits sollten Sie sich nicht verzetteln, denn in der Bündelung der Energie liegt die Macht. Andererseits gibt es gute Gelegenheiten, die Sie einfach mitnehmen sollten.

Wie ist dieser Gegensatz zu lösen? Ganz einfach. Solange Sie nicht ein bestimmtes anvisiertes Einkommen erreichen, sollten Sie sich nur auf eine Aktivität konzentrieren. Setzen Sie die Summe ruhig ziemlich hoch an. Es macht keinen Sinn, vor Schwierigkeiten davonzulaufen, indem Sie sich einer neuen Sache zuwenden.

Wenn Sie jedoch einmal gelernt haben, wie Sie viel Geld verdienen, wird Ihnen das auch auf anderen Gebieten gelingen. Wie und wo können Sie solche Möglichkeiten finden? Zunächst ist wichtig, dass Sie wissen, dass Einkommen Geld ist, das in Ihr Leben hineinkommt.

Machen Sie bitte einmal eine kleine Übung: Schauen Sie sich in dem Raum um, in dem Sie gerade sitzen. Bitte versuchen Sie, sich zehn Dinge zu merken, die rot sind. Haben Sie zehn Dinge gefunden? Gut. Dann lesen Sie bitte die nächste Aufgabe und schließen danach schnell die Augen ohne sich noch einmal umzuschauen: Nennen Sie bitte sechs Gegenstände, die blau sind.

Wir neigen dazu, nur das zu sehen, worauf wir uns konzentrieren. Gute Einkommenschancen für uns können auch außerhalb unserer jetzigen Tätigkeit bestehen.

Die vier Verdienstquellen

Grundsätzlich werden wir für den Wert bezahlt, den wir in den Markt einbringen. Folgende vier Werte gibt es:

- Produkte,
- Wissen,
- Dienstleistung,
- Ideen.

Mit welchem dieser Werte können Sie Geld verdienen? Wie können Sie Ihr Wissen vermarkten? Wie können Sie Ideen zu Geld machen? Welche Produkte können Sie verkaufen? Denken Sie daran, Einkommen ist all das Geld, das in Ihr Leben hineinkommt. Wer schuldet Ihnen noch etwas? Welche Dinge, die Sie besitzen, können Sie verkaufen? Denken Sie nach!

Verlangen Sie Geld

Gehören Sie zu den Menschen, die manchmal eine Leistung erbringen, ohne Geld dafür zu verlangen? Bitte bedenken Sie: Geld zu verlangen ist oft eine Frage des Selbstwertgefühls. Immer wenn Sie Wert bringen, ist es natürlich und völlig berechtigt, dafür Geld zu erhalten. Ob Sie Ihre Leistung für wertvoll halten, richtet sich danach, für wie wertvoll Sie sich einschätzen. Wenn ein Wert, der von Fachleuten teuer berechnet wird, bei Ihnen gratis zu haben ist, dann ist der einzige Grund oft mangelndes Selbstbewusstsein. Der Fachmann ist sich seines Wertes bewusst – und Sie sind sich dessen nicht bewusst.

Ich will es sogar noch drastischer formulieren: Sie sind für die Qualität Ihres Lebens verantwortlich. Es ist daher Ihre Pflicht, Geld zu verdienen. Und darum müssen Sie auch Geld verlangen. Zumindest bis Sie Ihre finanzielle Freiheit erreicht haben.

Sie sehen, Erfolg ist mehr Einstellung als Fähigkeit. Arbeiten Sie daran, dass Sie sich als wertvoll erachten. Schreiben Sie in Ihrem Erfolgsjournal.

Konzentrieren Sie sich auf einkommensproduzierende Aktivitäten

Es ist ganz einfach. Verwenden Sie Ihre Zeit nur für einkommensproduzierende Aktivitäten. Kristallisieren Sie klar heraus, was die einkommensproduzierenden Aktivitäten in Ihrem Bereich sind. Viele Menschen hätten wahrscheinlich die Fähigkeit, einen Großteil der Arbeit zu tun, die Sie erledigen. Aber nur wenige Menschen haben die Disziplin, (fast) nur einkommensproduzierende Aktivitäten zu tun.

Sie werden feststellen, dass es viel befriedigender ist, sich um einkommensproduzierende Aktivitäten zu kümmern. Jedoch ist es leichter, die anderen Dinge zu erledigen. Aber vergessen Sie nicht, dass sich die Höhe Ihres Einkommens stark danach richtet, wie sehr Sie Dinge tun, die kaum ein anderer tun kann.

Auch hier gilt: so schnell wie irgend möglich. Warten Sie nicht, bis Sie es sich leisten können. Delegieren Sie so schnell wie irgend möglich. Delegieren Sie alles weg, was ein anderer tun kann, und nutzen Sie die frei werdende Zeit für einkommensproduzierende Aktivitäten. Delegieren Sie noch mehr weg, und nutzen Sie die Zeit, um sich zu positionieren. Solange Sie in der gleichen Zeit mehr verdienen, als Sie an Ihre Helfer bezahlen müssen, geht die Rechnung immer auf.

Die meisten Firmen wollen zuerst wachsen, um dann die Menschen bezahlen zu können, die Sie brauchen. Richtig ist: Holen Sie sich diese Menschen so schnell wie irgend möglich, *damit* Sie wachsen.

Fragen Sie sich also: Was kann auch ein anderer tun? Wer könnte es tun?

Einkommen bedeutet nicht Reichtum

Viele Menschen wissen nicht, was Reichtum ist: Gutes Geld zu verdienen bedeutet nicht Reichtum. In der Regel wird unser Lebensstandard mit unserem Einkommen wachsen. Wir »brauchen« einfach mehr. Merkwürdigerweise brauchen wir immer genauso viel, wie wir verdienen.

Wir dürfen »brauchen« nicht mit »wünschen« verwechseln.

Schon die alten Babylonier wussten: »Das, was du ›notwendige Ausgaben‹ nennst, wird immer wachsen – bis zur jeweiligen Höhe deines Einkommens.«

Reich sind Sie erst dann, wenn Sie von Ihrem Kapital leben können, ohne arbeiten zu müssen: Das Geld arbeitet für Sie. Reich werden Sie nicht durch das Geld, das Sie verdienen, sondern durch das Geld, das Sie behalten. Sparen bedeutet den Unterschied dazwischen, selbst ein Geldesel zu sein oder einen Geldesel zu haben. Dazu mehr im nächsten Kapitel.

Hören Sie nicht auf ...

Hören Sie nicht auf, Ihr Einkommen zu vermehren, bis Sie genug Kapital angehäuft haben, um von den Zinsen leben zu können.

Selbstverständlich können und sollen wir Pausen einlegen. So habe ich es mir zur Gewohnheit gemacht, mich nach jedem erreichten Zwischenziel selbst zu belohnen. Ich arbeite nur sechs Tage und habe einen freien Tag pro Woche. Ich fahre viermal im Jahr in Urlaub, einmal davon drei Wochen. Ich habe für mich festgestellt, dass ich dadurch wesentlich mehr erreiche. Ich bin konzentrierter und voller Energie. Außerdem nutze ich die Urlaube. Ich lese etwa 150 Bücher pro Jahr, von denen ich 50 in den Ferien genieße. Während des Weihnachtsurlaubs werte ich das alte Jahr aus und plane das neue. Für jeden Teilbereich meines Lebens lege ich Ziele fest und schreibe die Gründe auf, warum ich sie erreichen möchte. Ich schreibe außerdem hauptsächlich während der Ferien an meinem Erkenntnisjournal. Hier formuliere ich aus, was ich lernen konnte. So wird jeder Fehlschlag zur Lehre. Um sicherzugehen, dass ich die gleichen Fehler nicht noch einmal begehe, schreibe ich sie auf. Urlaub ist also für mich eine Zeit, in der ich von meinem Alltagsgeschäft völlig abschalte und mich dafür einmal nur mit meiner Partnerin und mir beschäftige. Wenn ich wieder zu Hause bin, weiß ich noch genauer, warum ich alles tue. Ich konzentriere mich wieder mehr auf das Ziel statt auf den Weg. Das sind nur ein paar Gründe, warum ich sage, dass ich insgesamt produktiver bin, wenn ich viermal im Jahr Urlaub mache.

Machen Sie also Pausen, um nicht auszubrennen, aber hören Sie nicht auf, bis Sie finanzielle Freiheit erreicht haben. Nichts ist schwieriger, als eine stehende Lokomotive wieder anzuschieben. Aber eine Lokomotive in voller Fahrt ist ebenso schwer anzuhalten. Sie müssen nicht ständig Gas geben, aber kommen Sie möglichst nicht zum Stillstand, bis Sie von Ihren Zinsen leben können.

Dann müssen Sie nicht mehr arbeiten. Aber warum sollten Sie aufhören, das zu tun, was Ihnen Spaß macht: Wenn Sie nicht mehr arbeiten müssen, sondern nur das tun, was Ihnen Spaß macht, wissen Sie, was dann passiert? Dann geht es erst richtig los.

Die Power-Ideen auf den Punkt gebracht

- Jeder bekommt genau das, was er verdient. Sie alleine haben es in der Hand zu bestimmen, wie viel Sie verdienen.
- Mehr erhalten Sie nicht, weil Sie es brauchen, sondern weil Sie es verdienen. Fragen Sie nach Ihren Pflichten, nicht nach Ihren Rechten.
- Geben Sie immer mehr, als irgendjemand von Ihnen erwarten könnte. Überraschen Sie alle Menschen, indem Sie alle Erwartungen übertreffen. Sehr gut zu sein reicht nicht. Tun Sie alles hervorragend.
- Machen Sie sich unentbehrlich, indem Sie bereit sind, Verantwor-

tung zu übernehmen. Und machen Sie sich entbehrlich, indem Sie Aufgaben und Autorität delegieren.
- Wer mehr verdienen will, muss nach einer längeren Liste von Problemen fragen.
- Das zu tun, was alle tun, ist so viel wert wie Sand in der Wüste. Sie müssen nicht besser sein, sondern der Einzige. Finden Sie Ihre Nische.
- Ihr Einkommen wächst parallel zu Ihrem Selbstbewusstsein.
- Ihr Einkommen setzt sich aus folgenden Bausteinen zusammen: Qualität, Energie, Bekanntwerden, Selbstwert/sich verkaufen und Ideen.
- Verbringen Sie mehr Zeit mit dem Vermarkten und dem Bekanntwerden Ihrer Person (bzw. Ihrer Produkte).
- Konzentrieren Sie sich auf Ihre gewinnbringenden Aktivitäten. Fragen Sie sich: Muss ich das tun oder kann das auch ein anderer tun?

Wenn Sie dieses Kapitel vertiefen wollen, lesen Sie mein Buch ›Endlich mehr verdienen‹.

8

Sparen – Sich selbst bezahlen

Ein Mann, der sowohl Geld ausgibt
als auch Geld spart,
ist der zufriedenste Mann,
denn er hat beide Vergnügen.

Samuel Johnson

Eines Tages ging ein armer Farmer in seine Scheune und fand ein goldenes Ei im Nest seiner Gans. Sein erster Gedanke war: »Da will sich jemand über mich lustig machen.« Aber um sicherzugehen, nahm er das Ei und brachte es zu einem Goldschmied. Dieser prüfte das Ei und teilte dem Farmer mit: »100 Prozent Gold, durch und durch reines Gold.« Der Farmer verkaufte das Ei und ging mit viel Geld nach Hause. Am Abend gab er ein großes Fest. Im Morgengrauen stand die ganze Familie auf, um zu sehen, ob die Gans eventuell noch ein goldenes Ei gelegt hatte. Und tatsächlich, wieder lag ein goldenes Ei im Nest. Von da ab fand der Farmer jeden Morgen ein weiteres goldenes Ei, das er verkaufte, und er wurde sehr reich.

Aber der Farmer war ein habgieriger Mann. Er fragte sich, warum die Gans nur ein Ei legte. Und überhaupt wollte er gerne wissen, wie das Tier das machte, um selber goldene Eier produzieren zu können. Er steigerte sich immer mehr in seine Wut hinein. Schließlich lief er in den Stall und spaltete die Gans mit einem Buschmesser in zwei Hälften. Alles, was er fand, war ein halbes, in der Entstehung begriffenes Ei. Und die Moral von der Geschicht: Töte deine Gänse nicht.

Handeln die meisten Menschen nicht ähnlich? Die Gans steht für Kapital und die goldenen Eier für Zinsen. Ohne Kapital keine Zinsen. Die meisten Menschen geben ihr gesamtes Geld aus. Sie können darum niemals eine Gans züchten. Sie töten bereits ihre kleine, junge Gans, noch bevor sie jemals goldene Eier legen kann.

Solange Sie keine Gans oder Geldmaschine haben, sind Sie Geldmaschine, ganz gleich, wie viel Sie verdienen. Weniger ausgeben, als Sie einnehmen, klingt nicht gerade sensationell. Sie werden jedoch feststellen, dass Sparen Spaß machen kann und dass es Sinn macht.

Vier Gründe, warum Menschen nicht sparen

Es gibt gute Gründe zu sparen. Aber für die meisten Menschen sprechen vor allem vier Gründe dagegen:

1. Sie denken, dass sie später so viel verdienen, dass sie jetzt nicht zu sparen brauchen.
2. Sie wollen jetzt leben und denken, Sparen sei schwer und bedeute Einschränkung.
3. Sie halten Sparen nicht für wichtig und meinen, sie könnten diese Einstellung nicht verändern.
4. Sie denken, dass es doch nichts bringt (niedrige Zinsen, Inflation).

Lassen Sie uns alle vier Punkte untersuchen. Sie werden feststellen, dass es tatsächlich ganz anders aussieht, als Sie möglicherweise gedacht haben. Lesen Sie die vier Aussagen, wie sie wirklich lauten müssten:

1. Nicht durch Ihr Einkommen, sondern durch Sparen werden Sie reich.
2. Sparen macht Spaß und ist kinderleicht – für jeden.
3. Sie können jederzeit Ihre Glaubenssätze und Ihre Einstellung zum Sparen ändern.
4. Sparen macht Sie zum Millionär. Sie bekommen über 10 Jahre gesehen durchschnittlich 12 Prozent und mehr. Die Inflation unterstützt Sie sogar dabei.

Schwer zu glauben? Sie werden begeistert sein, wenn Sie sehen, wie wahr diese vier Aussagen sind. Sehen wir uns nun einen Punkt nach dem anderen an.

Nicht durch Ihr Einkommen, sondern durch Sparen werden Sie reich

Niemand wird alleine dadurch reich, dass er viel verdient. Reichtum entsteht, wenn Sie Geld behalten. Zu viele Menschen haben die irrsinnige Hoffnung: »Wenn ich genug verdiene, wird alles besser.« In Wahrheit steigt jedoch der Lebensstandard immer mit dem Einkommen. Sie brauchen fast immer so viel, wie Sie haben. Die Wahrheit lautet ferner: Das Einzige, das Menschen haben, die nicht sparen, sind Schulden.

Mein erster Coach war ein erfolgreicher Mann, den ich sehr mochte und bewunderte. So war ich glücklich, als er mir anbot, mich persönlich zu coachen. Er verlangte allerdings von mir, dass ich 50 Prozent meines Einkommens sparen sollte. Unmöglich, dachte ich. Ich argumentierte, dass ich eigentlich 100 Prozent bräuchte und nicht sparen könne, wenn 100 Prozent meines Einkommens nicht ausreichten, um meine notwendigen Ausgaben zu decken.

Außerdem war ich ein Optimist. Es würde sich schon alles von alleine regeln, wenn ich erst einmal richtig viel verdienen würde, dachte ich. Ich musste feststellen, dass dies eine schwachsinnige Hoffnung ist. Es wird sich nichts verändern, wenn wir uns nicht verändern.

Es ist völlig falsch zu denken, Reichtum komme von alleine, man brauche den Umgang mit Geld nicht zu ändern. Es bedeutet, die Verantwortung von sich wegzuschieben. Nach dem Motto: »Ich kann mich jetzt im Umgang mit Geld völlig danebenbenehmen, denn später mache ich alles wieder gut, wenn ich unendlich viel verdiene. Warum soll ich mir jetzt etwas abknapsen, wenn ich später ohnehin im Geld schwimme?«

Ihr Einkommen soll dann die Zauberlösung für das sein, was Sie nicht zustande bringen: Es soll Sie reich machen. Glauben Sie mir: Das wird nicht passieren. Es wird bei der Hoffnung bleiben.

Tatsächlich können Sie verdienen, so viel Sie wollen, Ihre finanzielle Situation wird sich nicht verändern. Ich habe Hunderte von Menschen kennen gelernt, die 25 000 € und mehr monatlich verdienen und die nichts besitzen außer Schulden. Warum verändert das Einkommen die finanzielle Situation nicht? Weil zwei Faktoren trotz des steigenden Einkommens gleich bleiben: die Prozente und Sie selbst.

Wenn Sie mit dem, was Sie heute haben, nicht auskommen, werden Sie auch nicht zurechtkommen, wenn Sie doppelt so viel verdienen. Denn die Prozente ändern sich nicht.

Wenn Sie heute 1 000 € verdienen und 10 Prozent sparen, dann sind das 100 €. Die gleichen 10 Prozent von 12 000 € zu sparen (also 1 200 €) ist wesentlich schwerer, weil die Summe höher ist. Es ist darum sogar leichter, bei geringem Einkommen zu sparen. Sie tun sich weniger schwer, 100 € wegzulegen als 1 200 €. Denn je größer die Summe ist, desto schwerer wiegen die Prozente.

Darum beginnen Sie *jetzt*. Ganz gleich, in welcher schwierigen Situation Sie sich befinden, nie wieder wird es so leicht sein wie heute. Beginnen Sie heute damit, 10 Prozent Ihres Nettoeinkommens zu sparen.

Fangen Sie darum so früh wie möglich an zu sparen. Sollten Sie 18 oder 20 Jahre alt sein und noch zu Hause wohnen, dann ist jetzt der beste Moment. So leicht wird es nie wieder sein. Wann werden Sie noch einmal so niedrige Kosten haben? Selbst wenn Sie etwas Geld »abgeben« müssen, ist das nichts im Verhältnis zu den Kosten, die Sie haben, wenn Sie ausziehen. Diese Chance kommt nie wieder. Sparen Sie darum, so viel Sie können.

Die meisten Menschen ändern ihre finanziellen Gewohnheiten nicht, auch wenn sie mehr verdienen

Grundsätzliche Einstellungen ändern sich kaum (außer Sie ändern ganz bewusst Ihre Glaubenssätze). Hier ist eine Einstellung, die verhindert, dass jemand spart: »Das brauche ich.« Sie erinnern sich sicher an den Satz: »Du darfst deine ›notwendigen Ausgaben‹ nicht mit deinen Wünschen verwechseln. Das, was wir unsere notwendigen Ausgaben nennen, wird immer bis zur jeweiligen Höhe unseres Einkommens wachsen.«

Die dümmste Rechtfertigung für eine unnötige Geldausgabe lautet: »Das brauche ich. Das muss sein.« Die wenigsten Dinge brauchen wir wirklich. Wir behaupten es nur, um es vor uns selbst zu rechtfertigen. *Wenn die Dinge sich für uns verbessern sollen, müssen zuerst wir uns verbessern.*

Sparsamkeit ist eine Tugend aller Reichen

Sir John Templeton hat zusammen mit seiner Frau im Alter von 19 Jahren beschlossen, von jedem Monatseinkommen 50 Prozent wegzulegen. Er sagt, dass es in manchen Monaten sehr schwer war, besonders wenn seine Provision sehr gering ausfiel.

Er wurde Milliardär und einer der respektiertesten und geachtetsten Fondsmanager der Welt. Er sagt heute, dass die entscheidenden Momente diejenigen waren, als er so wenig verdiente, dass es fast nicht möglich war, die 50 Prozent wegzulegen.

Warren Buffett war der reichste Mensch Amerikas. Sein Vermögen wurde von Forbes bereits 1993 auf 17 Milliarden geschätzt. Wie wurde er so reich? Sein Rezept: sparen und anlegen. Und noch einmal sparen und anlegen.

Warren Buffett fing als Zeitungsjunge an – und sparte. Er hielt jeden Dollar fest, den er festhalten konnte. Er kaufte sich fast nichts, denn er sah nie das Geld, das er ausgeben würde. Er sah immer den Geldbetrag, den es in Zukunft wert sein würde.

So kaufte er sich kein Auto. Nicht wegen der 10 000 Dollar, die es kostete, sondern wegen der Summe, die diese 10 000 Dollar in 20 Jahren wert sein würden.

Vielleicht sagen Sie: ganz schön langweilig. Aber Sie wissen ja bereits, dass es eine Frage Ihrer Überzeugungen ist, ob etwas langweilig oder spannend ist. Hätten Sie jedenfalls diese 10 000 Dollar vor 40 Jahren bei Warren Buffett investiert, dann wären daraus heute ganz und gar nicht langweilige 80 Millionen Dollar geworden.

Wissen Sie, was die folgenden Unternehmensgründer gemeinsam hatten? Werner von Siemens, Robert Bosch, Ferdinand Porsche, Gottlieb Daimler, Adam Opel, Karl Benz, Fritz Henkel, Heinz Nixdorf, Johann Jacobs, Heinrich Nestlé, Rudolph Karstadt, Josef Neckermann, Reinhard Mannesmann, Friedrich Krupp, die Aldi-Brüder? Sie waren sparsam, sparsam und noch einmal sparsam. Sie haben weniger Geld ausgegeben, als sie verdient haben, und klug investiert. Die Sparsamkeit war sicherlich nicht alleine verantwortlich für ihren Reichtum, aber offensichtlich eine Grundvoraussetzung, ohne die Wohlstand nicht möglich ist. Sie werden *keinen* Unternehmensgründer finden, der nicht sehr sparsam war.

Viele Unternehmer waren pleite

Vielleicht wenden Sie ein, dass Sie oft von Unternehmern gehört haben, die des Öfteren Pleite gegangen sind. Stimmt, aber sie hatten keine Konsumschulden und ihr Lebensstandard war bescheiden. Sie waren sparsam. Sie gingen nicht Pleite, weil sie privat nicht sparsam waren, sondern wegen widriger Umstände oder weil sie sich verspekuliert hatten.

Wegen ihrer Sparsamkeit und anderer unternehmerischer Eigenschaften haben sie solche Krisen durchgestanden. Sie konnten oft jahrelang mit einem absoluten Minimum auskommen. Sie gaben fast nichts für sich selbst aus. Sie nahmen alle möglichen Entbehrungen auf sich.

Sie waren teilweise so extrem sparsam, dass viele Menschen entsetzt ausrufen würden: »Das ist nichts für mich. Das könnte und wollte ich nicht!« Auch hier gilt der Satz: *Erfolgreiche Menschen sind bereit, Dinge zu tun, die die meisten erfolglosen Menschen ablehnen würden.* Die meisten Menschen lehnen es ab zu sparen. Sie wollen jetzt leben. Schon Goethe hat dieses Phänomen erkannt: »Jeder will etwas sein, keiner möchte etwas werden.«

Die großen Unternehmensgründer wollten reich werden. Diesem Ziel haben sie sich verschrieben und ihm alles unterstellt. Sie mussten darum auch nicht so tun, als hätten sie bereits viel Geld. Der Schein war ihnen gleichgültig. Sie wollten etwas werden und waren darum sparsam.

Vielleicht gehören Sie zu der Gruppe von Menschen, die sagen: »Ich bin eine Ausnahme. Ich kann 100 Prozent ausgeben und trotzdem wohlhabend werden.« Ich will mich solchen Gedanken nicht verschließen. Schließlich gibt es immer wieder unglaubliche Phänomene, die wir uns nicht erklären können.

Allerdings hätten Sie die Statistik nicht auf Ihrer Seite. Außerdem wäre es wahrscheinlich wesentlich leichter, einfach die Glaubenssätze zu verändern: Sparen ist gar nicht so schwer.

Sparen macht Spaß und ist kinderleicht – für jeden

Gerade wenn Sie jetzt das Leben genießen wollen, sollten Sie sparen. Aber nicht so, wie Sie es unter Umständen schon mehrmals versucht und nicht geschafft haben.

Die meisten Menschen sparen falsch. Sie machen es sich selbst unglaublich schwer. Sie versuchen, sich den ganzen Monat über einzuschränken. Sie knapsen sich hier etwas ab und verzichten dort. Trotzdem bleibt oft nichts übrig. Oder es kommt eine unerwartete Reparatur oder eine vergessene Rechnung.

Vielleicht betrachten Sie dieses Szenario einmal von einer anderen Seite. Sie bezahlen im Grunde genommen jeden, nur nicht sich selbst. Sie bezahlen den Bäcker, wenn Sie Brot kaufen, die Bank, wenn Sie Zinsen zahlen, den Metzger, wenn Sie Fleisch kaufen, den Friseur, wenn Sie sich die Haare schneiden lassen.

Aber wann bezahlen Sie sich? Sie selbst sollten in Ihrem Leben doch zumindest ebenso wichtig sein wie Ihr Bäcker, Banker, Metzger oder Friseur.

Sparen heißt, sich selbst zu bezahlen

Sie sollten also sich selbst bezahlen. Und zwar zuerst! Hier mein Vorschlag: Zahlen Sie sich selbst ein Gehalt. Lassen Sie 10 Prozent von Ihrem monatlichen Einkommen auf ein separates Konto buchen. Mit diesen 10 Prozent werden Sie wohlhabend. Mit den restlichen 90 Prozent bezahlen Sie die anderen.

Sie werden erstaunt feststellen: *Es ist genauso leicht oder schwer, mit 90 Prozent zurechtzukommen, wie mit 100 Prozent.* Sie werden die 10 Prozent gar nicht vermissen.

Wahrscheinlich fällt es Ihnen schwer, das zu glauben. Sie werden aber überrascht sein, wenn Sie es wirklich ausprobieren. Sagen Sie niemals, das geht nicht, solange Sie es nicht probiert haben.

Rechnen Sie nicht bestehende Sparverträge oder Lebensversicherungen in diese 10 Prozent hinein. Mit Versicherungsverträgen bezahlen Sie zwei wichtige Dinge: Versicherungsschutz und Ihre Altersabsicherung. Beides ist für die meisten von uns eine absolute Notwendigkeit. Mit Sparverträgen bezahlen Sie mittelfristige Anschaffungen bzw. Ausgaben wie ein neues Auto, Möbel oder auch eine Reise.

Mit 10 Prozent züchten Sie Ihre Gans

Die 10 Prozent aber rühren Sie nie an. Mit diesen 10 Prozent »züchten« Sie Ihre Gans, die goldene Eier legt. Diese 10 Prozent machen Sie reich. Sie werden gleich sehen, dass diese 10 Prozent ausreichen, um Sie so reich zu machen, dass Sie von den Zinsen leben können und nie mehr zu arbeiten brauchen.

Es ist genauso schwer oder genauso leicht, mit 90 Prozent zurechtzukommen, wie mit 100 Prozent. Sie werden das kaum glauben können. Dann geht es Ihnen wie den meisten Teilnehmern meiner Seminare. Aber nachdem sie es ausprobiert haben, bekomme ich folgende Rückmeldung: »Ich hätte nicht gedacht, dass es geht. Aber inzwischen mache ich es konsequent einige Monate, und ich vergesse die 10 Prozent völlig. Es ist gut zu wissen, dass diese 10 Prozent mich wohlhabend machen.«

Bezahlen Sie sich zuerst selbst. Lassen Sie am Anfang des Monats 10 Prozent Ihres Einkommens auf ein separates Konto buchen.

- Eröffnen Sie ein Gans-Konto. Richten Sie einen Dauerauftrag von Ihrem normalen Konto auf Ihr Gans-Konto ein. Lassen Sie zu jedem 1. eines Monats 10 Prozent Ihres Gehalts auf Ihr Gans-Konto fließen.
- Das Geld auf dem separaten Gans-Konto greifen Sie niemals an.
- Sie legen dieses Gans-Geld nach den Grundsätzen an, die Sie in diesem Buch lernen werden.
- Sie bekommen mehr Spaß am Leben und mehr Selbstsicherheit, während Ihr Gans-Geld wächst.
- Das Gans-Konto ist eine leichte und sinnvolle Art, um Ihre Disziplin zu verbessern.

Was tun Sie mit einer Gehaltserhöhung?

Wahrscheinlich haben Sie schon einmal weniger verdient als heute. Denken Sie an Ihre Ausbildungszeit. Mit wie wenig Geld sind Sie damals zurechtgekommen. Wie war es mit Ihrem ersten Job? Normalerweise verdienen wir stetig mehr Geld und verbrauchen dieses Geld. Unser Lebensstandard erhöht sich immer parallel zu dem verfügbaren Einkommen.

Hier ein Tipp, wie Sie vermeiden können, dass dies auch in Zukunft geschieht: Nehmen Sie 50 Prozent von jeder Gehaltserhöhung für Ihre Gans. Da Sie im Moment an Ihr jetziges Einkommen gewöhnt sind, bedeutet es keinen Verzicht, von einer Gehaltserhöhung 50 Prozent wegzulegen. Auf diese Weise gewöhnen Sie sich eben nur an eine halbe Gehaltserhöhung. Die anderen 50 Prozent überweisen Sie auf Ihr Gans-Konto.

Wenn Sie zum Beispiel im Moment 3 000 € netto verdienen, so bezahlen Sie sich zukünftig am Anfang jedes Monats selbst, indem Sie 10 Prozent, also 300 €, auf Ihr Gans-Konto überweisen.

Sollten Sie nun eine Gehaltserhöhung von 600 € bekommen, so überweisen Sie 50 Prozent, also 300 €, auf Ihr Gans-Konto. Sie haben somit Ihre Sparrate auf einen Schlag um 100 Prozent gesteigert.

Warum Sparprogramme scheitern

Es gibt zwei entscheidende Gründe, warum die meisten Menschen ihre Sparprogramme nicht durchstehen:

Sie nehmen sich zu viel vor. Aus diesem Grund sollten Sie von Ihrem bestehenden Gehalt »nur« 10 Prozent weglegen. Diese 10 Prozent bemerken Sie gar nicht. 15 oder gar 20 Prozent sind dagegen schon wesentlich gewichtiger. Sollten Sie bereits über eine gewisse Spardisziplin verfügen, könnten Sie darüber nachdenken, 20 Prozent zu sparen.

Die meisten Menschen wollen sparen, was am Ende eines Monats übrig bleibt. Und das ist in aller Regel nicht sehr viel. Darum bezahlen Sie sich in Zukunft zuerst – gleich am Anfang des Monats.

Power-Tipp

Überweisen Sie 50 Prozent von jeder Nettogehaltserhöhung auf Ihr Gans-Konto. Auf diese Weise steigt Ihr Lebensstandard nicht so schnell.

- Mit jeder Gehaltserhöhung bekommt Ihre Gans einen Wachstumsschub.
- Sie wissen, wofür Sie arbeiten. Sie zeigen Ihrem Unterbewusstsein, dass Sie gut mit Geld umgehen können.
- Automatisch bringt Sie jede Gehaltserhöhung so Ihrem Fernziel näher.

- Als Selbständiger sind Sie Unternehmer und Angestellter in einer Person. Sie geben sich selbst von Zeit zu Zeit eine Gehaltserhöhung.
- Diese 50 Prozent tun Ihnen niemals weh, weil Sie sich noch nicht an das höhere Gehalt gewöhnt haben.

Sie können jederzeit Ihre Glaubenssätze und Ihre Einstellung zum Sparen ändern

Viele Menschen haben wenig förderliche Glaubenssätze zum Thema Sparen. Hier einige Beispiele:

- »Ich habe nicht die Disziplin zu sparen.«
- »Sparen ist nur etwas für untalentierte, langweilige Menschen.«
- »Ich lebe jetzt, und Sparen heißt, mich einzuschränken. Dazu bin ich nicht bereit.«

Wenn Sie dieses Kapitel bis hierher gelesen haben, dann haben Sie alle logischen Argumente, um die oben genannten, wenig förderlichen Glaubenssätze zu bezweifeln. Sie können sie jederzeit durch das in Kapitel 5 beschriebene Verfahren gegen neue, hilfreichere Glaubenssätze austauschen. Vielleicht hilft Ihnen dabei der eine oder andere der folgenden Sätze:

- »Der Farmer, der sein ganzes Saatgut aufisst, hat nichts, womit er säen könnte.«
- »Nicht zu sparen ist der Beweis für völlige Geschäftsuntauglichkeit, Naivität und Dummheit. Einen Menschen, der nicht bewiesen hat, dass er mit Geld umgehen kann, kann man nicht ernst nehmen.«
- »Ich bewundere Menschen, die ihr Leben so im Griff haben, dass sie ihre Energie für die Aufgaben einsetzen können, die ihnen Spaß machen. Dazu gehört einfach auch eine gesunde finanzielle Basis.«

- »Ich rechne damit, den Rest meines Lebens in der Zukunft zu verbringen. Darum möchte ich einigermaßen sicher sein, wie die Zukunft sein wird. Das ist mein Grund zu sparen.«

Sparen macht Sie zum Millionär

Sie haben bereits eingangs in diesem Kapitel gelesen: Sie bekommen langfristig 12 Prozent Rendite und mehr. Die Inflation unterstützt Sie sogar dabei.

Es ist mir bewusst, dass dies in Deutschland nicht unbedingt die herkömmliche Meinung ist. Sie werden bei uns oft bereits als unseriös abgestempelt, wenn Sie Gewinne über 5 Prozent pro Jahr erwirtschaften.

Diese 5 Prozent entsprechen aber knapp der tatsächlichen Inflationsrate. Wenn Sie nur 2 bis 4,5 Prozent pro Jahr an Zinsen bekommen, sparen Sie sich arm. Das heißt, Ihr Geld verliert mehr Kaufkraft, als es sich durch Gewinne vermehrt. Insofern kann ich jeden verstehen, der sagt: Unter diesen Umständen lohnt es sich nicht, Geld anzulegen.

Allerdings gilt auch beim Investieren der Grundsatz: Wenn Sie tun, was alle tun, werden Sie auch nur haben, was alle anderen haben. Also geben Sie sich nicht mit den üblichen Renditen zufrieden. Der erste Schritt wird sein, dass Sie sich grundlegende Kenntnisse über Investitionen aneignen, die in den folgenden Kapiteln beschrieben sind.

Was aus 100 000 € werden kann

Sie werden die Kraft des Zinseszinses erfahren. Vorab ein Beispiel. Stellen Sie sich vor, Sie erben 100 000 €. Diese legen Sie nun für 7 Prozent 30 Jahre lang an. Sie würden dann nach 30 Jahren 761 220 € erhalten.

Hätten Sie dagegen in eine Anlageform mit 16 Prozent Rendite pro Jahr investiert, würden Sie 8 584 980 € erhalten.

Stellen Sie sich außerdem vor, Sie hätten die 100 000 € gestreut in fünf Anlagen mit jeweils 20 000 €. Nehmen wir weiter an, Sie hätten eine Anlage komplett verloren, die zweite hätte überhaupt keine Gewinne erzielt, die dritte hätte 7 Prozent, die vierte 12 Prozent und die fünfte 16 Prozent erzielt.

In diesem Fall würde die fünfte alleine Ihnen über 1,7 Millionen einbringen. Also mehr als das Doppelte, als wenn Sie das Geld für 7 Prozent angelegt hätten. Insgesamt hätten Sie trotz zweier schlechter Anlagen über 2,6 Millionen erzielt.

Die nächsten Fragen werden also sein, wie Sie Renditen von ca. 12 Prozent pro Jahr erreichen. Und wie Sie Ihr Risiko streuen, um einerseits einen Totalverlust zu vermeiden und andererseits eine größere Chance auf einen Volltreffer zu haben.

Schließlich möchte ich Ihnen drei Finanzpläne zu drei unterschiedlichen, aufeinander aufbauenden Zielen aufzeigen. Sie werden sehen: Kluges Sparen bringt Ihnen Wohlstand.

Lehren Sie Ihre Kinder, sich selbst zu bezahlen

Wann sollten Kinder anfangen zu sparen? Bereits mit dem ersten Taschengeld. Führen Sie sie so früh wie möglich an das Konzept des Sich-selbst-Bezahlens heran. Sorgen Sie dafür, dass Ihre Kinder hilfreiche Glaubenssätze zum Thema Sparen und Wohlstand annehmen.

Als ein Bekannter von mir beschloss, seiner achtjährigen Tochter Taschengeld zu geben, gab er ihr 10 € und setzte sie in seinen Wagen. Er sagte ihr, er müsse ihr etwas ungeheuer Wichtiges erklären.

Er fuhr mit ihr in den ärmsten Teil der Stadt, in der sie wohnten. Alles sieht dort grau in grau aus. Kein Grün, dafür Schmutz und Beton. Er fragte sie, ob sie gerne hier wohnen wolle oder in der freundlichen Nachbarschaft, in der sie ihr Einfamilienhaus haben.

Er erklärte ihr, dass sie die nächsten 10 bis 15 Jahre bei ihnen wohnen würde, danach aber sei sie selbst verantwortlich. Dann würde sie entweder in einer hässlichen Umgebung wohnen oder ebenfalls in einem schönen Haus. Und er eröffnete ihr, dass sie es jetzt entscheiden kann.

Er verbrachte einen halben Tag, um seiner Tochter das Konzept des Sparens und Sich-selbst-Bezahlens zu erklären. Er stieg in jener hässlichen Umgebung mit ihr aus dem Auto und ging mit ihr umher. Sie aßen dort in einem schmuddeligen Restaurant zu Mittag. Und als die Kleine sich so richtig unwohl fühlte, sagte er: »Hier wohnen die Leute, die immer die ganzen 10 € ausgegeben haben.«

Wieder zu Hause angekommen, machten sie einen Sparplan: Die Tochter wollte 5 € von den 10 € sparen. Denn für jeden gesparten Euro wollte ihr Vater 50 € für sie anlegen, also insgesamt 250 € monatlich.

Angenommen, mein Bekannter und seine Tochter ziehen dieses Programm nur sieben Jahre durch. Er hört dann auf, die 250 € monatlich zu sparen. Selbst auf diese Weise wird seine Tochter, noch bevor sie 32 Jahre alt ist, über 200 000 € besitzen. Und mein Bekannter hat lediglich 21 000 € investiert.

Was aber viel wichtiger ist: Die kleine Tochter meines Bekannten lernt die Konzepte des Geldes mühelos und sehr früh. Wahrscheinlich wird sie niemals Geld von ihrem Vater brauchen.

Überlegen Sie einmal, wie viel Vermögen Sie besitzen würden, wenn Sie immer 50 Prozent gespart hätten. Selbstverständlich hätten Sie damit anfangen müssen, bevor Sie dachten, dass Sie 100 Prozent »brauchen«, um alle »notwendigen« Ausgaben zu decken.

Unseren Kindern einfach Geld zu schenken kann verantwortungslos sein. Ihnen die Konzepte des Geldes und des Wohlstands zu erklären kostet etwas Zeit. Aber unsere Kinder haben dann eine große Chance, die die meisten Menschen nicht haben: Geld wird den Platz bekommen, den es verdient, es wird etwas Natürliches und Angenehmes sein. Geld wird nämlich meist nur dann zum wichtigsten Bestandteil des Lebens, wenn man keines hat. Sie können viel dazu beitragen, dass Ihre Kinder Geld nicht überbewerten, sondern Wohlstand als einen automatischen, natürlichen Bestandteil unseres Lebens betrachten. Ich habe für Kinder ein Geldbuch geschrieben. Es heißt: ›Money oder das 1 × 1 des Geldes‹. Es eignet sich für Kinder ab 10 Jahre.

Die Power-Ideen auf den Punkt gebracht

- Nur wenn Sie genug Geld haben, so dass Sie von den Zinsen leben können, sind Sie wirklich reich und unabhängig.
- Solange Sie keine Geldmaschine haben, sind *Sie* die Geldmaschine, ganz gleich, wie viel Sie verdienen.
- Nicht durch Einkommen, sondern durch Sparen werden Sie reich. Reichtum entsteht, wenn Sie Geld *behalten*.
- Tendenzen verstärken sich eher mit steigendem Einkommen. Wenn Sie heute nicht mit Geld zurechtkommen, dann werden Sie es noch weniger können, wenn Sie viel verdienen.
- Es ist leichter, bei geringem Einkommen zu sparen, denn je größer die Summe ist, desto schwerer wiegen die Prozente.
- Die wenigsten Dinge brauchen wir wirklich. Wir behaupten es nur, um Ausgaben vor uns selbst zu rechtfertigen.
- Sie werden keinen Unternehmensgründer finden, der nicht sehr sparsam war.
- Sehen Sie nicht den heutigen Wert des Geldes. Sehen Sie, wie viel es in 10, 15 oder 20 Jahren wert sein wird.
- Erfolgreiche Menschen sind bereit, Dinge zu tun, die die meisten erfolglosen Menschen ablehnen würden.
- Es ist genauso schwer oder genauso leicht, mit 90 Prozent zurechtzukommen wie mit 100 Prozent.
- Unser Lebensstandard dehnt sich immer parallel zu dem verfügbaren Einkommen aus.
- Sie können jederzeit Ihre Glaubenssätze und Ihre Einstellung zum Sparen ändern.
- Ganz gleich, wie schwierig es erscheinen mag zu sparen: Nicht zu sparen wird immer mehr Schwierigkeiten bereiten als einfach zu sparen.

- Wenn Sie tun, was alle tun, werden Sie auch nur haben, was alle anderen haben.
- Geld wird meist nur dann zum wichtigsten Bestandteil des Lebens, wenn man keines hat.
- Führen Sie Ihre Kinder an das Sparen heran.

9

Das Wunder des Zinseszinses

Geld ist für diejenigen reserviert,
die die Gesetze des Kapitals kennen und einhalten.

George S. Clason, The Richest Man in Babylon

Wer sein Geld mehrt, wird reich. Wer die Gesetze der Geldvermehrung ignoriert, wird sein Geld wieder verlieren. So einfach ist das.

Wenn Sie sich das Wunder des Zinseszinses anschauen, dann werden Sie sehen, dass es eine unverantwortliche Ignoranz ist, die Kraft des Zinseszinses zu kennen, ohne sie einzusetzen, um finanzielle Freiheit zu erreichen. So gesehen ist Armut keine Tugend, sondern Ignoranz.

Zunächst möchte ich Ihnen einige Beispiele für die Kraft des geometrischen Wachstums geben.

Schaffen Sie sich eine neue Einkommensmöglichkeit

Ich schlage Ihnen vor, ein Sparbuch anzulegen und 5 Cent im ersten Monat einzuzahlen. Im zweiten Monat verdoppeln Sie und zahlen 10 Cent ein.

Gleichzeitig fangen Sie an, sich nach neuen Einkommensquellen umzuschauen. Sie haben 14 Monate Zeit, bis es »richtig losgeht« und Ihre Einzahlungen größeren Umfang annehmen. Sie müssten also Ihre Zeit nutzen, um eine neue Verdienstquelle zu entwickeln. Im 16. Monat müssten Sie dann 1 638,40 €, im 17. Monat 3 276,80 € und im 18. Monat 6 553,60 € einzahlen. Hier ist der Plan:

Monat	1	2	3	4	5	6	7	8	9
€	0,05	0,10	0,20	0,40	0,80	1,60	3,20	6,40	12,80

Monat	10	11	12	13	14	15	16	17	18
€	25,60	51,20	102,40	204,80	409,60	819,20	1.638,40	3.276,80	6.553,60

Sie müssten sich strecken und wachsen. Sie müssen Kreativität entwickeln und Mühe aufwenden. Aber es lohnt sich. Nach genau einhalb Jahren hätten Sie 13 107,15 €, die Sie sonst nicht hätten.

Sie könnten davon beispielsweise 3 000 € nehmen, um sich selbst zu belohnen. Die restlichen 10 000 € könnten Sie anlegen und hätten nach 20 Jahren (mit 12 Prozent verzinst) fast 100 000 €.

Power-Tipp

Legen Sie ein Sparbuch an, auf dem Sie Ihre Einzahlungen 18 Monate lang jeden Monat verdoppeln.

- Sie lernen, sich nach neuen Einkommensquellen umzusehen.
- Sie haben ausreichend Zeit, um Ihren neuen Verdienst aufzubauen.
- Sie trainieren Ihren Verdienstmuskel.
- Ihr Selbstbewusstsein wächst. Bald können Sie sich ganz neuen Herausforderungen stellen.
- Sie machen sich von Ihrer jetzigen Verdienstquelle unabhängiger.
- Wenn Sie das Geld anlegen, schaffen Sie sich den Grundstock für ein ansehnliches Vermögen.

Die Faktoren, die Ihren Gewinn bestimmen

Für den Zinseszins sind nur drei Faktoren wichtig: Die Zeit, die Rendite und der Einsatz.

Ich möchte auf alle drei eingehen. Erlauben Sie mir, in den Beispielen auch von hohen Renditen über 12 Prozent auszugehen. Aktien haben im Durchschnitt seit 1948 über 11 Prozent pro Jahr erzielt. Viele gute Fonds lagen darüber. Weil solche Ergebnisse in Deutschland fast für unmöglich gehalten werden, habe ich dem Thema Rendite und Investition zwei Kapitel gewidmet (Kapitel 10 und 11).

Die Zeit

Wie gesagt: Es ist gut, so früh wie möglich anzufangen. Hier ein Beispiel:

Angenommen, Sie sparen 200 € monatlich ab dem 30. Lebensjahr. Wenn das Geld sich mit 12 Prozent verzinst, haben Sie dann mit 65 Jahren 1 049 570 €. Diese ungeheure Summe ergibt sich, weil Sie 35 Jahre Zeit haben, das Geld für sich arbeiten zu lassen.

Sollten Sie dagegen erst mit 45 Jahren anfangen, haben Sie »nur« noch 20 Jahre Zeit. Angenommen, Sie wollten mit dem gleichen Zinssatz von 12 Prozent ebenfalls 1,05 Millionen erreichen, dann müssten Sie Ihre monatliche Sparrate von 200 € auf das Sechsfache, also auf 1 200 €, anheben.

Sollten Sie dagegen erst im Alter von 55 Jahren beginnen, so bleiben Ihnen nur 10 Jahre. Wollten Sie trotzdem auf 1,05 Millionen kommen, müssten Sie über 5 000 € monatlich sparen.

Um 1,05 Millionen zu erzielen, brauchen Sie also entweder

- 35 Jahre x 200 € monatlich oder
- 20 Jahre x 1 200 € monatlich oder
- 10 Jahre x 5 000 € monatlich.

Denken Sie also daran: Je früher Sie anfangen, desto ruhiger können Sie es angehen.

Sparen Sie darum für Ihre Kinder. Und noch wichtiger, zeigen Sie Ihren Kindern das Sparen. Wenn Sie bei der Geburt Ihres Kindes beginnen, 100 € monatlich zu investieren, so hätte es im Alter von 35 Jahren 524 785 € (bei 12 Prozent).

Die Rendite

Ebenso wichtig wie die Zeit ist die Rendite. Es heißt ja auch: Zeit ist Geld. Wir könnten sagen: Zeit bringt Geld. Lassen Sie mich Ihnen auch hohe Renditen vorstellen, obwohl viele dies als unseriös abtun.

Tausende von Menschen in Deutschland machen durchschnittlich pro Jahr Investitionsgewinne von über 12 Prozent. Jede amerikanische Hausfrau würde nur müde gähnen, wenn sie von den Renditen hörte, die bei uns vielfach angeboten werden. 2 bis 5 Prozent erzeugen in den USA allenfalls Mitleid. Nicht umsonst haben wir weltweit den Ruf, dass niemand so sparsam ist und dass niemand sein Geld so dumm anlegt wie die Deutschen.

Wenn Sie sich gleich die Zahlen im Vergleich anschauen, werden Sie sehen, wie wichtig es ist, hohe Renditen zu erzielen. Der Unterschied zwischen 7, 12, 15 und 21 Prozent ist dramatisch. Angenommen, Sie legen 100 € monatlich über 35 Jahre an. Was kommt wohl dabei heraus, wenn Sie 7, 12, 15 bzw. 21 Prozent pro Jahr erzielen würden?

- 7 Prozent: 166 722 €
- 12 Prozent: 524 785 €
- 15 Prozent: 1 078 249 €
- 21 Prozent: 4 671 602 €

Wenn Sie also eine dreimal so hohe Rendite haben, dann erhalten Sie nicht lediglich die dreifache Summe. Tatsächlich bekommen Sie fast dreißigmal so viel heraus!

Lassen Sie uns noch ein Beispiel anschauen: Wenn Sie 1 000 € investieren, was kommt für Sie wohl nach 30 Jahren heraus, wenn Sie 7 Prozent, 12 Prozent, 15 Prozent beziehungsweise 20 Prozent erzielen würden?

- 7 Prozent: 7 612 €
- 12 Prozent: 29 960 €
- 15 Prozent: 66 212 €
- 20 Prozent: 237 376 €

Hand aufs Herz: 7 612 € nach 30 Jahren aus 1 000 € zu machen haut uns nicht vom Hocker. Ich sage es Ihnen ganz ehrlich: Dann würde ich die 1 000 € lieber »auf den Kopf hauen«. Aber wenn Sie Ihr Geld fast verdreißigfachen könnten (12 Prozent), eventuell sogar verzweihundertsiebenunddreißigfachen könnten (20 Prozent), wäre das doch sicher reizvoll?

Wissen Sie, was passiert wäre, wenn Ihre Großmutter vor 50 Jahren umgerechnet zwei 500-Euro-Scheine für Sie investiert und tatsächlich durchschnittlich 20 Prozent Rendite bekommen hätte? Nun, aus den 1 000 € wären 9 Millionen geworden. Folglich ist Ihre Großmutter »schuld«. Sie aber können es besser machen, Sie können rechtzeitig an Ihre (zukünftigen) Enkelkinder denken.

Schauen Sie sich nun in der Tabelle an, wie sich Ihr Geld vermehren kann.

Wie Sie den Zinseszins leicht im Kopf errechnen können

Damit Sie aber nicht immer auf Tabellen angewiesen sind, möchte ich Ihnen eine Faustformel an die Hand geben.

Teilen Sie 72 durch den Zinssatz bzw. die Rendite, und Sie erhalten die Jahreszahl, die notwendig ist, damit sich Ihr investiertes Kapital verdoppelt.

> *72 : Zinssatz in Prozent = Anzahl der Jahre, in denen sich Ihr Kapital verdoppelt*

Angenommen, Sie bekommen 12 Prozent Rendite pro Jahr und wollen wissen, wie lange es dauert, bis sich Ihre 10 000 € verdoppeln:

72 : 12 = 6 Jahre.

Zinseszins-Tabelle: 1 200 € jährlich investiert

	5. Jahr	10. Jahr	15. Jahr	20. Jahr	25. Jahr	30. Jahr	35. Jahr
1 %	6 134	12 568	19 330	26 437	33 907	41 758	50 009
2 %	6 271	13 168	20 784	29 192	38 475	48 724	60 040
3 %	6 411	13 804	22 373	32 308	43 824	57 175	72 653
4 %	6 556	14 476	24 111	35 835	50 098	67 452	88 565
5 %	6 704	15 187	26 013	39 831	57 466	79 974	108 790
6 %	6 855	15 939	28 094	44 361	66 129	95 260	134 244
7 %	7 011	16 734	30 371	49 498	76 325	113 951	166 722
8 %	7 171	17 576	32 865	55 329	88 336	136 834	208 094
9 %	7 334	18 466	35 594	61 947	102 495	164 884	260 876
10 %	7 502	19 408	38 583	69 464	119 198	199 296	328 295
11 %	7 674	20 404	41 855	78 002	138 912	241 547	414 495
12 %	7 850	21 458	45 439	87 703	162 186	293 451	524 785
13 %	8 031	22 572	49 364	98 727	189 674	357 239	665 966
14 %	8 216	23 751	53 663	111 255	222 145	435 653	846 744
15 %	8 406	24 998	58 370	125 494	260 504	532 058	1 078 249
16 %	8 600	26 316	63 525	141 677	305 822	650 584	1 374 701
17 %	8 800	27 710	69 170	160 068	359 358	796 292	1 754 246
18 %	9 004	29 184	75 350	180 968	422 596	975 382	2 240 022
19 %	9 213	30 742	82 117	204 715	497 278	1 195 438	2 861 493
20 %	9 428	32 389	89 524	231 693	585 457	1 465 733	3 656 143
21 %	9 647	34 130	97 631	262 336	689 539	1 797 594	4 671 602
22 %	9 872	35 970	106 503	297 133	812 352	2 204 839	5 968 323
23 %	10 103	37 914	116 210	336 639	957 212	2 704 316	7 622 946
24 %	10 339	39 968	126 830	381 476	1 128 004	3 316 542	9 732 515
25 %	10 581	42 139	138 445	432 350	1 329 277	4 066 480	12 419 759

Alle 6 Jahre verdoppelt sich demnach Ihr Geld bei 12 Prozent Rendite. Bei einem Zinssatz von nur 5 Prozent gilt:

$$72 : 5 = 14 \text{ Jahre.}$$

Sie sehen also, dass 5 Prozent Rendite eher eine langweilige Angelegenheit sind, weil Sie ganze 14 Jahre warten müssen, bis sich Ihr Geld verdoppelt. Und dann noch einmal 14 Jahre, bis sich das verdoppelte Geld erneut verdoppelt. Nach 30 Jahren hätten Sie aus Ihren ursprünglichen 10 000 € magere 45 000 € gemacht.

Bei 12 Prozent verdoppelt sich das Geld innerhalb von 6 Jahren.

Wie 1 000 € wachsen – selbst wenn Sie keinen weiteren Cent hinzufügen!

Jahre	8 %	10 %	12 %	15 %	20 %
1	1 080	1 100	1 120	1 150	1 200
2	1 166	1 210	1 254	1 323	1 440
3	1 260	1 331	1 405	1 521	1 728
4	1 360	1 464	1 574	1 749	2 074
5	1 469	1 611	1 762	2 011	2 488
6	1 587	1 772	1 974	2 313	2 986
7	1 714	1 949	2 211	2 660	3 583
8	1 851	2 144	2 476	3 059	4 300
9	1 999	2 358	2 773	3 518	5 160
10	2 159	2 594	3 106	4 046	6 192
11	2 332	2 853	3 479	4 652	7 430
12	2 518	3 138	3 896	5 350	8 916
13	2 720	3 452	4 363	6 153	10 699
14	2 937	3 797	4 887	7 076	12 839
15	3 172	4 177	5 474	8 137	15 407
20	4 661	6 727	9 646	16 367	38 338
25	6 848	10 835	17 000	32 919	95 376
30	10 063	17 449	29 960	66 212	237 376
35	14 785	28 102	52 800	133 176	590 668
40	21 725	45 259	93 051	267 864	1 469 772
45	31 920	72 890	163 988	538 769	3 657 262
50	46 902	117 391	289 002	1 083 657	9 100 438
100	2 199 761	13 780 612	83 522 266	1 174 313 451	82 817 974 522

Nach 12 Jahren (also weiteren 6 Jahren) verdoppelt es sich erneut und so weiter. Nach 30 Jahren haben Sie aus Ihren 10 000 € sage und schreibe ca. 300 000 € gemacht. Bei 20 Prozent wären es fast 2,4 Millionen.

Fazit: Die Rendite ist wichtig. So wichtig, dass Sie sich die Kapitel 10 und 11 durchlesen müssen, um zu sehen, wie Sie solche Renditen erzielen können. Je weniger Zeit Sie haben (oder sich nehmen wollen), desto mehr Rendite müssen Sie erzielen, wenn Sie Vermögen aufbauen wollen.

Was wird aus Ihrem Geld

Aus dem oben Gesagten lassen sich zwei Fragen ableiten:

1. Wie oft wollen Sie Ihr Geld verdoppeln? (Rendite!)
2. Wie viel Geld soll sich denn verdoppeln? (Sparen!)

Selbst die höchste Rendite ist nutzlos, wenn Sie sie mit Null multiplizieren. 50 000 € sind beispielsweise keine Riesensumme. Sie bekommen dafür ein gutes Auto.

So gesehen sind 50 000 € kein besonders erstrebenswertes Ziel. Aber wenn Sie die 50 000 investieren, werden daraus nach 20 Jahren eine halbe Million Euro (bei 12 Prozent pro Jahr). Und genau deshalb sparen kluge Menschen: Sie sehen nicht die 50 000, sondern sie sehen 500 000.

Kapitalismus ohne Kapital bedeutet finanzielle Steinzeit

Erst der Kapitalismus eröffnet jedem die Möglichkeit zu Wohlstand und Reichtum. Unzählige Millionäre und sogar Milliardäre sind aufgrund einer wirtschaftlichen Voraussetzung entstanden: der Möglichkeit der Kapitalvermehrung durch Investition. Erst im Kapitalismus spielt Zinseszins eine entscheidende Rolle.

Die Kapitalinvestition hat Vorteile für den Investierenden, denn er wird die Gewinne erhalten. Er kann sich an Unternehmen beteiligen, ohne selbst Unternehmer zu sein.

Und sie hat Vorteile für den Unternehmer. Er kann mit O. P. M. (anderer Menschen Geld) sein Unternehmen schneller aufbauen und expandieren. Ohne O. P. M. ist kein schnelles Wachstum möglich. Alle großen Firmenimperien der Neuzeit sind auf der Basis von geliehenem Geld entstanden.

Nehmen Sie das Beispiel von Sam Walton. Er kaufte einen kleinen

Laden in einer kleinen Stadt in den USA. Das Geld dazu lieh ihm der Vater seiner Frau.

Er erschuf den Discountmarkt. Sam Walton gab seinen Kunden die Garantie: Wenn Sie irgendwo etwas billiger als in meinem Laden finden, erstatte ich Ihnen sofort das Geld zurück. Nach anfänglichen Rückschlägen hätte Sam aufgeben müssen. So aber lieh er sich immer wieder Geld und kaufte neue Läden dazu.

Seine zweite geniale Idee war, die riesigen Discountgeschäfte dort zu errichten, wo es nach Meinung seiner Konkurrenten kein ausreichendes Umsatzpotenzial gab: in kleineren Städten.

Der Gewinn, den Sam Walton seinem Land brachte, war ungeheuer: Er schaffte Arbeit für Tausende von Menschen und Millionen konnten und können billig einkaufen. Ist es da nicht auch völlig in Ordnung, dass Sam Walton sehr reich wurde? Er war zeitweise sogar der reichste Mann Amerikas. Übrigens ist er dabei äußerst bescheiden geblieben. Er lebte weiterhin in seinem ersten Haus und fuhr einen alten zerbeulten Pick-up. Für ihn war die Möglichkeit, sich Geld zu leihen, ein Segen. Er lebte seinen Traum.

Aber schauen wir uns noch an, was die Investoren davon hatten, die 1975 in Sam Waltons Wal-Mart investierten. Ein Investor, der 1975 90 000 € investierte, hatte 10 Jahre später 3,2 Millionen. Hätte er das Geld nicht angerührt, so hätte er zum 31. Juli 1995 einen Wert von 26 630 000 € gehabt. Aus 90 000 € in 20 Jahren 26 Millionen € zu machen, das ist die Macht des Zinseszinses mit Investitionen. Und die Geschichte von Wal-Mart ist nur eine von vielen.

Denken Sie daran: In Kapitalismus steckt das Wort Kapital. Wenn Sie nicht Kapital und Investitionen für sich arbeiten lassen, dann geht der ganze Kapitalismus privat an Ihnen vorüber. Wirtschaftlich leben Sie dann vergleichsweise mitten in der Steinzeit.

Ob es uns gefällt oder nicht: Unser System stärkt den Starken und schwächt die Armen in vieler Hinsicht. Dies scheint eine immanente Gesetzmäßigkeit unserer Evolution zu sein.

Eigentlich sollte zum Beispiel unser Steuersystem eine gewisse Chancengleichheit herstellen. Aber es ist lange bekannt, dass unser Steuersystem nur vorteilhaft für den Intelligenten und Kundigen ist.

Genauso ist der Kapitalismus nur hilfreich für den, der mit Geld umgehen kann. Die anderen zerstört er. Schon die alten Babylonier sagten darum: »Geld ist für diejenigen reserviert, die die Gesetze des Geldes kennen und einhalten.«

Wer Geld hat, kann sich Berater leisten, die die Gesetzeslücken kennen. Normalerweise beginnen Menschen erst ab einem gewissen Guthaben, sich für gute Renditen zu interessieren. Vorher geht die Kraft des Zinseszinses an ihnen vorbei.

Warum Geld noch mehr Geld bringt

Gute Berater kosten Geld. Legale »Steuerlösungen« kosten Geld. Gute Steuerberater kosten Geld. Aber sie sparen Ihnen ein Vielfaches von dem Geld, das Sie für sie bezahlen. Jemand, der Geld und gute Berater hat, bekommt 12 bis 30 Prozent pro Jahr für sein Geld, und das oft steuerfrei – legal!

Der, der wenig Geld hat und sich nicht auskennt, bekommt 2 bis 7,5 Prozent pro Jahr. Die mageren Erlöse teilen sich dann auch noch das Finanzamt und die Inflation.

Sie werden Ihr ganzes Leben Geldmaschine sein. Es sei denn, Sie treffen die bewusste Entscheidung, sich eine Geldmaschine zu schaffen. Schaffen Sie sich eine Gans, die goldene Eier legt. Sie haben jetzt gesehen, wie schnell eine solche Gans wachsen kann. Aber Gänse kommen nicht gerne zu Menschen, die sie sofort schlachten.

Aufklärung ist wichtig

Insgesamt hat der Kapitalismus die Lebensbedingungen vieler Menschen verbessert. Auch die Armen, die in kapitalistischen Systemen leben, sind nicht so arm wie Menschen, die in anderen Wirtschaftsformen leben.

Reich wird man bei uns nur, wenn man vielen einen Nutzen bringt. Wenn jemand reich wird, schafft er Arbeitsplätze, Produkte oder Dienstleistungen, die andere haben wollen. Noch nie hatten Menschen so viele Chancen wie heute. Und das hat auch der Kapitalismus bewirkt.

Dennoch ist der Kapitalismus weit davon entfernt, uns zufrieden sein zu lassen. Er ist alles andere als ein direkter »Segen« für alle. Er schafft eine neue Klassengesellschaft.

So missfällt mir die Eigendynamik, die der Kapitalismus entwickelt hat. *Es ist Zeit, den »Kapitalismus der wenigen« jedem zugänglich zu machen.* Aktien, und damit die Möglichkeit der Firmenbeteiligung, sind ein wesentlicher Schritt dahin. Fonds erlauben es einer immer breiteren Schicht, relativ risikolos an diversen Firmen zu partizipieren.

Was fehlt, ist ein aufgeklärter Kapitalismus. Eine Informationspolitik, die nicht nur von Interessengemeinschaften betrieben wird, sondern eine Aufklärung um der Aufklärung willen. Eine Aufklärung, um den Menschen auf diesem Planeten ein lebenswerteres Dasein zu ermöglichen. Ein Leben, in dem Kapital eine unterstützende Energie ist.

Dazu möchte ich mit diesem Buch beitragen. Und dazu können Sie beitragen, indem Sie privaten Wohlstand erwerben und ein Beispiel sind.

Die Power-Ideen auf den Punkt gebracht

- In Bezug auf Geld gilt das Prinzip der Verantwortlichkeit. Wer sein Geld mehrt, wird reich. Wer die Gesetze der Geldvermehrung ignoriert, wird sein Geld wieder verlieren.
- Es ist eine unverantwortliche Ignoranz, die Kraft des Zinseszinses zu kennen, ohne sie einzusetzen, um finanzielle Freiheit zu erreichen.
- Für den Zinseszins sind nur drei Faktoren wichtig: die Zeit, die Rendite und der Einsatz.
- Je früher Sie anfangen, desto ruhiger können Sie es angehen.
- Wenn Sie eine 3-mal so hohe Rendite haben, bekommen Sie fast 30-mal so viel heraus!

- Wenn Sie nicht Kapital und Investitionen für sich arbeiten lassen, dann geht der ganze Kapitalismus an Ihnen vorüber.
- Geld ist für diejenigen reserviert, die die Gesetze des Geldes kennen und einhalten.
- Der Kapitalismus stärkt die Reichen und nimmt denen, die seine Gesetzmäßigkeit ignorieren, auch noch das, was sie haben.
- Es ist Zeit, den »Kapitalismus der wenigen« jedem zugänglich zu machen. Dazu können Sie beitragen, indem Sie privaten Wohlstand erwerben und ein Beispiel sind.

10

Warum Sie Geld züchten müssen

Die Deutschen sind Weltmeister im Sparen.
Bei echten, gewinnbringenden Geldanlagen
belegen sie hingegen die hintersten Ränge.

Franz Rapf, Alles über Aktien

Mein Coach liebte es, mir Geschichten aus der Bibel zu erzählen. Er nutzte diese Geschichten, um mir wichtige Lehren zu vermitteln. Oft erzählte er vom berühmten Traum des Pharao:

Der Pharao hatte einen Traum, der ihn beunruhigte. Er sah sieben schöne, wohlgenährte Kühe aus dem Nil steigen. Nach ihnen kamen sieben hässliche Kühe aus dem Wasser. Sie waren dürr und derart abgemagert, dass man alle Knochen zählen konnte. Plötzlich stürzten sich die mageren auf die fetten Kühe und fraßen sie einfach auf. Trotzdem sahen sie danach noch genauso dürr aus.

Josef wurde zum Pharao geführt, weil sich herumgesprochen hatte, dass er Träume deuten konnte. Er sagte: »Die sieben fetten Kühe bedeuten, dass es sieben Jahre lang eine reiche Ernte und für alle genug zu essen geben wird. Die sieben mageren Kühe kündigen sieben Jahre an, die danach kommen und in denen eine Hungersnot entstehen wird.«

Der Pharao fragte mit ernstem Gesicht: »Kann man denn nichts dagegen tun?« Josef antwortete: »Du kannst es zwar nicht ändern, aber du kannst dich darauf vorbereiten. Ernenne einen Minister, der dafür sorgt, dass alle Leute in den guten Jahren den fünften Teil ihrer Ernte in Kornspeichern sammeln. Dann haben wir genug Vorräte für die schlechten Jahre und müssen nicht hungern.«

Dieser Plan wurde umgesetzt. Sieben Jahre lang fuhren die Ägypter

eine reiche Ernte ein. Und keinem tat es weh, dass er ein Fünftel seiner
Ernte abgeben musste.

Die mageren Jahre

Mein Coach sagte dazu: »Die meisten Menschen leben so, als ob niemals magere Jahre kommen würden. Aber sie kommen ganz bestimmt.«

Er war einer der Ersten, der erkannte, dass es eine Änderung im System geben würde. Früher waren Menschen gut versorgt, wenn sie ihr Leben lang einen Job hatten mit einem guten Verdienst. Firma und Staat sorgten schon für diese Menschen, wenn sie einmal in Rente gingen.

Die Renten sollte der so genannte Generationenvertrag sichern. Dieser Vertrag besagt, dass die arbeitende Bevölkerung die ältere Generation ernährt, die in Rente gegangen ist. Und wenn die junge Generation selbst einmal alt geworden ist, dann sorgen neue junge Generationen für deren Rente.

Heute wissen wir, dass dieser Vertrag in Zukunft nicht mehr funktionieren wird. Es gibt ab 2020 einfach viel zu viele Rentner, die von viel zu wenigen arbeitenden Menschen ernährt werden müssten. Heute müssen wir leider feststellen: Es war einmal ein kleiner Mann, der erzählte allen Menschen im ganzen Land: Eure Rente ist sicher. Es war einmal ... so fangen leider gewöhnlich Märchen an. Frei erfundene Geschichten. Unwahrheiten, die man gerne hört, die aber trotzdem unwahr sind. Und auch in diesem Fall handelt es sich um ein Märchen.

Die Ägypter hatten ein einfaches Rezept angewendet, um sich vor den mageren Jahren zu schützen: Ein Finanzminister sammelte 20 Prozent der gesamten Ernte ein. Wir haben heute auch Finanzminister – und die sammeln von den meisten Verdienenden erheblich mehr ein als 20 Prozent. Aber es gibt einen großen Unterschied: Die heutigen Finanzminister tun dies und geben es auch gleich wieder aus. Es bleibt nichts für die mageren Jahre übrig. Nichts.

Es bleibt Ihnen also keine andere Wahl, als Ihr eigener Finanzminister zu werden und mindestens 10 Prozent Ihres Einkommens zu sparen. Besser wäre es, wenn Sie sogar dem Beispiel der Ägypter folgen und 20 Prozent sparen würden.

Lassen Sie sich nicht täuschen

Vielleicht lassen Sie an Ihrem geistigen Auge jetzt einige Rentner vorbeiziehen, denen es recht gut geht. Und möglicherweise halten Sie meine Schilderung für übertrieben negativ. Aber lassen Sie sich nicht täuschen. Ab ca. 2020 werden wir ganz andere Zeiten erleben. Mit einfachen Rechnungen lässt sich eindeutig beweisen, dass Sie sich nicht auf die Rente vom Staat verlassen können.

Das Rentensystem wird die dann fälligen Auszahlungen nicht leisten können. Die Menschen werden immer älter; die Krankenversicherungen werden immer teurer – wer soll das bezahlen?

Es gibt keinen Josef, der dann plötzlich große Vorratshäuser öffnet, um alle zu versorgen. Es gibt auch keine Vorratshäuser. Wir sind vom Industrie-Zeitalter ins Informations-Zeitalter gewechselt. Eine Auswirkung, die zu wenig konkret wird, ist, dass wir heute selber für unsere Rente sorgen müssen. Wer in 20 Jahren oder später in den Ruhestand geht, muss jetzt dafür sorgen, das es keine allzu mageren Jahre werden. Man hätte es früher wissen können und man hätte es auch früher sagen können, aber das hilft uns jetzt auch nicht weiter. Wir müssen selber Vorratshäuser anlegen und unser eigener Finanzminister sein. Wir müssen selber Verantwortung übernehmen.

Gewinner und Verlierer

Geht es Ihnen nicht auch so, dass Sie die Ungerechtigkeiten in dieser Welt unerträglich finden? Wie leicht können wir ins Grübeln geraten und die beliebte Warum-Frage stellen. Wie in Kapitel 2 ausgeführt, ist die Frage nach dem Warum nicht immer günstig. Sie sucht gerne nach Erklärungen. Erklärungen werden gerne als Ausreden verwendet. Zudem hält das Grübeln über diese Frage oft vom Handeln ab.

Bei großen Veränderungen gab es immer Gewinner und Verlierer. Immer entstehen große Ungerechtigkeiten. Aber es ist wenig hilfreich darüber ins Grübeln zu geraten. Grübeln wird unsere Situation nicht verändern.

Die Verlierer sind heute im Informations-Zeitalter diejenigen, die sich weiter auf Staat und Firma verlassen. Gewinner übernehmen Eigen-Verantwortung. Es gibt eine Opfer-Gesellschaft und eine verantwortliche Gesellschaft. Diejenigen, die sich als Opfer sehen, verlassen sich weiter auf Versprechungen aus der Vergangenheit, die heute keiner mehr erfüllen kann. Sie verlassen sich auf den Staat und ihre Firma.

Diejenigen, die Verantwortung übernehmen, wollen nicht zulassen, dass ihr Lebensglück davon abhängt, ob andere ihre Versprechungen einhalten. Sie wissen frei nach Goethe: Eines aber kannst du immer erwarten: das Unerwartete. Diese Menschen sehen es als *ihre* Verantwortung an sich vorzubereiten.

Das Dilemma beginnt oft lange vor der Rente

Eine andere Auswirkung der veränderten Verhältnisse erleben wir viel früher: Heute gibt es kaum mehr Jobs mit lebenslanger Garantie. Heute erleben viele Menschen ihre »mageren sieben Jahre« schon lange vor dem Rentenbeginn. Denn sie haben es versäumt, während der fetten Jahre 20 Prozent wegzulegen.

Warum passiert Menschen das? Wir alle neigen dazu, zwei Illusionen zum Opfer zu fallen:

Erstens denken wir, wenn die Wirtschaft boomt, *es müsse immer so weitergehen.* Und wenn wir eine Zeit lang gut verdienen, glauben wir bald noch mehr zu verdienen. Aber wie mein Coach immer wieder betonte: Oft kommen die mageren Kühe schneller als erwartet.

Zweitens *erkennen wir die fetten Jahre oft gar nicht.* Erst wenn die mageren Jahre kommen, sehen wir, wie gut es uns eigentlich gegangen ist. Weil viele Menschen glauben, dass die fetten Jahre erst noch kommen, warten sie mit dem Sparen und Investieren.

Die Wirklichkeit

Die meisten Menschen sparen zu wenig. Sie wohnen in schönen Häusern und Wohnungen, fahren tolle Autos, sitzen vor den neuesten Fernsehgeräten und Musikanlagen. Außer Bausparverträgen, einer kleinen Lebensversicherung und einem mageren Sparbuch haben sie nichts. Sie sind den beiden Illusionen zum Opfer gefallen. Und diejenigen, die sparen, investieren nicht. Sie sind keine wirklichen Anleger. Viele legen ihr Geld in irgendwelchen Anlagen still, wo es sich nicht richtig vermehren kann. Andere verwechseln *Spekulationen* mit *Investitionen*. Zwischen diesen beiden Begriffen besteht jedoch ein großer Unterschied. Mehr darüber erfahren Sie in Kapitel 11.

Denn diese Unterscheidung ist unglaublich wichtig. Wer spekuliert, der kann nicht absolut sicher sein, eine Gans zu züchten. Er wird vor allem *nicht* regelmäßig goldene Eier bekommen. Spekulanten erhalten nämlich überhaupt kein passives Einkommen. Spekulanten verdienen nur dann Geld, wenn sie Ihre Anlagen verkaufen.

Wer Geld züchten will, muss vor allem investieren und nicht spekulieren. Wer spart und anlegt, ist noch nicht unbedingt ein Investor. Mein Coach sagte: *»Ein Investor macht seine Gewinne, wenn er kauft, nicht wenn er verkauft.«* Leider habe ich diesen Ratschlag lange nicht befolgt und das hat mich viel Geld gekostet. Der gedankliche Fehler ist: Wer erst dann Gewinne einfahren will, wenn er verkauft, der investiert nicht, er spekuliert. Und ein Spekulant hat manchmal Glück und manchmal Pech. Jedenfalls kann er das Ergebnis seiner Unternehmungen nur sehr bedingt beeinflussen. Und er kann es auch nur sehr bedingt vorhersagen.

2000, 2001 und 2002

Viele Menschen haben in den Jahren 2000, 2001 und 2002 viel Geld an den Börsen verloren. Der Hauptgrund dafür ist: Sie haben eher spekuliert als investiert.

In Kapitel 11 schauen wir uns noch eine zweite wichtige Unterscheidung an: die zwischen einer *Investition* und einer *Verbindlichkeit*. Wahrscheinlich werden Sie sagen: »Also, der Unterschied ist mir glasklar.« Aber Sie werden sehen, dass sich hier bei den meisten ein großer Irrtum eingeschlichen hat. Ein sehr fataler Irrtum. Viele Menschen halten zum Beispiel ihr Eigenheim für eine Investition. Und so wähnen sie sich als Investor, während sie in Wahrheit nur Geld ausgeben.

Mein Coach hat immer gesagt: »Eine Investition sorgt dafür, dass Geld *in* Ihre Tasche fließt; eine Verbindlichkeit lässt hingegen Geld *aus* Ihrer Tasche herausfließen.« *Der Weg des Cashflows zeigt also, ob es sich um eine Investition oder um eine Verbindlichkeit handelt.*

Das Fatale daran: Viele Menschen glauben investiert zu haben und sind in Wahrheit eine Verbindlichkeit eingegangen. Sie werden also nicht reicher, sondern ärmer. Sie geben Geld aus, statt Geld einzunehmen. Sie haben monatlich weniger Geld, obwohl sie glauben, alles richtig gemacht zu haben. Leider ist das, was alle tun, oft nicht das Richtige. Und wenn alle sagen, dass ein Eigenheim eine kluge Investition ist, so ist das trotzdem falsch. Es ist Luxus. Es ist schön, in den eigenen vier Wänden zu leben. Ich tue das selber auch. Aber es ist keine Investition. Es bringt kein Geld. Es bereitet nicht auf die mageren Jahre vor.

Erleben wir noch einmal einen großen Börsenwinter?

Seit dem Zweiten Weltkrieg gab es immer wieder kleinere Crashs an den Aktienmärkten. Im Nachhinein betrachtet, waren sie nie besonders heftig und die Kurse haben sich immer schnell wieder erholt. Wir können sagen, es handelte sich um kleinere Bewegungen wie *Tag und Nacht.*

Es handelte sich nicht um große Zyklen wie *Sommer und Winter.* Dass es noch einmal einen großen Börsenwinter geben könnte wie die Weltwirtschaftskrise 1929 – 1932 hielt kaum jemand für möglich.

Ich habe seit Jahren darauf hingewiesen, dass Zyklen nicht einfach verschwinden. Trotzdem konnten wir während der Boomphasen kaum eine Zeitung aufschlagen, ohne zu lesen: Diesmal ist alles anders. Eine Weltwirtschaftskrise kann sich nicht mehr ereignen – so wurde behauptet. Aber Sir John Templeton, der große alte Herr des Fondsgeschäfts sagt dazu: »Die gefährlichsten Worte im Kapital-Anlagegeschäft sind: Diesmal ist alles anders.«

Vor kurzem habe ich einer Familie zugeschaut, die am Strand an einer Sandburg baute. Alle waren mit großem Eifer bei der Sache. Und es war eine wirklich prächtige Burg entstanden. Leider rückte die Flut immer stärker vor. Verzweifelt versuchte diese Familie Schutzwälle vor der Burg zu errichten. Sie schaufelten in rasender Eile. Aber die Wellen rückten beständig weiter vor. Sie überspülten schließlich die Schutzwälle; sie krochen an den Seiten an ihnen vorbei. Wenn die Flut einmal kommt, ist sie nicht aufzuhalten.

Ein großer Crash kann und wird sich also wieder ereignen. Tag und Nacht ist nicht alles. Es gibt auch die Jahreszeiten. Auf einen langen Sommer folgt ein Winter. So wie es kleine Trends gibt und lange Phasen. Das war immer so und wird auch immer so sein. Das ist in der Natur so und auch in der Wirtschaft. Es wird auch wieder eine Flut geben.

Es wird solche Krisen geben, solange es Menschen gibt, die von Gier einerseits und Angst andererseits getrieben werden. Als viele dachten, solche »niedrigen« Beweggründe könnten die Wirtschaft nicht mehr beeinflussen, da wurden sie durch die New Economy, die Internet-Blase und den Neuen Markt eines Besseren belehrt.

Ich könnte viele Gründe für einen großen Crash aufzählen. Der wichtigste aber lautet: Es wird einen solchen Crash geben, weil es immer solche Crashs gab. Denn die Menschen haben sich nicht geändert.

In den Jahren 2000, 2001 und 2002 haben Anleger erhebliche Verluste an den Börsen gemacht. Drei Jahre hintereinander. Das gab es seit dem Ende des Zweiten Weltkriegs nicht mehr. Solch ein Szenario hat kaum jemand für möglich gehalten – auch ich nicht. Ich hatte eine Trendwende, starke Kursverluste erst ab dem Jahr 2010 erwartet. Plötzlich fing man wieder an, auch über die *großen* Zyklen nachzudenken, in denen sich Wirtschaft und Börse bewegen.

Das Fatale am Crash: Es wurden Rücklagen vernichtet, die eigentlich für die mageren Jahre gedacht waren. Besonders viele ältere Menschen, die bereits in den Ruhestand gegangen waren, traf der Verlust sehr stark. Doch auch viele Jüngere hatten gespart und hatten geglaubt, klug investiert zu haben. Jetzt waren sie ohne Job und ohne Geld. Eine schlimme Situation. Es ist wichtig zu wissen, wie Sie investieren. Und Sie dürfen Verbindlichkeiten und Spekulationen nicht mit Investitionen verwechseln.

Ich bin der Meinung, dass uns ein großer Börsenwinter, eine Depression erst noch bevorsteht. Allerdings nicht unbedingt sehr bald.

Aber wer will für sich in Anspruch nehmen, die Zukunft vorhersagen zu können? Ich habe es oft versucht. Einige Male ist es mir gelungen, andere Male nicht. Mir ging es dabei wie anderen, die sich auf diesem Gebiet versucht haben: Trifft eine Vorhersage ein, gibt uns das ein gutes Gefühl. Wenn sie nicht eintrifft, erinnern wir uns daran, dass niemand die Zukunft berechnen kann. Auf diese Weise wird es nie unpopulär, die Zukunft vorherzusagen.

Wichtig ist, dass wir als Anleger die Möglichkeit einer Weltwirtschaftskrise in unsere Überlegungen mit einbeziehen. Wir sollten uns aber von dieser Möglichkeit nicht entmutigen lassen. Ein kluger Investor kann durch alle Zyklen hindurch seine Gans mästen und gute Renditen erzielen. Aber dazu muss er ein paar wichtige Fakten wissen. Tatsächlich ist es so, dass sich für Investoren gerade in einer Krise besonders gute Gewinne erzielen lassen. Während reine Spekulanten der Krise zum Opfer fallen, werden Investoren wohlhabender.

Treffen Sie unbeirrt Ihre Vorbereitung

Kennen Sie die Geschichte von Noah? Er lebte in einer Gegend, in der es seit Menschengedenken nicht geregnet hatte. Plötzlich bekam er von Gott den Auftrag, ein großes Boot zu bauen. Ein Boot, das bei einer gewaltigen Sintflut Rettung bieten sollte.

Können Sie sich vorstellen, was die Menschen über Noah dachten und sagten, als der mitten in einer wüstenähnlichen Gegend anfing, seine Arche zu bauen? Es gab dort nicht einmal kleine Boote, und Noah fing an, eine riesige Arche zu bauen. Seine Freunde und Bekannten versuchten ihn zu überzeugen, wie sinnlos sein ganzes Unternehmen sei. Ich kann mir gut vorstellen, wie sie zu ihm sagten: »Warum vergeudest du deine Zeit mit diesem sinnlosen Projekt? Man lebt nur einmal.«

Als Noah sich nicht beeinflussen ließ, wandten sich seine Freunde von ihm ab. Die Weisen und Intelligenten legten detailliert dar, warum es gar nicht zu einer Sintflut kommen könne. Fortan galt er nur noch als eigensinniger Spinner. Und es ist nicht leicht, an einem Plan festzuhalten, wenn einen alle für verrückt halten. Aber die Geschichte hat Noah Recht gegeben: Die große Flut kam wirklich.

Ich weiß nicht, wann Sie dieses Buch lesen. Vor allem weiß ich nicht, wie dann die Wirtschaftslage und die Börsen aussehen. Vielleicht herrscht gerade Euphorie – und dann ist es nicht sehr »in«, vor einer möglichen Depression zu warnen. Dennoch ist es in diesem Fall gut, an Noah zu denken.

Vielleicht herrscht aber auch gerade eine düstere Stimmung – dann scheint es verfehlt, an schöne Investitionsgewinne zu glauben. Während einer Rezession glauben viele, überhaupt keine Rücklagen bilden zu können. Mein Aufruf zu investieren, ist dann so populär wie eine Arche zu bauen, wenn man in der Wüste lebt.

Und doch ist es wichtig, dass Sie sich von Extremen nicht beirren lassen. *Solange wir nicht eine wirkliche Weltwirtschaftskrise erleben, können Sie immer sparen.* Glauben Sie mir. Eine Weltwirtschaftskrise wie 1929 ist viel schlimmer als man sich das vorstellen mag. Selbst die Erwartungen der schlimmsten Pessimisten werden dann noch von der Realität übertroffen. Bereiten Sie sich also vor.

Es wird immer fette Jahre geben. Und auch magere. Lassen Sie sich nicht entmutigen und wiegen Sie sich auch nicht in falscher Sicherheit. Entwickeln Sie vielmehr finanzielle Intelligenz. *Treffen Sie für sich wichtige Entscheidungen.* Beachten Sie dabei die Grundsätze im nächsten Kapitel. Dadurch werden sich nicht automatisch alle Entscheidungen als richtig erweisen. Aber das ist auch gar nicht notwendig, wie Sie sehen werden. Ein guter Investor wird ungeachtet der Zyklen sein Geld vermehren. Und er wird sein Geld vermehren, obwohl er die eine oder andere schlechte Entscheidung trifft. Wenn er sich an gewisse Grundsätze hält.

Keine Ausreden

Mein Coach sagte oft: »Ausreden sind Worte, die von dem Versager in uns kommen.« Er wollte wissen, was meine Ziele wären. Und er sagte zu meinen Antworten: »Es ist nicht wichtig, wie viel Sie einmal haben werden. Wichtig ist, was für eine Persönlichkeit Sie werden.« Eine wirkliche Persönlichkeit war in seinen Augen jemand, der ehrlich zu sich selbst ist.

Erinnern Sie sich an Kapitel 2? Wem Sie die Schuld geben, geben Sie die Macht. Es nützt uns nichts zu sagen: »Die Rezession ist schuld. Ich bin zu jung oder zu alt. Die Regierung ist schuld. Meine Eltern ...« Reichtum kann nicht entstehen, wenn Verantwortung abgelehnt wird. Wohlstand kann nicht entstehen, wenn wir uns selbst gegenüber nicht ehrlich sind. Wenn wir unsere Energie dafür verwenden, Ausreden statt Lösungen zu finden.

Ausreden sind Lügen, die wir uns selber erzählen. Wir übernehmen immer mehr Verantwortung, indem wir uns selber gegenüber immer ehrlicher werden. Viele behaupten: »Ich habe keine Zeit, richtig investieren zu lernen.« Stimmt das? Ist das wirklich die ganze Wahrheit? Oder könnten diese Menschen sich selbst gegenüber noch ehrlicher sein? Wäre es nicht ehrlicher zu sagen: »Ich bin nicht bereit, dafür mehr Zeit aufzuwenden.«? Eine wahre Persönlichkeit missbraucht nicht die Gegebenheiten ihres Lebens als Entschuldigungen und Ausreden. *Ausreden halten uns arm.*

Zwei Stimmen in uns

In jedem von uns schlummern verschiedene Wesen. Es gibt in uns die Stimme eines finanziellen Versagers und die der finanziellen Intelligenz. Es gibt die Stimme des Opfers in uns und diejenige, die Verantwortung übernimmt. Etwas in uns will Ausreden suchen, eine andere

Kraft in uns will Ergebnisse schaffen. Zwei völlig gegensätzliche Kräfte. Der Grund für diese beiden Kräfte in uns ist der, dass wir von vielen verschiedenen Eindrücken und Menschen geprägt worden sind.

Entscheidend dafür, ob wir finanzielle Freiheit erreichen, ist, auf welche der beiden Stimmen wir hören: auf die des Opfers oder auf die desjenigen, der Verantwortung übernimmt.

Lassen Sie niemals zu, dass der kleinere Mensch in Ihnen den größeren besiegt.

Noch ein Wort zu den »Vorhersagen« in diesem Kapitel. Ich glaube nicht, dass es einen Propheten gibt, der sich freut, wenn seine negative Vorhersage tatsächlich eintrifft. So geht es auch mir. Mein Anliegen ist es nicht, dass Sie hin und her überlegen, ob meine Vorhersage eintreffen wird. Mein Anliegen ist, dass Sie vorbereitet sind, falls sie eintrifft. Es geht also nicht um *Vorhersage*, es geht um *Vorsorge*. Sollten plötzlich magere Kühe auftauchen, so sind Sie gerüstet. Mehr als das: Sollte sich eine Weltwirtschaftskrise ereignen und Sie verfügen über Geld, dann bieten sich Ihnen unglaubliche Möglichkeiten. Tauchen die mageren Kühe hingegen nicht auf, so werden Sie nicht traurig sein, ein guter Investor geworden zu sein.

Warren Buffett, der reichste Investor der Welt, sagte: »Erst wenn die Flut zurückweicht, sieht man, wer nackt schwimmen gegangen ist.«

Die Power-Ideen auf den Punkt gebracht

- Sie müssen selbst Verantwortung für Ihre Zukunft übernehmen. Werden Sie Ihr eigener Finanzminister und sparen Sie mindestens 10 Prozent, möglichst sogar 20 Prozent Ihres Einkommens.
- Wer Geld züchten will, muss sein Geld gewinnbringend anlegen.
- Die Bewegungen an der Börse verlaufen immer zyklisch. Es ist wichtig, auch Krisen in unsere Überlegungen einzubeziehen.
- Während reine Spekulanten der Krise zum Opfer fallen, werden Investoren wohlhabender.

- Lassen Sie sich von Extremen nicht beirren. Hören Sie auch nicht auf die Masse. Bleiben Sie bei Ihrem Plan.
- Halten Sie sich an bestimmte Grundsätze und treffen Sie dementsprechend Ihre Entscheidungen.
- Ausreden sind Lügen, die wir uns selber erzählen. Sie halten uns arm.
- In jedem von uns gibt es die Stimme eines finanziellen Versagers und die der finanziellen Intelligenz. Entscheidend dafür, ob wir finanzielle Freiheit erreichen, ist, auf welche der beiden Stimmen wir hören.

11

Die Grundsätze für Investoren und Anleger

Der Unterschied zwischen Kapitalismus und Sozialismus ist
einfach erklärt: ein großer Kuchen, der ungerecht, oder ein
kleiner Kuchen, der gerecht geteilt wird; mit dem Ergebnis, dass
die gerechten Stücke des kleinen Kuchens viel winziger sind als
die kleinsten Stücke des großen Kuchens.

André Kostolany

Viele Journalisten im In- und Ausland nennen mich einen Geld-Guru.
Aber das bin ich bestimmt nicht. Geld-Gurus machen keine Fehler,
und ich habe viele gemacht und werde weiter noch einige machen. Es
ist mir vielmehr ein Anliegen, anderen zu mehr Lebensqualität und zu
mehr Würde zu verhelfen. Dazu ist ein gewisser Wohlstand nun einmal
sehr hilfreich.

In diesem Kapitel erfahren Sie, wie Sie Ihre Gans züchten und sehr gute
Renditen erzielen können. Dazu müssen Sie die Grundsätze in diesem
Kapitel beherzigen und bereit sein, wichtige Entscheidungen zu treffen.

Im ersten Teil dieses Kapitels finden Sie die Grundsätze, die Sie zu ei-
nem erfolgreichen Investor machen. Im zweiten Teil behandeln wir
dann wichtige Entscheidungen, die Sie treffen müssen.

Teil I: Die Grundsätze

Die folgenden Grundsätze sind naturgemäß allgemein gültig gehalten.
Es kann nicht der Sinn dieses Buchs sein, Ihnen hier spezielle Anlage-
tipps zu geben. Das wäre nicht nur unvorsichtig, sondern geradezu ge-

fährlich. Zu rasch verändern sich Produkte und Möglichkeiten in unserer schnelllebigen Zeit. Darum werde ich mich im Folgenden auf die wichtigsten Grundsätze und auf die wichtigsten Entscheidungen beschränken.

Trotzdem möchte ich Ihnen so viel aktuelle Information wie möglich zur Verfügung stellen. Das Internet macht dies möglich. Auf der folgenden Website finden Sie die Anlagen, die ich und mein Netzwerk von Experten Ihnen aktuell empfehlen. Die Information ist kostenlos und wird ständig der jeweiligen Situation angepasst.
www.reintgen.de

Bernd Reintgen ist mein Partner und meiner Meinung nach einer der besten Anlageberater. Auf dieser Website werden Sie auch auf Produkte aufmerksam, die wenig bekannt sind, und Sie finden hier unsere aktuellen Muster-Portfolios.

Lernen Sie zu unterscheiden

Hatten Sie schon einmal eine Lebensmittelvergiftung? Vor Jahren aß ich in Mexiko eine Eierspeise, die mit Insektengift »angereichert« war. Es stellte sich später heraus, dass der Koch das Gift für Mehl gehalten und in den Teig gerührt hatte. Wäre nicht sofort ein Arzt zur Stelle gewesen, hätte ich nicht überlebt.

Überall in der Natur gibt es Pflanzen und Lebewesen, die ungefährlich und hilfreich sind, und andere, die für uns gefährlich sind. Einige stellen sogar eine tödliche Gefahr dar. Manche Pilze sind sehr schmackhaft und andere führen zu einer Vergiftung.

Was für Ihre Gesundheit gilt, gilt auch für Ihr Geld: Manche Anlageprodukte machen Sie reich, andere machen Sie arm. Wer die einen nicht von den anderen unterscheiden kann, lebt gefährlich. Oft ist das Hilfreiche und das Gefährliche nur schwer zu unterscheiden. Auch das Insektengift sah dem Mehl sehr ähnlich.

Um zu überleben, müssen wir lernen. Um finanziell frei zu werden, müssen wir lernen. Sogar um finanziell frei zu *bleiben*, müssen wir lernen. *Lernen bedeutet, Unterschiede zu bemerken.* Erst wenn Sie Unterschiede sehen, können Sie intelligente Entscheidungen treffen. Dabei ist es hilfreich, wenn wir uns auf Kriterien einigen, die sich jeder leicht einprägen kann.

Sie werden auf den nächsten Seiten einige wichtige Unterscheidungen finden. Indem Sie diese verinnerlichen, entwickeln Sie Ihre finanzielle Intelligenz. Sie können sich schnell und oft richtig entscheiden, weil Sie wissen, was in Ihren Plan passt und was nicht.
Hier sind die wichtigsten:

1. Der Unterschied zwischen Investition und Spekulation
2. zwischen Verbindlichkeit und Investition
3. zwischen den drei Arten von Anlagen
4. zwischen einem durchschnittlichen Anleger und einem Investment-Profi

Der 1. Grundsatz: Erkennen Sie, wann Sie investieren und wann Sie spekulieren

Wohl kein Grundsatz wird heutzutage stärker missachtet als dieser. Menschen sparen und legen ihr Gespartes an. Nun halten sie sich für Investoren. In Wahrheit sind sie aber Sparer geblieben oder Spekulanten geworden. Sie sind *keine* Investoren.

Das erste leuchtet schnell ein: Wer Geld spart und dieses dann auf ein Sparbuch legt, der kann nun wirklich nicht von sich behaupten, ein Investor geworden zu sein. Er ist ein Sparer. Er spart, legt sein Geld auf ein Sparbuch und tut nichts weiter. Darum heißt es ja auch Sparbuch und nicht Investment-Buch. Wenn wir über den dritten Grundsatz sprechen, werden Sie sehen, dass daran nichts Schlechtes ist. Im Gegenteil: Jemand, der spart, ist viel besser gestellt als jemand, der nicht spart. Aber nur der Investor *vermehrt* sein Geld ernsthaft.

In Bezug auf die Spekulation herrschen noch viel größere Missverständnisse. Auch ich kannte den grundlegenden Unterschied zwischen Investition und Spekulation früher nicht. Das war auch nicht verwunderlich. Denn ich war in einer Mittelstandsfamilie aufgewachsen. Dort war es üblich, alles als eine Investition anzusehen: Unser Haus wurde als Investition bezeichnet. Renovierungen am Haus erhielten den Substanzwert und wurden ebenfalls als notwendige Investition bezeichnet. Schmuck, das Auto ... fast alles wurde zur »Investition«.

Vor Jahren kaufte ich eine schöne Uhr. Ich war mir sicher, dass sie im Wert erheblich steigen würde und ich sie einige Jahre später mit gutem Gewinn verkaufen könnte. Natürlich glaubte ich, klug investiert zu haben. Stolz erzählte ich meinem Coach davon.

Die Reaktion meines Coaches kam für mich vollkommen überraschend. Er teilte mir mit, dass diese Uhr eine Spekulation war und keine Investition. Er sagte: »Ein Investor macht seine Gewinne, wenn er kauft, nicht wenn er verkauft.«

Eine Investition erwirtschaftet hingegen von Anfang an regelmäßige Renditen. Solange Sie kein Geld erhalten, haben Sie vielleicht angelegt, aber Sie haben keine Investition getätigt. Mein Coach sagte: »Investoren beziehen regelmäßig Geld aus ihren Investitionen. Wer erst dann wieder Geld sieht, wenn er verkauft, ist kein Investor, er ist ein Spekulant.«

Die meisten Menschen sparen zu wenig. Und diejenigen, die sparen, legen ihr Geld häufig in Anlagen an, aus denen sie kein Geld zurückbekommen.

Spekulationen

Nun ist an einer Spekulation ebenfalls nichts Schlechtes. André Kostolany war ein Spekulant. Ein sehr erfolgreicher dazu. Seine Spekulationen haben ihn sehr reich gemacht. Er hat sich nicht nur dazu bekannt; es war seine lebenslange Leidenschaft.

Aber Kostolany warnte: »Man darf nicht glauben, durch Spekulation ließe sich ein regelmäßiges Einkommen *verdienen*. Man kann an der Börse viel gewinnen und viel verlieren, doch Geld *verdienen* kann man an der Börse nicht.«

Wir können also auch sagen: Ein Investor *verdient* Geld; und ein Spekulant kann Geld *gewinnen*. Noch einmal: Eine Spekulation ist nichts Schlechtes. *Aber es ist schlecht, wenn Sie glauben, investiert zu haben, während Sie in Wahrheit spekulieren.* Sie müssen wissen, worin Sie Ihr Geld wirklich angelegt haben. Sie dürfen nicht auf regelmäßige Einnahmen hoffen, die sich gar nicht ergeben können.

Mit Spekulationen können Sie Erfolg haben, aber auch Misserfolg. Und meist trifft das eine oder das andere ein, ohne dass Sie es beeinflussen können. Es liegt zum großen Teil nicht in Ihrer Hand. Dass Sie nicht immer gewinnen, ist aber nicht weiter schlimm. Meist reichen einige wenige gute Gewinne aus, um Sie vermögender zu machen. Ich selber spekuliere seit Jahren. Es macht mir nicht nur Spaß, es bringt auch gutes Geld. Aber ich erwarte kein regelmäßiges Einkommen, weil es das bei Spekulationen nicht geben kann.

Aktien und Aktienfonds

Lassen Sie mich es wiederholen. Eines dürfen Sie von einer Spekulation nicht erwarten: ein regelmäßiges Einkommen. Dann können Sie böse Überraschungen erleben. Viele Menschen haben mit Aktien und Aktienfonds solche bösen Überraschungen erlebt. Sie hatten sich von ihren Aktien und Fonds regelmäßige Einkommen erhofft. Sie haben übersehen, dass Aktien weitgehend Spekulationen sind.

Um Missverständnissen vorzubeugen: Ich spreche hier nicht gegen Aktien und Aktienfonds. Ganz im Gegenteil. Sie kommen an Aktien kaum vorbei. Mehr noch: Aktien sind die Grundlage unseres gesamten Wirtschaftssystems. Alles baut sich auf ihnen auf.

Ohne Investoren, die Geld zur Verfügung stellen, damit Firmen neue Arbeitskräfte einstellen und Investitionen tätigen können, und es ihnen so ermöglichen zu wachsen, würde die gesamte Welt, wie wir sie kennen, zusammenbrechen. Es gäbe die meisten Arbeitsstellen nicht mehr und nichts würde mehr funktionieren.

Ich selber spekuliere seit Jahren mit Aktienfonds. Trotz vieler Fehler habe ich unter dem Strich sehr gute Wertsteigerungen realisiert. Aktienfonds waren in den vergangenen Jahren eine hervorragende Möglichkeit, sein Geld zu vermehren. Aber Aktien und Aktienfonds sind und bleiben Spekulationen. Es sind keine Investitionen.

Abgesehen von den Dividenden können Sie mit Aktien nämlich erst dann Geld verdienen, wenn Sie verkaufen. Dabei kann man gewinnen, aber eben auch verlieren.

Was tun?

Aus diesem Grund sollten Sie nur einen gewissen Teil Ihres Geldes in Spekulationen anlegen. Meist genügt die Hälfte. Denn niemand kann genau sagen, wie die Zukunft aussehen wird. Und solange Sie nicht verkaufen, haben Sie keine Gewinne mit Spekulationen erzielt. Genau genommen haben Sie überhaupt nichts, solange Sie nicht verkaufen.

Hierzu gibt es eine wichtige Einschränkung: Sie können den Zufallsfaktor zu einem großen Teil ausschließen, wenn Sie in Aktien und Fonds investieren, die ordentliche Dividenden ausschütten. Dividenden sind regelmäßige Zahlungen, also Einkommen. Aktien, die um der Dividenden willen gehalten werden, sind somit Investitionen.

Ansonsten gibt es nur zwei klassische Fälle der Investition: der Erwerb einer Rendite-Immobilie und der Aufbau eines Unternehmens. Wenn Sie ein gutes Objekt auswählen, erhalten Sie von Anfang an ein regelmäßiges Einkommen. Und auch ein funktionierendes Unternehmen beschert Ihnen regelmäßige Einkünfte. Allerdings müssen Sie dann genau wissen, was Sie tun. Wer lernen will, gekonnt zu investieren, muss dafür viel Zeit aufwenden. Wer diesen Aufwand scheut, dem bleibt nur eine gute Streuung in Investmentfonds. In diesem Fall aber sollten Sie ausreichend Barreserven halten.

Spekulanten sind Händler

Ein Spekulant ist genau genommen ein Händler. Viele halten sich für Investoren und sind Händler. Der Investor kauft, um zu halten. Er verdient von Anfang an Geld. Der Händler kauft zu einem möglichst guten Preis und hofft zu einem höheren Preis zu verkaufen. Sie können ein Huhn aus einem von zwei Gründen kaufen: um Eier zu erhalten oder um es teurer an einen Schlachter zu verkaufen.

Beides setzt Wissen voraus. Der Händler muss wissen, wann man am besten kauft und verkauft. Das hat nicht unbedingt etwas mit dem wirklichen Wert der Anlage zu tun. *Es reicht aus, zu einem höheren Preis verkaufen zu können, als man selber bezahlt hat.* Er muss also den Markt einschätzen können. Der Investor hingegen muss eine Immobilie oder eine Firma einschätzen können und die mögliche Rendite berechnen können.

Nun liegt der Schluss nahe, dass es gut ist, beides zu können: zu wissen, wann man kauft und verkauft *und* den wahren Wert und seine Renditemöglichkeiten berechnen zu können. Ein guter Investor sollte beides können.

Darum wird ein guter Investor auch spekulieren. Einmal, weil es ihm beim Investieren hilft. Es ist gut zu lernen, die Märkte und die Trends richtig einzuschätzen. Aber auch, um ein gewisses, nicht aktiv gemanagtes Portfolio zu unterhalten. Das bringt zusätzliche Sicherheit und ist pflegeleicht.

Der 2. Grundsatz: Unterscheiden Sie zwischen Verbindlichkeiten und Investitionen

Bereits im vorigen Kapitel habe ich auf den Unterschied zwischen Verbindlichkeiten und Investitionen hingewiesen. Der Unterschied wird deutlich, wenn Sie sich die entscheidende Frage stellen: In welche Richtung fließt das Geld? Fließt es zu Ihnen oder von Ihnen weg? Wenn es von Ihnen wegfließt, ist es eine Verbindlichkeit; wenn es Ihnen zufließt, ist es eine Investition.

Viele Menschen treten mit ihren Finanzen auf der Stelle. Nicht weil sie zu wenig verdienen, sondern weil sie zu viel ausgeben und zu wenig investieren. Je mehr Verbindlichkeiten wir eingehen, umso weniger können wir investieren. Mein Coach wollte, dass ich eine Geld-Gans züchtete. Die Gans war das Symbol für Investitionen. Als Symbol für Verbindlichkeiten wählte er ein teures Auto. Grafisch dargestellt sehen Verbindlichkeiten folgendermaßen aus:

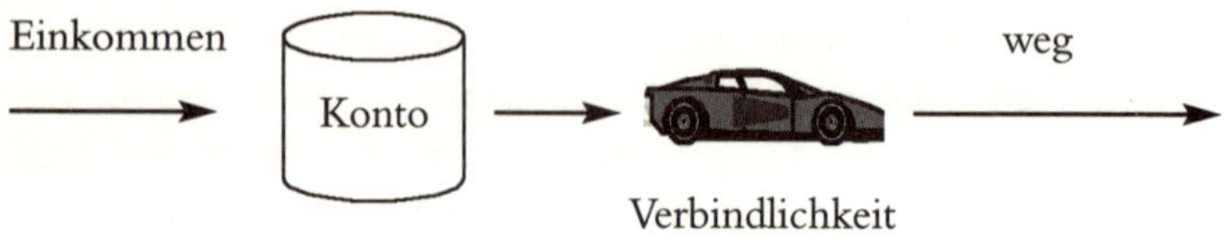

Die grafische Darstellung für eine Investition sieht dagegen ganz anders aus:

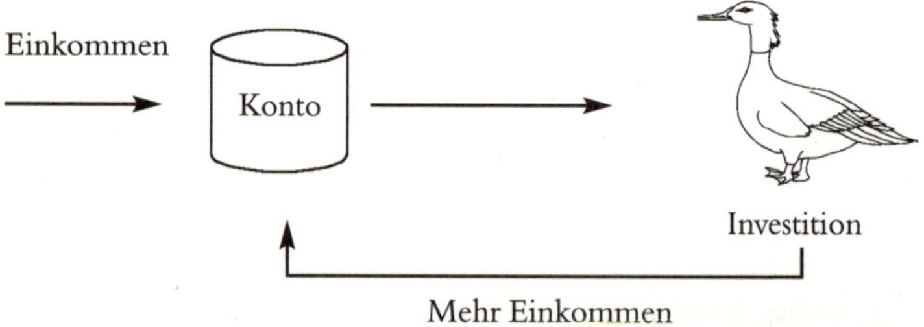

Der Weg, den Ihr Cashflow nimmt, erzählt also die ganze Geschichte. Bewegt sich Ihr Geld endgültig von Ihnen weg – so handelt es sich um eine Verbindlichkeit; Investitionen hingegen vermehren Ihr Einkommen.

Wie ist es mit Ihrem Eigenheim?

Erinnern Sie sich, dass meine Eltern ihr Haus für eine Investition hielten? Ein Haus oder eine Wohnung, in der wir selber wohnen, ist aber keine Investition. Es ist eine Verbindlichkeit.

Ich bin mir bewusst, dass Sie dazu wahrscheinlich etwas ganz anderes gehört haben. Sagen nicht viele Menschen: »Das Eigenheim ist die beste Investition.« Überlegen Sie jedoch einmal, *wer* das behauptet. Wer setzt dieses Gerücht in die Welt? Es sind hauptsächlich Bausparkassen und Banken. Als ich dies den Teilnehmern eines meiner Seminare erklärte, fragte mich eine ältere Dame: »Warum aber behaupten Banker, dass ein Eigenheim eine Investition sei?« Meine Antwort überraschte sie: »Weil es stimmt.«

Verwirrt meinte sie: »Eben sagten Sie noch, unser Eigenheim sei eine Verbindlichkeit und keine Investition. Jetzt sagen Sie, ein Eigenheim sei eine Investition. Was ist denn nun richtig?«

Ich erklärte: »Beides ist richtig. Die entscheidende Frage ist nämlich: *Für wen ist es eine Investition?* Eine Investition sorgt dafür, dass regelmäßig Geld *in* Ihre Tasche fließt. Eine Verbindlichkeit lässt Geld *aus* Ihrer Tasche herausfließen. Wenn Sie ein Haus kaufen und dafür ein Darlehen aufnehmen, dann müssen Sie monatlich die Zinsen dafür zahlen. Also fließt Geld aus Ihrer Tasche heraus. Für Sie ist Ihr Haus folglich keine Investition, sondern eine Verbindlichkeit.«

Die nette Dame nickte: »Soweit ist mir das klar.« Ich fuhr fort: »Dieselben Zinsen, die aus Ihrer Tasche herausgeflossen sind, fließen in die Tasche des Bankers hinein. Für die Bank ist das ein ausgezeichnetes Geschäft: Sie leiht Ihnen Geld, bekommt gute Zinsen dafür und hat außerdem Ihr Haus und Ihr gesamtes Vermögen als Sicherheit.

Die Bank hat also Recht, wenn sie sagt, ein Haus sei eine Investition, sie hat nur nicht gesagt, *für wen* es eine Investition ist – nämlich nicht für Sie. Für Sie ist es eine Verbindlichkeit. Aber für die Bank ist Ihr Haus eine Investition. Sie bekommt von Anfang an Zinsen dafür (Einkommen) und es gehört ihr, solange Sie es nicht abbezahlt haben.«

Und wenn Ihr Haus schuldenfrei ist?

Ich erkläre diesen Unterschied deshalb so deutlich, weil ich bewusst machen will, dass wir investieren, wenn wir genauso vorgehen wie eine Bank. Unsere Ausgaben sind immer die Einnahmen anderer Menschen. Unsere Verbindlichkeiten sind die Investitionen anderer Menschen.

Die ältere Dame hatte noch eine Frage: »Aber das Haus ist doch irgendwann abbezahlt. Dann gehört es mir alleine. Ist es dann eine Investition?«

Ich antwortete: »Die gleiche Frage hatte ich damals meinem Coach gestellt, als er mir den Unterschied zum ersten Mal erklärte. Er sagte damals: *Irgendwann* ist für die meisten in 25 bis 30 Jahren. Aber selbst wenn sie das Darlehen zurückgezahlt haben, fließt dadurch noch kein Geld in ihre Taschen. Geld erhalten sie erst dann, wenn sie verkaufen.«

Die Dame fragte: »Gut, ich verstehe, dass mein Haus auch dann keine Investition ist. Aber was ist es denn dann?«

Ich sagte: »Ihr Haus ist selbst dann noch eine Verbindlichkeit, wenn Sie es vollkommen abbezahlt haben. Ständig zahlen Sie auch weiterhin etwas: Steuern, Versicherungsbeiträge, Kosten für Reparaturen, Verschönerungen, Anschaffungen … Am besten rechnen Sie Ihr Haus nicht Ihrem Anlagevermögen zu, sondern erkennen es als Luxusvermögen. Wenn Sie Ihr Haus als Anlagevermögen sehen, so rechnen Sie sich glücklich. Luxusvermögen kostet Sie Geld.«

Zuerst die Investitionen

Ich spreche nicht dagegen, ein Haus zu kaufen. Ganz im Gegenteil. Ein Haus oder eine Wohnung bieten ein ganz bestimmtes Lebensgefühl. Ein Luxus, aber für mich ein bedeutender Luxus. Die Frage ist nur: *Wann kaufen wir ein Haus?* Investieren wir zuerst, oder gehen wir zuerst Verbindlichkeiten ein?

Wenn Sie ein Haus kaufen, ohne zuvor investiert zu haben, kann es sein, dass Sie nicht genug Geld übrig haben, um zu investieren. Wenn Sie dagegen zuerst investiert haben, so können Sie aufgrund der zusätzlichen Einnahmen leichter ein Haus kaufen.

Mein Coach erklärte mir damals, dass viele Familien ein sehr unwürdiges Dasein führen, weil sie sich nicht an diese Reihenfolge gehalten haben. Viele kaufen sich ein Haus, das so teuer ist, wie es ihr Einkommen gerade noch erlaubt. Sie haben dann kaum Geld zum Investieren. Mein Coach nannte diese Menschen »Haus-arm«. Sie arbeiten zwar hart und verdienen recht viel Geld. Aber sie arbeiten zum größten Teil nur für die Bank. Sie denken zwar, sie würden für ihr Haus schuften. Aber in Wahrheit schuften sie für die Banken. Die Zinsen, die sie zahlen, sind das Einkommen der Bank.

Am schlimmsten aber ist es, wenn man den Unterschied zwischen einer Verbindlichkeit und einer Investition gar nicht erkennt. Viele kaufen sich wie gesagt ein Eigenheim als »Investition«. Sie meinen dann alles richtig gemacht zu haben ... und können sich gar nicht erklären, warum es ihnen finanziell so schlecht geht.

Der 3. Grundsatz: Bestimmen Sie, welche Anlage Sie vor sich haben

Es muss Ihnen klar sein, was für eine Art Anlage Ihnen angeboten wird. Nur so können Sie sichergehen, dass Sie auch Ihren Grundsätzen entsprechend anlegen. Es gibt nur drei große Kategorien, in die Sie alle Geldanlagen einteilen können:

1. Geldwerte
2. Sachwerte
3. Wetten

Bei Geldwert-Anlagen legen Sie Ihr Geld in Geld an. Der Nachteil: Inflation und Steuer fressen die meist mageren Gewinne auf. Der Vorteil: Diese Anlagen sind verhältnismäßig sicher. Sie können nicht auf sie verzichten.

Bei Sachwert-Anlagen tauschen Sie Ihr Geld in Sachwerte um – wie Immobilien, Unternehmensbeteiligungen und Aktien sowie Aktienfonds. Sachwerte sind risikoreicher, sie erfordern mehr Wissen, aber sie können Ihnen auch hohe Renditen einbringen.

Bei Wetten spielen Sie mit Ihrem Geld. Mein Coach sagte: »Sie können ruhig spielen, aber zum Spaß. Niemals aber sollten Sie Zocken mit Investieren verwechseln.« Mein Rat: Lassen Sie die Finger von Wetten, solange Sie nicht ganz genau wissen, was Sie tun.

Warum benötigen Sie diese Unterscheidung? Die Antwort: um eine Systematik zu entwickeln. Sie sollten niemals willkürlich investieren und anlegen.

Sie sollten für sich festlegen, wie viel Ihres Geldes Sie in Geldwerten und wie viel Sie in Sachwerten anlegen wollen. Die Frage ist also *nicht*: Sind Geldwert-Anlagen besser oder Sachwert-Anlagen?

Die richtige Frage muss lauten: *Wie viel Geld lege ich in Geldwerten an und wie viel in Sachwerten?*

Hierfür kann ich Ihnen keine pauschale Antwort geben. Das hängt von mindestens vier Faktoren ab:

1. Welche Ziele haben Sie? (Sie können Ihre finanziellen Ziele im nächsten Kapitel festlegen.)
2. Wie viel Geld haben Sie bereits?
3. Wie viel Risiko sind Sie bereit einzugehen?
4. Wie alt sind Sie – bzw. wann wollen Sie über wie viel Geld verfügen?

Um zu wissen, wie viel Geld Sie in Geldwert-Anlagen und Sachwert-Anlagen geben, müssen Sie einige wichtige Entscheidungen treffen, die wir am Schluss dieses Kapitels besprechen.

Der 4. Grundsatz: Sachwerte schlagen Geldwerte

Sachwert-Anlagen haben Geldwert-Anlagen langfristig immer geschlagen und sie werden sie auch immer schlagen. Der Grund dafür liegt vor allem in der Inflation. Wenn Sie einen bestimmten Betrag in Geld anlegen, dann wird der Wert dieses Geldes durch die Inflation gemindert. Sie können heute nicht mehr das Gleiche für Ihr Geld kaufen wie vor zehn Jahren, denn alles ist teurer geworden. Die Inflation hat zugeschlagen.

Das heißt aber auch: Wer sein Geld auf dem Sparbuch anlegt, »spart sich arm«: Angenommen, Sie haben 1000 € auf Ihrem Sparbuch. Bei einer Inflation von durchschnittlich 3 Prozent bedeutet das, dass Ihr Geld nach einem Jahr nur noch 970 € wert ist. Auf der anderen Seite haben Sie 2 Prozent Zinsen bekommen, also 20 €. Sie haben somit durch die Inflation mehr Geld verloren als Sie durch die Verzinsung gewonnen haben.

Die Inflation vernichtet also Ihr Geld, weil alles teurer wird. Wenn aber alles teurer wird, so werden auch Ihre Sachwerte teurer. Haben Sie in Immobilien investiert, so steigt deren Wert. Ähnliches gilt für Aktien. Wenn alles teurer wird, steigt der Wert Ihrer Sachanlagen.

Wir hören immer wieder, dass die wahre Inflation (Geldentwertung) im Durchschnitt etwa 3 Prozent pro Jahr beträgt. Wenn das stimmt, und wir einmal davon ausgehen, dass dies in Zukunft so bleiben wird, dann bedeutet das, dass Ihre 1000 € in Zukunft nur noch so viel wert sind:

- Nach 10 Jahren: 737,40 €
- Nach 20 Jahren: 543,80 €
- Nach 24 Jahren: 481,40 €

Die wahre Inflationsrate

Das ist nun wirklich nicht sehr ermutigend. In Wahrheit sieht es allerdings noch wesentlich dramatischer aus. Die Inflationsrate von 3 Prozent entspricht nämlich nicht der Wahrheit. Denken Sie nur an die Einführung des Euro, den viele den »Teuro« nennen. Mit Statistiken kann man ein Bild sehr geschickt verfälschen. Nach der Einführung des Euro wurde fast alles teurer. Das haben wir alle erfahren. Aber Statistiken wollten uns einreden, die Inflation würde nur bei 1 Prozent liegen! In Wahrheit liegt die tatsächliche Inflation wohl eher bei 4 bis 5 Prozent.

Erinnern Sie sich noch daran, was 1965 ein Brötchen kostete? 10 Pfennig = 5 Cent. Und eine Briefmarke? 20 Pfennig = 10 Cent. Die Bildzeitung kostete 10 Pfennig, also 5 Cent. Ein Männerhaarschnitt 3,80 DM, also weniger als 2 €. Und ein Mercedes 200 D kostete damals umgerechnet 4.300 €.

Sie sehen an diesen Beispielen, dass sich die Preise in Wahrheit um 4 bis 5 Prozent pro Jahr erhöhen. Sie verdoppeln sich in etwa spätestens alle 18 Jahre. Das heißt, dass sich Ihr Geld spätestens alle 18 Jahre in seinem Wert halbiert. Gleichzeitig bedeutet das aber, dass sich der Wert Ihrer Sachanlagen durchschnittlich alle 18 Jahre verdoppelt.

Es gibt eine Faustformel, mit der Sie die Folgen der Inflation leicht im Kopf ausrechnen können:

72 : Inflationsrate = Anzahl der Jahre, in denen sich der Geldwert halbiert

Wenn die jährliche Inflation zum Beispiel 4 Prozent beträgt, so teilen Sie 72 durch 4. Das Ergebnis ist 18. Das heißt, dass Ihr Geld schon nach 18 Jahren nur noch die Hälfte wert ist. Bei einer Inflation von 9 Prozent würde es dagegen nur acht Jahre dauern, bis Ihr Geld nur noch die Hälfte wert ist. Und auch solche Inflationszahlen haben wir schon gesehen. Es ist gar nicht so sehr lange her.

Die Inflation ist Ihr Freund

Zusammenfassend können wir sagen: Die Inflation ist der Feind Ihres Geldes und der Freund Ihrer Sachwerte. Die gute Nachricht lautet: In dem gleichen Verhältnis, wie Ihr Geld durch die Inflation weniger wert wird, steigt der Wert Ihrer Sachwerte.

Vereinfacht lässt sich sagen: *Was wir bei Geld Inflation nennen, nennen wir bei Sachwerten Wertsteigerung.* Wenn Sie also in Sachwerte investieren, müssen Sie keine Angst vor einer Inflation haben. Denn dieselbe Inflation, die den Wert des Geldes zerstört, steigert den Wert Ihrer Sachwerte. Es bleibt also gar nichts anderes übrig, als auch in Sachwerte zu investieren.

Der 5. Grundsatz: *Sie müssen Risiken eingehen*

Wollen Sie finanzielle Freiheit erreichen? Oder wollen Sie lieber ein Höchstmaß an Sicherheit? Viele Menschen antworten auf diese Fragen: »Ich will beides.« Leider ist das nicht möglich. Niemand kann sich gleichzeitig für den Weg zu finanzieller Freiheit und den Weg der absoluten Sicherheit entscheiden.

Der Grund ist einfach: Freiheit und Sicherheit schließen einander aus. Es handelt sich gewissermaßen um zwei Wege, die in entgegengesetzte Richtungen führen. Immer wenn wir einen Schritt in die eine Richtung machen, entfernen wir uns von dem anderen Ziel.

Viele Menschen träumen zwar von der finanziellen Freiheit und gehen auch ein Stück in diese Richtung. Gleichzeitig aber halten sie ein hohes Maß an Sicherheit für unverzichtbar und gehen in Richtung Sicherheit. Bildlich gesprochen, machen sie mal einen Schritt in die eine, mal einen Schritt in die andere Richtung. Im Ergebnis kommen sie so kaum von der Stelle. Sie gleichen einem Hamster, der im Hamsterrad rennt. Zwar rennt und rennt er, aber er tritt auf der Stelle.

Freiheit und Sicherheit sind Gegensätze. Menschen, die Freiheit suchen, sind ganz anders eingestellt als diejenigen, die ein großes Maß an Sicherheit wollen. Letztere opfern ihre Freiheit gerne für mehr Sicherheit. Je mehr Sicherheit Sie suchen, desto weniger Freiheit haben Sie.

Sicherheit ist nicht sicher und Freiheit nicht frei

Wer Sicherheit sucht, will in erster Linie nicht verlieren. Die Angst vor Verlust ist größer als der Wunsch zu gewinnen. Wer dagegen Freiheit wählt, will gewinnen. Bei so jemandem ist der Wunsch nach Reichtum größer als die Angst vor Verlusten. Mein Coach sagte immer: »Spiele nicht, um nicht zu verlieren. Spiele, um zu gewinnen.« Übersetzt heißt das: Legen Sie Geld an, um es zu vermehren, nicht um sich arm zu sparen.

Die Sorge um Sicherheit hat große Nachteile. Wer absolute Sicherheit sucht, findet Furcht. Sicherheitstypen sind die furchtsamsten Menschen überhaupt. Ihre Welt wird immer schwärzer und gefahrenvoller.

Wer zu sehr auf Sicherheit fixiert ist, entwickelt ein immer negativeres Weltbild. Ständig entdeckt ein solcher Mensch neue Gefahren.

Genau genommen ist Sicherheit niemals sicher. Denn wenn Sie nur in sichere Anlagen investieren, so ist nur eines sicher: dass die Inflation und die Steuer sicher Ihr Geld auffressen werden. Wer nur »sichere« Anlagen wählt, der wird nach Jahren viel weniger Geld zur Verfügung haben als ein Investor, der Risiken eingeht.

Aber auch Freiheit ist nicht frei. Freiheit kostet einen Preis: Mut, Stärke und die Bereitschaft, Fehler zu machen. Der Preis der Freiheit ist kein kleiner: gelegentliche Ängste, Zweifel, meist wenig Verständnis von anderen … Aber wenn Sie den Mut aufbringen, etwas zu wagen, die Stärke haben, Fehler zu machen, und lernen, mit Niederlagen umzugehen, dann werden Sie eine Freiheit erfahren, die nur wenige Menschen jemals kennen lernen.

Niederlagen

Risiken geht nur derjenige ein, der auch bereit ist, Fehlschläge zu erleiden. Wenn jemand sagt: »Das ist mir zu riskant«, so sagt er gleichzeitig: »Ich will keine Fehler machen.« Und er sagt: »Fehler halte ich grundsätzlich für schlecht.«

Wahre Investoren wissen: Verlieren ist ein Teil des Gewinnens. Noch niemand hat sich richtig verliebt, ohne dass nicht auch einmal sein Herz gebrochen wäre. Und es ist auch noch niemand ohne Verluste reich geworden. Ich habe noch nie einen reichen Investor getroffen, der noch nie Geld verloren hätte. Aber ich kenne viele Arme, die noch nie bei einer Anlage verloren haben …

Risiken gänzlich vermeiden zu wollen, ist zu gefährlich. Ihnen wird dadurch mehr Geld entgehen, als Sie sich leisten können. Wir werden auf Dauer nur gewinnen, wenn wir auch wagen, Neues auszuprobieren. Und wer Neues wagt, der wird Fehler machen. Fehler bewirken dabei etwas Großartiges: Sie lassen uns aufmerksam werden und demütig bleiben. Demütige Menschen lernen mehr als Menschen, die glauben, alle Antworten zu kennen.

Die Frage ist nur, was wir in einem Fehler sehen wollen. Sehen wir darin eine Hypothek, eine Belastung für unsere Zukunft? Oder erkennen wir darin eine Investition in unsere Zukunft?

Fazit:

Was heißt das praktisch? Grundsätzlich sollten Sie einen Teil Ihres Geldes in Geldwert-Anlagen halten. Das sind Festgeldkonten, Cash-Fonds und Wertpapiere. Aber die andere Hälfte gehört in Sachwert-Anlagen. Wenn Sie nicht die Zeit haben, in Aktien zu investieren, wählen Sie Aktien-Fonds. Wenn Sie sich die Mühe machen wollen, zu einem Investor zu werden, so investieren Sie zusätzlich in Immobilien und Unternehmen.

Der 6. Grundsatz: Streuen Sie

Dieser Grundsatz ist der wichtigste überhaupt. Ganz gleich, welche Entscheidung Sie treffen, ob Sie den schnellen oder den langsamen Weg gehen wollen: Streuen Sie.

Niemand von uns kann in die Zukunft schauen. Und weil wir das nicht können, werden wir erst in vielen Jahren wissen, welche Anlagen rückschauend wirklich die besten gewesen wären. Es bleibt darum nichts anderes übrig, als zu streuen.

Wir wissen nicht, ob die nächsten zehn Jahre uns eine Inflation oder Deflation bringen. Einen Wirtschaftsboom, eine Rezession oder gar eine Depression – oder eine Seitwärtsbewegung (wir treten auf der Stelle). Und weil wir das nicht wissen, legen Sie einen Teil in Geldwerten und einen Teil in Sachwerten an. Streuen Sie in verschiedene Geldwert-Anlagen. Wir wissen auch nicht, welche Sachwerte sich am besten entwickeln werden. Und weil wir das nicht wissen, streuen Sie auch hier. Kaufen Sie Fonds, mit denen Sie sich am gesamten Weltmarkt beteiligen. Kaufen Sie auch Immobilien(-Anteile). Wenn Sie wenig Geld zur Verfügung haben, legen Sie eine Hälfte in Geldwertfonds und verteilen Sie die andere Hälfte auf mehrere große Aktienfonds.

Der 7. Grundsatz: Es gibt einen Unterschied zwischen einem Investor und einem durchschnittlichen Anleger

Der durchschnittliche Anleger interessiert sich für Durchschnitte. Er fragt zum Beispiel: »Wie hat sich diese Anlage im Durchschnitt während der letzten 5, 10 oder 20 Jahre entwickelt?« *Durchschnitte sind für durchschnittliche Anleger.* Durchschnittliche Ergebnisse genügen für den langsamen Weg. Aber wenn Sie schnell reich werden wollen, so müssen Sie besser sein als der Durchschnitt.

Der durchschnittliche Anleger macht seine Gewinne meist nur in Zeiten, in denen die Börsen nach oben gehen. Wenn sie nach unten gehen, bleibt ihm nur eines übrig: abzuwarten, bis es wieder bessere Zeiten gibt. Der Investor aber wartet in schlechteren Phasen nicht einfach ab. Er handelt. Das kostet sehr viel Zeit und Wissen.

Dabei ist er in seinem Handeln keineswegs immer erfolgreich. Aber er lernt aus seinen Fehlern und lässt sich nicht entmutigen. Der Investor akzeptiert Fehler als Bestandteil jedes überdurchschnittlichen Erfolgs. Der durchschnittliche Anleger mag hingegen keine Fehler, er empfindet sie als persönliche Niederlagen.

Der durchschnittliche Anleger vertraut einfach darauf, dass sich aus dem Auf und Ab der Börse im Durchschnitt eine gute Kurssteigerung ergibt. Er stellt sein Flugzeug gewissermaßen auf Autopilot und wartet ab.

Während der letzten 50 Jahre ist dabei immer ein Ergebnis von über 12 Prozent entstanden – im langfristigen Durchschnitt. Trotz vieler Krisen, trotz Crashs und trotz einiger Kriege. *Durchschnitte sind also nicht schlecht.* Durchschnitte sind durchschnittlich, das ist alles. Es ist lediglich eine Frage der Wahl.

Wir zahlen immer einen Preis: Wenn Sie auf Durchschnitte setzen, so sind Sie schlechten Phasen fast machtlos ausgeliefert. Sie können nur verkaufen – dann gewinnen Sie nichts. Oder Sie halten und hoffen auf bessere Zeiten. Aber bis diese eintreten, gewinnen Sie auch nichts. Allerdings haben Sie den ungeheuren Vorteil, dass Sie kaum Zeit für Ihre Anlagen aufbringen müssen. Und trotzdem haben Sie in der Vergangenheit im Durchschnitt über 12 Prozent erzielt.

Wenn Sie hingegen als Investor tätig sein wollen, so müssen Sie ständig viel lernen und viel Zeit aufbringen.

Hedge-Fonds

Wie bereits gesagt, finden sich wahre Investoren nicht damit ab, dass durchschnittliche Anleger nur bei steigenden Märkten gewinnen. Reiche Anleger halten darum oft Hedge-Fonds. So wie ein Zaun eine Herde Schafe davon abhält wegzulaufen, so soll ein Hedge (Zaun) die Anlagen davon abhalten, stark zu verlieren. Ein Hedge-Fonds versucht sich gegen schlechte Zeiten durch Optionen abzusichern. Hedge bedeutet eine Versicherung, ein Schutz gegen Verlust.

Während der durchschnittliche Investor gegen Verlust nicht geschützt ist, versucht sich der Hedge-Fonds zu schützen. Ein Hedge-Fonds kann auch in fallenden Märkten Gewinne erzielen. Sogar große Gewinne.

Natürlich gibt es auch dabei keine Sicherheiten – obwohl man lange dachte, dass Hedge-Fonds der Weisheit letzter Schluss seien. In Wahrheit kann durch komplizierte Hebelgeschäfte das Risiko noch steigen. Ein durchschnittlicher Investor sieht Optionen als sehr riskant an. Und sie sind es auch. Aber ein wahrer Investor hält dem entgegen: »Es ist riskanter, seine Anlagen nicht abzusichern.«

Es geht hier nicht darum, was nun »richtig« ist. Es gibt immer zwei Seiten einer Medaille. Es geht mir hier um ein Prinzip von wahren Investoren: nicht einfach abzuwarten, sondern überdurchschnittlich viel zu unternehmen. Sich nicht einfach mit einer Situation abzufinden, sondern neue Wege zu suchen.

Zwei Wege ...

Im Leben und auch in diesem Buch geht es ständig um die Wahl zwischen zwei Wegen: dem langsamen und dem schnellen. Wenn es Ihnen genügt, in ca. 20 Jahren Ihre finanzielle Sicherheit zu erreichen, so wählen Sie den langsamen Weg. Den Weg des Durchschnitts. Daran ist nichts Schlechtes. Es ist eine Frage Ihres eigenen Lebensentwurfs, Ihrer Werte und Prioritäten. Es ist Ihre Entscheidung und Sie müssen sich damit wohl fühlen.

Wenn Sie sich hingegen für den schnellen Weg entscheiden, so müssen Sie besser sein als der Durchschnitt. Sie müssen entweder deutlich mehr verdienen; oder Sie müssen ein Unternehmen gründen; oder Sie müssen als Investor überdurchschnittliche Erfolge erzielen. In jedem dieser drei Fälle müssen Sie viel Zeit investieren und lernen, lernen, lernen. Erinnern Sie sich: Am schnellsten lernen Sie mit einem Coach.

Damit sind wir bei den wichtigen Entscheidungen, die Sie treffen müssen ...

Teil II: Wichtige Entscheidungen

Nachdem Sie die Grundsätze gelesen haben, ist es an der Zeit, einige wichtige Entscheidungen zu treffen. In der Natur einer Ent-Scheidung liegt es, dass Sie nicht beide Alternativen gleichzeitig wählen können. Sie müssen jeweils von einer der beiden Möglichkeiten scheiden.

Wenn Sie das Buch bis hierher gelesen haben, so setze ich voraus, dass Sie sich nicht arm sparen wollen. Nur in Geldprodukten anzulegen, ist darum keine Alternative.

Frage 1: Wann gehen Sie eine Verbindlichkeit ein?

Was ist Ihnen wichtiger: So schnell wie möglich gut und repräsentativ zu wohnen, oder vorher gewisse finanzielle Ziele erreicht zu haben? Lesen Sie bitte Kapitel 12 und kommen Sie zu dieser Frage zurück, um sie endgültig zu beantworten. Am schnellsten wohlhabend werden Sie, wenn Sie eine Verbindlichkeit erst eingehen, *nachdem* Sie finanzielle Sicherheit erreicht haben. Die reichsten Menschen sind diejenigen, die sogar finanzielle Freiheit erreichten, bevor sie eine Verbindlichkeit eingingen.

Wie bereits erwähnt, sollten Sie auf jeden Fall einen Teil Ihres Geldes in Aktien bzw. Aktienfonds anlegen. Auch wenn Sie sich entscheiden, Investor zu sein, empfehle ich diese Anlagen. Schließlich lautet der wichtigste Grundsatz für Anleger: Streuen Sie.

Die Frage ist also nur: Reicht es Ihnen aus, Spekulant zu sein oder wollen Sie zugleich als Investor tätig sein? Denken Sie über folgende Fragen nach: Wie viel Zeit wollen Sie aufbringen? Lassen Ihre Verpflichtungen es zu, auch noch als Investor tätig zu sein? Wollen Sie nur auf den Durchschnitt hoffen oder bereits von Anfang an Einkommen aus Ihren Investitionen erzielen?

Lassen Sie mich Ihnen noch ein Argument nennen, warum der Weg des Investors der schnellere ist: Wenn Sie eine Rendite-Immobilie kaufen wollen, so erhalten Sie von Ihrer Bank dafür ein Darlehen. Für Aktien dagegen erhalten Sie ein solches Darlehen von vernünftigen Bankern nicht.

Was geht wohl schneller: 500.000 € eigenes Geld anzusparen, um sie dann anzulegen (Spekulation) oder 100.000 € Eigenkapital anzusparen und die restlichen 400.000 € aufzunehmen, um eine Immobilie für 500.000 € zu kaufen?

Vergessen Sie aber nicht: Dafür brauchen Sie viel Wissen und Erfahrung. Wenn Sie den Weg des Investors kennen lernen wollen, so sollten Sie auf jeden Fall weitere Bücher lesen, Seminare besuchen und von erfolgreichen Menschen lernen.

Frage 3: Wollen Sie alleine anlegen, oder wollen Sie einen Berater hinzuziehen?

In der Vergangenheit hat die Menschheit immer dann ihre Lebensqualität erheblich verbessert, wenn sich jeder stärker auf das konzentriert hat, was er am besten konnte. Die anderen Bereiche wurden dann an diejenigen delegiert, in denen diese wiederum am besten waren. Nachdem ich das erkannt hatte, habe ich immer einem guten Berater vertraut. Und das war eine gute Entscheidung.

Entscheiden Sie also, ob Sie selber als Investor Ihre Anlagen auswählen und verwalten wollen, oder ob Sie einen kompetenten Berater auswählen wollen. Der beste Weg, einen Top-Experten zu finden, ist immer noch die Empfehlung: Fragen Sie vermögende Bekannte nach einem guten Berater.

Frage 4: Wie wollen Sie Ihr Geld zwischen Sachwert- und Geldwert-Anlagen aufteilen?

Wie bereits erwähnt hängt diese Frage stark von Ihren Zielen ab. Diese erarbeiten Sie im nächsten Kapitel und finden dort auch Vorschläge für eine mögliche Aufteilung.

Des weiteren ist Ihre Risiko-Befindlichkeit entscheidend. Diese ist schwer zu erraten, weil wir je nach Situation und Börsenlage zu anderen Einschätzungen kommen. Wenn Sie Ihre Risiko-Befindlichkeit präzise ermitteln wollen, empfehle ich Ihnen einen Test zu machen. Sie finden einen solchen unter www.reintgen.de.

Dann hängt die Aufteilung Ihres Geldes auch davon ab, wie viel Geld Sie bereits besitzen. Wenn Sie die Auswertung des empfohlenen Tests anschauen, so finden Sie einen Vorschlag zur Aufteilung entsprechend Ihrem jeweiligen Vermögensstand.

Zu guter Letzt müssen Sie noch berücksichtigen, wie alt Sie sind. Die alte Faustformel kann hier eine gute Richtlinie sein:
100 minus Lebensalter = maximaler Teil für Aktien und Aktienfonds.

Frage 5: Welche Produkte sollten Sie auswählen?

Um geeignete Produkte zu finden, haben Sie mehrere Möglichkeiten: Fragen Sie einen guten Berater oder lesen Sie aktuelle Fachmagazine. Wenn Sie meine aktuelle Einschätzung und die meines Expertenteams erfahren wollen, so schauen Sie nach unter www.reintgen.de. Wie bereits erwähnt, erhalten Sie hier kostenlos eine Auswahl von Aktienfonds und anderen Produkten, die wir sorgfältig geprüft haben.

Wussten Sie zum Beispiel, dass Sie mit Lebensversicherungen auch durchschnittlich 12 Prozent Rendite erzielen können?

Märchen und Illusionen

Im nächsten Kapitel lade ich Sie ein, drei Finanzpläne zu erstellen. Nun ist das mit der Planung der Zukunft aber so eine Sache. Die Zukunft, wie wir sie uns vorstellen, wird so nie eintreten. Es kommt immer anders als wir denken. Oft vollkommen anders, manchmal nur etwas anders. Mal schlechter, mal besser, aber immer anders. Unsere Vorstellung von der Zukunft allgemein ist ein Märchen. Und auch unsere Vorstellung von *unserer* Zukunft wird sich nie genau verwirklichen.

Alles, was wir über unsere Zukunft sagen, ist somit faktisch ein Märchen oder eine Illusion. Wir können unsere Zukunft nicht vorhersagen. Eigentlich können wir somit jede Form der Planung in Zweifel ziehen. Ist es wirklich sinnvoll zu planen, wenn wir nicht wissen, was die Zukunft uns bringt?

Die Antwort ist nein. Ganz im Gegenteil, wir sollten auf jeden Fall planen. Denn alles, was wir denken und sagen, hat die Tendenz, sich zu erfüllen. Die Märchen und Illusionen, die wir uns selber über unsere Zukunft erzählen, werden zum großen Teil tatsächlich unsere Zukunft.

Die Zukunft gestalten

Außerdem gilt: Es wird immer geplant. Wenn Sie nicht planen, plant ein anderer für Sie. Entweder Sie entwerfen eine Skizze Ihres Lebens oder ein anderer tut es für Sie. Wer seinem Plan folgt, fängt an, die Zukunft zu gestalten. Schritt für Schritt macht ein solcher Mensch seine Träume wahr.

Wir können die Zukunft nicht voraussagen, aber wir können sie gestalten. Nun gilt das nicht nur für positive Gedanken und Worte, sondern natürlich auch gleichermaßen für negative. Auch pessimistische Gedanken haben die Tendenz, sich zu erfüllen. Viele Menschen reden sich ein, dass sich in ihrem Leben viel Negatives ereignen wird. Und das Problem ist, dass diese Gedanken Wahrheit werden.

Sprechen Sie einmal mit Menschen, die sehr unglücklich sind, die kaum Erfolge erzielen und keine Erfüllung erfahren. Oft sind es diese Menschen, die furchtbare Szenarien über ihre Zukunft entwerfen. Sie sagen: »Ich werde nie reich sein.« »Finanzielle Freiheit ist für mich nur ein Märchen.« »Meine Zukunft sieht sehr dunkel aus.«

Auch das sind alles Märchen und Illusionen, alles unwahre Szenarien, aber Szenarien, welche die Kraft haben, Realität zu werden.

Zur Bekräftigung reden diese Menschen mit anderen Menschen, die sich ebenfalls eine unerfreuliche Zukunft voraussagen. Negative Menschen ziehen einander an.

Wer sich ständig eine dunkle Zukunft prophezeit, der wird schließlich auch in einer solchen dunklen Zukunft leben. Und dann wird er sagen: »Ich habe Recht behalten. All die positiven Denker leben an der Wirklichkeit vorbei.«

Aber in Wahrheit hat ein solcher Mensch nicht seine Zukunft treffend *vorausgesagt*, sondern er hat sich seine Zukunft *geschaffen*.

Eine große Möglichkeit

Daraus erwächst eine großartige Möglichkeit: Alles, was wir über die Zukunft sagen, ist einerseits ein Märchen und eine Illusion. Andererseits hat es die Tendenz sich zu erfüllen. Das gilt für negative Vorstellungen wie für schöne Träume.

Warum malen wir uns dann nicht lieber ein Szenario aus, das uns gefällt? Warum wählen wir nicht eine Variante der Zukunft, in der wir gerne leben würden? Warum um alles in der Welt sollten wir eine Variante der Zukunft aussuchen, in der wir nicht gerne leben wollten?

Klassentreffen untermauern diese Wahrheit eindrucksvoll. Vor einiger Zeit habe ich unserem 20-jährigen Treffen beigewohnt. Ich sah alte Freunde und Kameraden wieder. Und ich erinnerte mich daran, was die so alles gesagt hatten – vor vielen Jahren. Es gab zum Beispiel einen Bekannten, der sprach oft davon, einmal vermögend zu werden. Er schilderte seine glänzende Zukunft in leuchtenden Farben. Es war interessant zu sehen: Er ist sehr vermögend geworden.

Ein anderer sagte: »Ich will einmal einen Einzelhandel besitzen. Aber ich werde immer Schwierigkeiten mit Zahlen haben.« Schon in der Schule verkaufte er Würstchen und Süßigkeiten. Schließlich durfte er im Hobbykeller der Schule einen kleinen Stand aufmachen. Bei unserem Klassentreffen sagte er mir: »Ich hatte ein gut gehendes Geschäft. Aber weil ich nicht mit Zahlen umgehen konnte, hat mein Partner mich reingelegt.«

Beide hatten sich und anderen vollkommen unterschiedliche Märchen über ihre Zukunft erzählt. Beide hatten nicht wirklich voraussagen können, was die Zukunft ihnen bringen würde. Aber beide Märchen waren Wirklichkeit geworden.

Aber was, wenn ich einfach an eine negative Zukunft glaube?

Diese Worte leuchten meiner Erfahrung nach jedem ein. Aber einige Teilnehmer sagen mir *vor* einem Seminar: »Die negativen Szenarien überfallen mich einfach. Ich weiß, dass das nicht klug ist, aber ich kann nichts dagegen tun.«

Das ist in der Tat ein ernstes Problem. An dieser Stelle möchte ich zweierlei dazu sagen: Einmal hatte ich selbst dieses Problem. Ich schildere gleich anschließend grob, wie mein Coach mir dabei geholfen hat. Die Vorgehensweise detailliert zu schildern, würde aber den Rahmen dieses Buches sprengen.

Ich habe ein Seminar entwickelt, das sich zu einem großen Teil mit diesen Dingen beschäftigt. Bitte informieren Sie sich hinten im Buch.

Unsere Worte in dunklen Stunden

Was sagen Sie in Ihren dunklen Stunden zu sich selbst? Was für ein Märchen über Ihre Zukunft erzählen Sie sich und anderen dann? Welches Szenario erscheint Ihnen wahrscheinlich?

Ich war mit 26 Jahren pleite. Es ging mir wirklich schlecht. Meine Mutter sagte: »Siehst du, das kommt davon, dass du dein Studium nicht abgeschlossen hast und keinen ordentlichen Beruf gewählt hast.«

Eigentlich neigte ich damals dazu, Trübsal zu blasen. Ich hätte mich am liebsten in mein Bett verkrochen und nur noch geschlafen. Ich hatte damals noch nicht einen Bruchteil der heutigen Stärke. Stärke, die sich erst in schlimmen Situationen entwickelt.

Aber ich wollte nicht zulassen, dass meine Mutter mit ihren Warnungen Recht behielt. Also sagte ich: »Eines Tages werde ich richtig reich, darauf kannst du wetten. Und du wirst einmal sehr stolz auf mich sein. Das verspreche ich dir.«

Nun war ich in einem Dilemma. Ich hatte soeben meiner Mutter versprochen, reich zu werden. Zudem hatte ich mit meinem Coach bereits mehrere Finanzpläne gemacht, wie Sie ebensolche im nächsten Kapitel machen können. Außerdem hatte ich meinem Coach versprochen, mich anzustrengen und nicht aufzugeben. Auch meinen Freunden und meinen wenigen Mitarbeitern hatte ich versprochen, erfolgreich zu werden. Ich wollte mein Versprechen nicht brechen. Andererseits überfielen mich immer wieder Zweifel.

Es ist leicht, positiv in Bezug auf unsere Zukunft zu sein, wenn es gut für uns läuft. Aber wie ist es in dunklen Stunden? Während meiner Zeit mit meinem Coach habe ich mehrere wirklich schwere Situationen erlebt. Er pflegte dann zu sagen: »Jetzt ist die Zeit gekommen, Ihre Ziele noch höher zu setzen.« Ich entgegnete dann: »Das ist jetzt wirklich nicht realistisch.«

Mein Coach sagte daraufhin: »Alles, was Sie sich und anderen über Ihre Zukunft sagen, ist ein Märchen. Am besten erzählen Sie sich darum ein schönes Märchen. Wenn das Märchen dann Wirklichkeit wird, leben Sie einen Traum und keinen Alptraum.«

Manchmal fragte er mich ganz spontan: »Wie lautet Ihr Märchen über Ihre Zukunft?« Negative Szenarien ließ er nicht gelten. Und so erzählte ich ihm von einer großartigen Zukunft, an die ich aber manchmal selber nicht so recht glauben wollte. Ich teilte ihm meine Zweifel mit.

Er sagte: »Zweifel sind normal. Es handelt sich dabei einfach um eine negative Vorstellung von der Zukunft. Wichtig ist dabei zweierlei: Erstens dürfen Sie außer mir niemandem von diesen Zweifeln erzählen. Und zweitens rufen Sie mich am besten sofort an, wenn diese Zweifel aufkommen. Dann können wir sofort über ein schönes Märchen sprechen.«

Das habe ich getan. Meine Zweifel verkümmerten mit der Zeit und meine positiven Szenarien gewannen immer mehr an Kraft.

Darum noch einmal mein Rat aus dem ersten Teil des Buches: Umgeben Sie sich mit positiven Menschen. Menschen, die schöne Träume von Ihnen hören möchten, keine Alpträume.

Wer hat Angst vor dem schwarzen Mann ...

Haben Sie als Kind auch das Spiel gespielt »Wer hat Angst vor dem schwarzen Mann«? Ich hatte lange Angst vor diesem schwarzen Mann. Ich schaute unter dem Bett nach und im Schrank. In den Keller wollte ich schon gar nicht gehen, nachdem es dunkel geworden war.

Viele Menschen erhalten sich ihre Angst vor dem schwarzen Mann ihr Leben lang – lange nachdem sie erwachsen geworden sind. Der schwarze Mann heißt dann: der böse Chef, der Finanzbeamte, der Konkurrent ... Und so liegen sie nachts wach und malen sich in finsteren Farben schreckliche Szenarien aus. Alpträume.

Die Ergebnisse sind für viele dieselben wie bei dem Kinderspiel: »Und wenn er kommt, dann laufen wir.« Wer vor der Zukunft davonläuft, der läuft nicht nur dem Pech davon, sondern auch seinem Glück. Und so laufen sie weg vor der Zukunft, die ihnen eigentlich gebührt. Weglaufen wird zu einem Plan. Ein Plan, der an die Stelle von hilfreichen optimistischen Finanzplänen tritt.

Denken Sie an die beiden unterschiedlichen Wesen, die in jedem von uns schlummern. Das eine Wesen spricht mit der Stimme eines finanziellen Versagers, das andere mit der Stimme der finanziellen Intelligenz. Das eine Wesen sieht Alpträume, das andere eine herrliche Zukunft. Beide erzählen Märchen. Aber beide Träume haben die Tendenz wahr zu werden.

Folgen Sie der Stimme für eine fantastische Zukunft. Hören Sie nicht auf Zweifel und negative Szenarien. Hören Sie auf schöne Träume. Wählen Sie das Märchen, das einmal Realität werden soll. Und dann planen Sie es gleich mithilfe des nächsten Kapitels.

Indem Sie Schritt für Schritt diesen Plänen nachgehen, wird aus Ihrem Märchen Realität.

Die Power-Ideen auf den Punkt gebracht

- Lernen Sie, zwischen Investitionen, Spekulationen und Verbindlichkeiten zu unterscheiden.
- Ein Investor macht Gewinne, wenn er kauft, nicht wenn er verkauft.
- Gehen Sie Verbindlichkeiten nicht *zu früh* ein. Sie sollten bereits eine bestimmte Summe angespart haben, bevor Sie ein Eigenheim kaufen.
- Ihr Eigenheim gehört nicht zu Ihrem Anlagevermögen; es ist Luxusvermögen.
- Ein Investor *verdient* Geld, ein Spekulant kann Geld *gewinnen*.
- Sachwerte schlagen Geldwerte.
- Wenn Sie finanzielle Freiheit erreichen wollen, müssen Sie Risiken eingehen.
- Streuen Sie: Legen Sie einen Teil Ihres Geldes in Geldwert-Anlagen, den anderen in Sachwert-Anlagen an.
- Investoren müssen bereit sein, ständig zu lernen und viel Zeit aufzubringen.
- Treffen Sie Entscheidungen: Genügt es Ihnen, in 15 bis 25 Jahren finanzielle Sicherheit zu erreichen oder wollen Sie den schnellen Weg? Reicht es Ihnen, Spekulant zu sein, oder wollen Sie als Investor tätig werden?
- Wir können die Zukunft nicht voraussagen, aber wir können sie gestalten.
- Folgen Sie der Stimme in Ihnen, die eine fantastische Zukunft voraussagt. Träume haben die Tendenz, wahr zu werden.

12

Finanzieller Schutz, finanzielle Sicherheit und finanzielle Freiheit

> Es gibt zwei Wege, um glücklich zu sein:
> Wir verringern unsere Wünsche oder vergrößern unsere Mittel ...
> Wenn du weise bist, wirst du beides gleichzeitig tun.
>
> *Benjamin Franklin*

Jeder hat das Recht, seinen eigenen finanziellen Träumen nachzugehen. Auch Sie! Um aber diese Träume Wirklichkeit werden zu lassen, müssen Sie sie zunächst genau identifizieren.

Wann haben Sie finanziellen Schutz, finanzielle Sicherheit oder finanzielle Freiheit? Was ist das und worin liegt der Unterschied? Wie viel Geld brauchen Sie dazu, und wie lange dauert es, diese Ziele zu erreichen?

Der erste Plan: finanzieller Schutz

Wahrscheinlich haben Sie schon viel über richtige Zielsetzung gehört. Haben Sie schon einmal darüber nachgedacht, diese Macht auch in Bezug auf Ihre Finanzen anzuwenden?

Bitte beantworten Sie eine Frage: Angenommen, Ihre Einkommensquellen versiegen schlagartig und niemand, der Ihnen Geld schuldet, zahlt mehr; Ihre Firma geht Pleite, Sie werden entlassen oder Sie werden krank. Wie lange könnten Sie nun Ihre Rechnungen bezahlen und leben?

Genau darum geht es beim finanziellen Schutz. Dass Sie beim Eintreten unerwarteter Umstände in der Lage sind, trotzdem gut weiterzuleben, weil Sie Rücklagen haben. Dr. Murphy behauptete: »Vieles von dem, was schiefgehen kann, geht auch schief.«

Lassen Sie uns zunächst feststellen, wie viel Sie im Notfall pro Monat benötigen. Bitte schreiben Sie alle Ihre festen Kosten auf, die auch in einem Krankheitsfall beglichen werden müssten. Wenn Sie Arbeitnehmer sind, füllen Sie nur »privat« aus. Als Selbständiger füllen Sie zusätzlich auch »geschäftlich« aus.

Privat:

Hypothek/Miete:	___________ €
Essen/Haushaltsgeld:	___________ €
Auto:	___________ €
Versicherungen:	___________ €
Steuervorauszahlungen:	___________ €
Unterhaltszahlungen:	___________ €
Telefon:	___________ €
Kredite:	___________ €
Sonstiges:	___________ €
	___________ €
Summe pro Monat:	___________ €

Geschäftlich:

Hypothek/Miete:	___________ €
Bürokosten:	___________ €
Gehälter:	___________ €
Telefon:	___________ €
Vertretung für Sie:	___________ €
Kredite:	___________ €
Sonstiges:	___________ €
	___________ €
Summe pro Monat:	___________ €

Wie hoch ist demnach Ihr monatlich benötigtes Einkommen für Ihren finanziellen Schutz?

Privat:	___________ €
Geschäftlich:	___________ €

Wie lange benötigen Sie finanziellen Schutz?

Für wie viele Monate Sie diesen finanziellen Schutz benötigen, hängt von Ihrem Sicherheitsbedürfnis und Ihrem Optimismus ab.

Angenommen, Sie werden krank und verlieren Ihren Arbeitsplatz. Wie viele Monate wird es wohl dauern, bis Sie wieder gesund sind und eine neue Arbeitsstelle gefunden haben, die Ihnen auch Spaß macht? Um sich beschützt zu fühlen, brauchen die meisten Menschen Rücklagen für sechs bis zwölf Monate.

Wie lange, glauben Sie, benötigen Sie, bis Sie wieder ein Einkommen haben?

_______________ Monate.

Nehmen Sie nun bitte Ihr benötigtes Einkommen für finanziellen Schutz, und multiplizieren Sie es mit den Monaten, für die Sie diesen Schutz haben wollen.

_____________ € x _____________ Monate = _____________ €.

Die Zahl, die Sie nun aufgeschrieben haben, ist das absolute Minimum, das Sie an Schutz brauchen. *Sie sind es sich selbst, Ihrer Gesundheit und Ihrem emotionalen Wohlbefinden schuldig, diesen Betrag zu besitzen. Sie sind es ebenso Ihrer Familie schuldig.*

Nur wenn Sie über den oben genannten Betrag verfügen, können Sie sich Zeit und Ruhe nehmen, um nach einer neuen Tätigkeit zu suchen, die Sie erfüllt. Nur dann können Sie in Ruhe wegfahren und sich erholen. Selbst wenn lange nichts passiert: Nur mit dieser Reserve fühlen Sie sich beschützt. Und jeder Mensch hat ein Bedürfnis, beschützt zu sein. Ganz gleich, wie nervenstark Sie sind, auch Sie können aus einer Position der Stärke heraus besser verhandeln. Finanzieller Schutz ist diese Position der Stärke.

Niemand ist sicher vor Eventualitäten, Unfällen oder Schicksalsschlägen. Aber jeder kann Vorsorge treffen, um ihnen mit Stil zu begegnen. Wie unwürdig ist es, wenn zu eventuellen Schicksalsschlägen auch noch die finanzielle Not kommt. Wenn Sie aufgrund finanzieller Probleme Kompromisse eingehen müssen.

Finanzieller Schutz für Ihre Firma

80 Prozent aller Firmengründungen in Deutschland scheitern innerhalb der ersten fünf Jahre. Vier von fünf. Die Hauptursache dafür ist der Mangel an Kapital.

Ein weiterer, ebenso wichtiger Grund ist die schlechte Zahlungsmoral der Kunden, wie zwei Drittel der befragten Firmeninhaber angaben. Demnach sind Forderungsausfälle und verspätetes Zahlen die größten Probleme.

Darum brauchen Sie finanziellen Schutz nicht nur privat, sondern auch für Ihre Firma. Überlegen Sie also, wenn Ihre Firma plötzlich kein Geld mehr einnimmt – für wie lange bräuchten Sie finanziellen Schutz? Manche Ihrer Kunden zahlen spät, manche erst nach unwiderstehlichen Bitten Ihres Anwalts. Manche zahlen erst nach einem Rechtsstreit, den Sie zunächst vorfinanzieren müssen. Manchmal verlieren Sie einen Rechtsstreit durch unerwartete Umstände, manchmal gewinnen Sie und bleiben unerwartet auf allen Kosten sitzen, weil bei Ihrem Gegner mangels Zahlungsfähigkeit nichts zu holen ist.

Schaffen Sie sich also finanziellen Schutz für Ihre Firma, den Sie nie anrühren.

Aber ich möchte doch investieren ...

Wahrscheinlich wird es Ihrer Unternehmerseele wehtun, wenn Sie besonders in einer Start- und Wachstumsphase nicht alles Geld zum Ausbau Ihrer Firma verwenden können. Aber denken Sie an die unerwarteten Umstände. Machen Sie niemals Ihre Rechnung ohne Dr. Murphy. *Investieren ist gut. Aber zum richtigen Zeitpunkt zu investieren ist besser.*

Unsere Wirtschaft bewegt sich in Zyklen. Der nächste Aufschwung wird gefolgt von einer Rezession usw. Angenommen, Sie sehen ein Tal vor sich. Möglicherweise wird Ihr Unternehmen in diesem Tal begraben werden. Möglicherweise haben Sie aber gerade in diesem Tal genug Bargeld, um Chancen zu ergreifen. *Niemals sind die Chancen zu investieren so groß wie in Zeiten schwerer Rezessionen. Aber nur, wenn Sie Bargeld haben.* Wir bräuchten Tausende von Büchern, um all die Firmen aufzulisten, die schließen mussten, weil sie keinen finanziellen Schutz hatten. Und um die Firmen zu beschreiben, die sich in Krisenzeiten dank Bargeld zu Firmenriesen entwickelten.

Demnach sollten Sie sich – gerade wenn ein wahres Unternehmerherz in Ihrer Brust schlägt – Ihren finanziellen Schutz schaffen. Richtig angelegt, vermehrt er sich rasch. Und in Krisenzeiten schützt er Sie vor dem Bankrott *und* bedeutet eine finanzielle Chance.

Wie lange brauchen Sie, bis Sie Ihren finanziellen Schutz haben?

Es gilt eine einfache Regel: *Je kleiner das Ziel ist, desto schneller haben Sie es erreicht.* Das steht nicht im Widerspruch zu dem in Kapitel 4 Gesagten. Dort sind Fernziele gemeint. Je größer die Fernziele, desto »realistischer« ist es, sie zu erreichen.

Finanzieller Schutz ist ein Nahziel: Es sollte Ihr nächstes Ziel sein. Ein Ziel, das Sie so schnell wie möglich erreichen müssen (falls Sie es nicht bereits erreicht haben).

Es gibt drei Gründe, warum ein kleines erstes Ziel vorteilhaft ist. Nehmen wir ein Beispiel:

Paul Prasser verdient 2 500 € netto und benötigt davon 2 375 €. Er kann also nur 125 € monatlich sparen. Um sich beschützt zu fühlen, hätte er gerne finanziellen Schutz für zehn Monate. Er benötigt dafür also die Summe von 23 750 €. Um diese Summe mit monatlichen Sparraten von 125 € zu erreichen, würde er 15 Jahre und 10 Monate benötigen (ohne Zinsen). Da es sich bei finanziellem Schutz um einen ersten Mindestplan handelt, verliert Paul Prasser rasch die Lust und gibt auf. Und Dr. Murphy lauert schon an der nächsten Ecke.

Heidi Hamster verdient ebenfalls 2 500 € netto, und auch sie will finanziellen Schutz für zehn Monate. Aber sie kommt mit 1 750 € monatlich aus. Dadurch ist ihr Ziel kleiner. Sie braucht nur 17 500 €. Zweitens spart sie mehr und erreicht das kleine Ziel schneller: Sie hat es nach nur zwei Jahren erreicht!

Die drei Gründe, warum ein kleines Ziel für finanziellen Schutz vorteilhaft ist, lauten also:

1. *Wenn Ihr erstes Ziel kleiner ist, erreichen Sie es schneller.*
2. *Wenn Sie mit weniger zurechtkommen, können Sie mehr sparen und erreichen Ihren finanziellen Schutz schnell.*
3. *Sie halten durch, weil Sie Ihr erstes Ziel fast »berühren« können.*

Der Budgetplan

Ich bin kein übergroßer Freund von strengen Budgetplänen. Aber jeder Mensch sollte sich von Zeit zu Zeit einmal damit befassen. Einmal, um sich bewusst zu machen, wie viel Sie eigentlich wirklich im Monat ausgeben, und zum anderen, um zu sehen, wofür Sie Ihr Geld ausgeben. *Solange Sie allerdings noch nicht Ihren finanziellen Schutz erreicht haben, müssen Sie über Budgeting nachdenken.*

Wenn Sie es gewissenhaft machen, werden Sie überrascht sein. Sie finden nachfolgend eine Vorlage für einen Budgetplan. Listen Sie zunächst alle Ihre Einnahmen und Ausgaben auf.

Das Auflisten alleine stellt natürlich noch keinen Plan dar. Dennoch werden Sie dadurch wertvolle Erkenntnisse gewinnen. Sie werden auch sehen, dass zu viel Geld in den folgenden Rubriken landet: Steuern, Auto und Telefon.

Ein Budgetplan geht natürlich über das bloße Auflisten hinaus. Das Planen beginnt erst, nachdem Sie alle Kosten aufgelistet haben. Sie haben zwei Möglichkeiten:

1. Schreiben Sie hinter jede Position, wie viel Sie tatsächlich für diesen

Posten ausgeben wollen. Überlegen Sie nicht, ob es realistisch ist oder wie sehr Sie sich einengen müssten. Der Plan findet oft seine Wege alleine, auch wenn es anfangs unmöglich erschien.

2. Notieren Sie zuerst, wie viel Sie insgesamt maximal pro Monat ausgeben wollen. Und schauen Sie dann, welche Posten Sie kürzen wollen, um diese Summe nicht zu überschreiten.

	Ist		Soll	
	Brutto	*Netto*	*Brutto*	*Netto*
1. Nichtselbständige Arbeit				
2. Selbständige Arbeit				
3. Land- und Forstwirtschaft				
4. Mieteinnahmen (kalt)				
5. Nebenberufliche Tätigkeit				
6. Renten, Pensionen				
Hinterbliebenenrente				
BfA/LVA				
BU/EU (GKV/BG)				
7. BVE Direktversicherung				
Unterstützungskasse				
Pensionskasse				
8. Kapitalanlagen				
9. Versicherungsleistungen				
10. Erziehungsgeld				
11. Kindergeld				
12. Sonstiges: _________				
13. Sonstiges: _________				
14. Urlaubsgeld				
15. Sonderzahlung (13. Gehalt)				
Summe aller Einkommen				
Zu versteuerndes Jahreseinkommen				
Steuerklasse/Kinderfreibeträge				
Kirchensteuersatz (%)				
Spitzensteuersatz (%)				

	Ist	Soll
Transport		
1. Steuern KFZ		
2. Kraftstoff		
3. Reparaturen		
4. KFZ-Versicherungen insgesamt		
5. Flugzeug		
6. Bus, Bahn, Taxi		
7. Leasingraten, Finanzierung		
Kommunikation		
8. Telefon		
9. Handy		
10. Fax		
11. PC: E-Mail		
Freizeit		
12. Rundfunkgebühren		
13. Vereins-, Clubbeiträge		
14. Hobbys		
15. Sport		
Lebenshaltungskosten		
16. Kindergarten		
17. Tierhaltung		
18. Rauchwaren		
19. Lebensmittel		
20. Haushalt allgemein		
21. Kleidung		
22. Freizeit		
23. Urlaub, Reisen		
24. Anschaffungen		
25. Restaurant		
26. Friseur, Kosmetik		
27. Taschengeld		
28. Weiterbildung, Seminare		
29. Zeitschriften, Bücher		

	Ist	Soll
Wohnen		
30. Miete incl. Nebenkosten		
31. Zinsen, Tilgung		
32. Reparaturen		
33. Aufw. Vermietung, Verpachtung		
34. Steuern für Immobilien		
Büro		
35. Miete		
36. Nebenkosten		
37. Büromaterial		
38. Porto		
39. Büroeinrichtung		
40. Personalkosten		
Sparen, Kredit, Versicherung		
41. Spenden		
42. Sparvertrag 1		
43. Sparvertrag 2		
44. Sparvertrag 3		
45. Steuern		
46. Kredit 1		
47. Kredit 2		
48. Kredit 3		
49. Private Krankenversicherung insgesamt		
50. Private Unfallversicherung		
51. Private Altersvorsorge 1		
52. Private Altersvorsorge 2		
53. Private Altersvorsorge 3		
54. Private Altersvorsorge 4		
55. Private Altersvorsorge 5		
56. Private Altersvorsorge 6		
57. Haftpflicht		
58. Rechtsschutz		
59. Hausrat		

	Ist	Soll
Sonstiges		
60. Regelmäßige Ausgaben 1		
61. Regelmäßige Ausgaben 2		
62. Regelmäßige Ausgaben 3		
63. Regelmäßige Ausgaben 4		
64. Regelmäßige Ausgaben 5		

Was tun, wenn Budgeting nicht zu Ihren Stärken zählt?

Besonders beim Budgetplan gilt die Aussage: *Finde einen Coach für deine Stärken und eine Lösung für deine Schwächen.* Für viele Menschen stellt Budgeting eine Schwäche dar. Sollte das bei Ihnen auch der Fall sein, so brauchen Sie eine Lösung.

Wenn Sie es in Ihrem bisherigen Leben nicht bereits gut gemacht haben, wird es wahrscheinlich nie eine Ihrer großen Stärken werden. Sie könnten nun monatlich statt zehn Eis nur drei kaufen und statt Milcheis nun Wassereis schlecken. All das macht Sinn, wenn es sowieso Ihre Stärke ist. Falls es aber nicht Ihre Stärke ist, brauchen Sie, wie gesagt, eine Lösung.

Hier gilt der Satz: *Werden Sie nicht Spezialist in unwesentlichen Dingen.* Oder: *Machen Sie Nebensächlichkeiten nicht zu Ihrer Hauptaufgabe.* Suchen Sie Lösungen für die Posten Ihres Budgets, auf die es meiner Meinung nach wirklich ankommt: Steuern, Auto und Telefon. Wenn Budgeting Ihre Stärke ist, so können Sie in diesen drei Bereichen zur Höchstform auflaufen und wahre Wunder vollbringen ...

1. Steuern

Der deutsche Durchschnittsverdiener arbeitet gut ein halbes Jahr für sich. Danach geht sein ganzes Geld an den Staat (der einen Großteil dieser

Einnahmen dazu benutzt, um die Zinsen seiner Schulden zu bezahlen).
Unsere Abgaben sind immer höher geworden. Uns bleibt immer weniger.

Der größte Ausgabeposten in Ihrem Leben ist die Steuer. Wenn Sie
in Ihrem Arbeitsleben 1,25 Millionen verdienen, gehen über 500 000 €
an den Staat.

Es gibt immer wieder genug Menschen in unserem Land, die viel
verdienen und wenig Steuern zahlen. Teils durch Verlustzuweisungen,
teils durch legale ausländische Firmenkonstruktionen.

Wenn Sie den Standort Deutschland nutzen, um ein hohes Ein-
kommen zu erwirtschaften, sollten Sie meiner Meinung nach auch in
Deutschland Steuern zahlen. Aber innerhalb vernünftiger Grenzen, die
der Kundige kennt und die das Steuergesetz anbietet. Es gibt auch an-
dere Standorte, wo Sie Geld verdienen können.

Mein Vorschlag ist darum, dass Sie sich gute Berater suchen. Mit
Berater meine ich nicht den Steuer-»Berater«, der seine Tätigkeit eher
auf buchhalterische Arbeiten beschränkt, sondern jemanden, der Ih-
nen wirklich Steuern spart. Solche Berater lohnen sich in der Regel ab
einem Jahreseinkommen von 125 000 €. Ab 150 000 € werden sie zu
einem Muss. Oder, wie Aristoteles Onassis sagte: »Ich würde alles noch
einmal so machen, wie ich es getan habe. Bis auf eine Ausnahme: Ich
würde früher bessere Berater suchen.«

2. Auto

Die meisten Deutschen geben viel zu viel Geld für ihr Auto aus. Ein
Auto ist keine Investition. Es ist ein Gebrauchsgegenstand.

Wenn Sie in die Zinseszinstabellen schauen, werden Sie Ihr Auto
anders betrachten. Wenn Sie in den nächsten zehn Jahren immer ein
Auto fahren würden, das nur die Hälfte kostet von dem, was Ihr Auto
jetzt kostet, würden Sie in 25 Jahren wahrscheinlich um mindestens eine
halbe bis eine Million reicher sein. Denn jede 5 000 €, die Sie pro Jahr
an Anschaffungskosten, Benzin, Versicherung, Steuer, Reparatur, In-
spektionen usw. sparen, sind in 20 Jahren durch den Zinseszinseffekt ein
Vielfaches dieser Summe wert (bei 12 Prozent Rendite werden diese

5000 € nach 20 Jahren auf ca. 50 000 € angewachsen sein). Ich möchte Ihnen darum die »Regel« weitergeben, die mir mein Coach damals mitgab: Geben Sie nie mehr für einen Autokauf aus als zwei durchschnittliche Monatsgehälter.

Unter Umständen fällt Ihnen dazu sofort ein: »Was denken dann die anderen?« Ganz gleich, was sie denken, eines ist sicher: Es wird Ihr Geschäft nicht so sehr beeinflussen, wie Sie vielleicht denken. Aber Ihren privaten Wohlstand wird es stark beeinflussen.

Und letztendlich ist der Unterschied zwischen einem Wagen der Mittelklasse und einem Wagen der Spitzenklasse nicht so groß, dass er eine halbe bis eine Million rechtfertigt. Auf keinen Fall jedenfalls, solange Sie die ersten 500 000 bis 1 Million nicht tatsächlich besitzen.

3. Telefon

Wir verbringen zu viel Zeit am Telefon und geben deshalb zu viel Geld aus. Ich habe vor einigen Jahren eine nützliche Angewohnheit angenommen, die meine Telefonkosten schlagartig fast halbiert hat: Bevor ich jemanden anrufe, notiere ich mir kurz den Grund für das Gespräch. Ich plappere nicht lange und gehe zielgerichtet vor. Habe ich mein Ziel erreicht, beende ich das Telefonat rasch.

Ermitteln Sie, welches die großen drei Ausgabeposten in Ihrem Leben sind. Neben den bisher genannten können Sie zuerst hier ansetzen: Reisen, Kleidung, Sport, Hobby, …

Planen Sie jetzt

Sie wissen nun, wie viel Kapital Sie für Ihren finanziellen Schutz benötigen. Sie wissen auch, wo Sie es hernehmen. Sie sind hoffentlich sogar bereit, einen Budgetplan zu machen, bis Sie Ihr erstes Finanzziel erreicht haben.

Nun brauchen Sie einen Plan. Beschließen Sie jetzt, wie viel Geld Sie sparen wollen, um sich einen ausreichenden finanziellen Schutz zu schaffen:

Ich will monatlich _______________ € sparen.

Damit erreiche ich finanziellen Schutz am _________.

Entweder mehr verdienen oder weniger ausgeben

Sollten Sie lieber viel verdienen oder weniger ausgeben? Im Grunde genommen haben Sie diese zwei plus eine Möglichkeit. Benjamin Franklin hat es sehr treffend ausgedrückt:

»Es gibt zwei Wege, um glücklich zu sein. Wir verringern unsere Wünsche oder vergrößern unsere Mittel. Beides führt zum Ziel – das Ergebnis ist dasselbe. Und es liegt an jedem Menschen, für sich selbst zu entscheiden und die Gewohnheit zu prägen, die sich ihm als am einfachsten darstellt.

Wenn du krank oder arm bist – ganz gleich, wie hart es sein mag, deine Wünsche zu verringern, es wird härter sein, die Mittel zu vergrößern.

Wenn du aktiv und wohlhabend oder jung, gesund und stark bist, kann es leichter sein, deine Mittel zu vergrößern, als deine Wünsche zu verringern. Aber wenn du weise bist, wirst du beides gleichzeitig tun, jung oder alt, reich oder arm, krank oder gesund; und wenn du sehr weise bist, dann wirst du beides auf eine Art tun, die zum Glück der Gesellschaft beiträgt.«

Also tun Sie das, was Ihnen leichter fällt, und am besten beides. Zumindest so lange, bis Sie finanziellen Schutz haben. Sie haben dann über 50 Prozent Ihres Weges geschafft. Was danach kommt, ist verhältnismäßig einfach. Aller Anfang ist schwer. Sie müssen Ihre Überzeugungen und Ihre Gewohnheiten ändern.

Das Leichte am Anfang fällt schwer und das Schwere später fällt leicht. Zu sparen ist nicht schwer. Aber weil es unter Umständen für Sie ein völliger Neuanfang ist, ist es zumindest anfangs ziemlich fremd.

Die kluge Investition Ihrer Ersparnisse ist da schon etwas komplizierter. Aber es wird Ihnen leicht fallen, weil es Anlageformen gibt, die es Ihnen einfach machen, und weil Sie gute Berater haben werden, kundigere Bekannte und andere Gewohnheiten.

Was machen Sie mit dem Kapital für Ihren finanziellen Schutz?

Sie benötigen einen Plan, eine Philosophie für den Umgang mit Ihrem Kapital. Ihre endgültige Investitionsphilosophie werden Sie erst am Ende dieses Kapitels festlegen, nachdem Sie Ihre beiden fehlenden Finanzpläne erstellt haben.

Lassen Sie uns dennoch bereits einige Grundbetrachtungen anstellen. Erinnern Sie sich an das, was wir in Kapitel 6 über Schulden gesagt haben. Sie brauchen eine Summe von etwa 25 000 €, von der niemand etwas weiß. Außerdem muss diese Summe zumindest teilweise schnell verfügbar sein. Sie könnten möglicherweise einen Teil des Kapitals für Ihren finanziellen Schutz in ein Bankschließfach legen. Einen anderen Teil könnten Sie so anlegen, dass es gegebenenfalls schnell verfügbar ist.

Auf jeden Fall sollten Sie dieses Geld sehr sicher anlegen. Wenn Sie wenig Risiko eingehen, so werden Sie auch nur moderate Gewinne erzielen. Aber hier geht es in erster Linie darum, dass Sie beschützt sind. Darum sollten Sie dieses Geld nie anfassen – außer in einem absoluten Notfall. Für Spekulationen ist kein Platz.

Investitionen sind darauf ausgerichtet, eine jährliche Rendite zu erzielen. Spekulationen sind dagegen anderer Natur. Hier kaufen Sie etwas, um es später mit Gewinn zu verkaufen. Zwischenzeitlich haben Sie aus der Spekulationsanlage keine Gewinne. Ein Privathaus oder eine teure Uhr ist demnach keine Investition, sondern eine Spekulation.

Die Geschichte von Coca-Cola

Früher war es noch ein Verbrechen, wenn man einen Kredit nicht zurückzahlen konnte. Im alten Babylon konnte man gar als Sklave verkauft werden, später landete man im so genannten Schuldturm.

Aber auch heute erleben wir immer wieder, dass das Leben diejenigen bestraft, die keinen finanziellen Schutz haben. An der Entstehungsgeschichte von Coca-Cola wird das deutlich.

Dr. John Styth Pemberton kreierte eine exotische Mixtur aus Zucker, Wasser, Kokablättern, einer Nussart und Koffein. Er behauptete, der Trunk könne alle nervösen Krankheiten sowie Kopfschmerzen, Hysterie und Melancholie heilen. Insbesondere würden die Kunden aber in einen wunderschönen Zustand versetzt.

Im ersten Jahr seiner Verkaufsbemühungen gab Dr. Pemberton

73,96 Dollar für die Werbung aus. Allerdings verkaufte er nur für 50 Dollar Waren. Dieses Verhältnis verbesserte sich in den nächsten fünf Jahren nicht sonderlich. Mangels Kapital gab Dr. Pemberton auf und verkaufte das Rezept für 2 300 Dollar an einen Drogisten aus Atlanta.

Candler hatte genug Geld, um die Vermarktung vernünftig anzuschieben. Bereits elf Jahre später verkaufte er seine Coca-Cola-Firma und das Rezept für 25 Millionen Dollar an Ernest Woodruff. Woodruff war Banker und wandelte die Firma in eine Aktiengesellschaft um. Bereits im ersten Jahr verkaufte er für 40 Millionen Aktien. Er hatte also den Kaufpreis wieder raus und zusätzlich einen netten Gewinn von 15 Millionen Dollar gemacht.

Von 1929 bis 1937 dauerte die große Weltwirtschaftskrise. Trotzdem gab es einige Menschen, die Kapital investierten. Wer 1932 für einen Stückpreis von 20 Dollar Coca-Cola-Aktien kaufte, konnte sie 1937 für 160 Dollar verkaufen. In einer Zeit, als jeder vom Weltuntergang sprach, gab es Menschen, die ihr Geld innerhalb von fünf Jahren verachtfachten!

Und was machte den Unterschied aus? Der Besitz von Geld! Lassen Sie also Ihr Geld nicht mehr zwischen Ihren Fingern zerrinnen. Halten Sie zumindest einen Teil davon fest. Es wird Sie in jeder Hinsicht reich belohnen – nicht nur finanziell.

Vielleicht mag es Ihnen schwer erscheinen, sofort damit zu beginnen, Ihren finanziellen Schutz zu schaffen. Glauben Sie mir, es wird auf jeden Fall schwerer für Sie, wenn Sie keinen finanziellen Schutz haben.

Mit Ihrem finanziellen Schutz haben Sie bereits die Voraussetzung für Ihre großen finanziellen Ziele geschaffen. Wenn Sie zum Beispiel 75 000 € für Ihren finanziellen Schutz benötigen und diese Summe nun zwanzig Jahre lang mit 15 Prozent anlegen, so erhalten Sie ungefähr 1,2 Millionen €. In der Vergangenheit haben wir gesehen, dass solche Prozentsätze tatsächlich zu erzielen sind.

Wenn Sie nun zusätzlich während dieser zwanzig Jahre 750 € monatlich sparen und für 12 Prozent jährlich anlegen, so erhalten Sie noch einmal 650 000 €. Sie hätten insgesamt also 1,85 Millionen € (eine Million und Achthundertfünfzigtausend) – ein nettes Sümmchen.

Die Frage ist nur, ob Ihnen das reicht. Können Sie sich damit wirk-

lich Ihre Träume erfüllen? Was bedeutet finanzielle Freiheit für Sie, und
wie viel Geld brauchen Sie dafür? Bevor wir diese Fragen klären, wol-
len wir zunächst Ihre finanzielle Sicherheit schaffen.

Der zweite Plan: finanzielle Sicherheit

Ihr erstes Ziel, finanzieller Schutz, hat viele Vorteile: Sie können eine
Krise gut durchstehen, Sie haben das Gefühl, geschützt zu sein, Sie sind
auf alles Unvorhersehbare vorbereitet. Aber der finanzielle Schutz hat
einen entscheidenden Nachteil: Wenn ein Notfall eintritt, müssen Sie
Ihr Geld aufbrauchen. Sie haben dann zwar eine Krisensituation finan-
ziell gut überbrückt, aber Ihr Kapital ist weg. Wirklich sicher sind Sie
dagegen erst, wenn Sie genug Kapital angehäuft haben, dass Sie von den
Zinsen leben können.

Bitte listen Sie zunächst noch einmal die Posten auf, die Sie auf je-
den Fall bezahlen müssen. Hier geht es nicht darum, dass Sie große
Sprünge machen können. Für Ihre Träume erstellen wir später einen
Plan für die finanzielle Freiheit. An dieser Stelle jedoch schaffen wir
nur eine Situation der Sicherheit. Ganz gleich, was auch immer ge-
schieht, Sie können gut leben, ohne dass Sie sich Gedanken machen
müssen, woher das Geld kommt. Sie haben also bereits Ihre Geldma-
schine. Sie haben eine Gans gezüchtet, die für Sie goldene Eier legt.

Listen Sie also alle Ihre notwendigen Ausgaben und Kosten pro
Monat auf:

1. Hypothek/Miete: ________________ €
2. Essen/Haushaltsgeld: ________________ €
3. Auto: ________________ €
4. Versicherungen: ________________ €
5. Steuern: ________________ €
6. Unterhaltszahlungen: ________________ €
7. Telefon: ________________ €
8. Kredite: ________________ €

9. Sonstiges: ___________ €
10. Sparen (Urlaub, größere Anschaffungen): ___________ €
11. Weiterbildung: ___________ €
12. Spenden und Hilfe für Bedürftige: ___________ €

___________ €

Summe pro Monat: ___________ €

Wie viel Kapital benötigen Sie?

Sie haben jetzt die Mindestsumme ermittelt, die Sie jeden Monat benötigen, um einigermaßen vernünftig leben zu können. Sie wissen also, wie groß die goldenen Eier sein müssen, die Sie jeden Monat benötigen. Damit lässt sich auch sehr einfach die Größe der Gans ermitteln.

Mit anderen Worten: Sie brauchen also genug Kapital, das, vernünftig angelegt, Ihnen monatlich genug Zinsen bringt, um die oben genannten Posten bezahlen zu können. Die Frage ist, zu welchen Renditen Sie diesen Betrag anlegen können. Gehen wir ganz vorsichtig daran und unterstellen wir »nur« 8 Prozent netto. Schließlich geht es hier um Sicherheit. Die Faustformel ist einfach:

> *Betrag, der monatlich benötigt wird x 150 = Menge an Kapital*

Ein Beispiel: Nehmen wir an, Heidi Hamster benötigt 2 000 € monatlich, um alle Kosten zu bezahlen. Sie rechnet also nach der Formel:

$$2\,000 \text{ € x } 150 = 300\,000 \text{ €.}$$

Demnach benötigt Heidi Hamster lediglich 300 000 €, um jeden Monat die 2 000 € zur Verfügung zu haben, die sie haben will. Sie muss ihre Gans nie mehr angreifen. Die 300 000 € produzieren die goldenen Eier, ohne dass sie jemals auch nur einen Euro von dieser Summe nehmen müsste. Sie kann damit gut alle ihre Rechnungen bezahlen und außerdem noch Geld weglegen für Anschaffungen und Urlaub. Sie hat demnach mit 300 000 € ihre finanzielle Sicherheit erreicht, kann von ihrem Kapital leben und bräuchte theoretisch nie mehr zu arbeiten.

Rechnen Sie nun bitte die Summe aus, die Sie für Ihre finanzielle Sicherheit benötigen.

Monatlicher Betrag ___________ x 150 = ___________ €.

Überlegen Sie sich einen Moment, was Sie alles tun könnten, wenn Sie bereits jetzt diese Summe an Kapital hätten. Ich möchte Ihnen eine Hilfestellung geben, damit Sie diese Frage leichter beantworten können:

Stellen Sie sich vor, Sie hätten nur noch sechs Monate zu leben. Was würden Sie dann alles noch tun wollen? Welche Orte würden Sie besuchen, mit welchen Menschen würden Sie zusammen sein wollen, und welche Dinge würden Sie noch schaffen wollen, die Sie überdauern?

Wahrscheinlich werden Sie viel länger leben als sechs Monate, aber Sie werden nicht ewig leben. *Was hält Sie also davon ab, die Dinge zu tun, die Ihnen wirklich wichtig sind, wenn nicht das Geld?* Sehen Sie, wie gefährlich es ist, dem Geld nicht die Aufmerksamkeit zu schenken, die es verdient? Sie sind es sich einfach schuldig, ein Leben an der Sonne zu führen.

Die Summe, die Sie soeben aufgeschrieben haben, würde einen entscheidenden Unterschied in Ihrem Leben ausmachen. Stellen Sie sich also die Frage: Inwieweit würde dieses Geld Ihren Tagesablauf verändern? Würden Sie dann noch die Arbeit tun, die Sie im Moment ausführen?

Als Franz von Assisi eines Tages Gras mähte, wurde er von einem anderen Mönch gefragt: »Wenn du in einer Stunde sterben würdest, was würdest du dann tun?« Franz von Assisi antwortete: »Weitermähen.« Das war alles, was er sagte. Er würde weitermähen, weil ihm genau das, was er tat, den größten Spaß bereitete. Wohlgemerkt, er sagte nicht »schneller mähen« oder »fertigmähen«, sondern einfach nur »weitermähen«.

Wenn Sie nicht gerade die Sicherheit der Klostermauern ausgesucht haben, um eine finanzielle Sicherheit zu finden, dann sollten Sie ernsthaft in Erwägung ziehen, die dafür notwendige Summe Kapital so schnell wie möglich zu schaffen.

Sie sind sich Wohlstand schuldig

In sieben Jahren werden Sie entweder Ihre finanzielle Situation nicht verändert haben oder sich Ihre Sicherheit zumindest teilweise geschaffen haben. In sieben Jahren beginnt die Zukunft, die Sie heute vorbereiten.

Der Hauptgrund, warum Menschen nicht die Tätigkeit ausüben, an der sie richtig Spaß haben, ist der Mangel an Geld. Das ist schade und eine Verschwendung von Energie. Es ist besonders deshalb tragisch, *weil wir nur dann richtig gut sind, wenn wir etwas tun, was wir lieben.* Wer nie über eine längere Zeit an einem Projekt gearbeitet hat, das ihn mit Freude erfüllte und ihm sinnvoll erschien, der weiß nicht, wie viel Potenzial wirklich in ihm steckt.

Und immer wieder liegt es am Geld, dass Menschen den entscheidenden Schritt nicht machen und sich nicht den Aufgaben widmen, die ihnen Spaß machen würden.

Power-Tipp

Schaffen Sie sich finanzielle Sicherheit so schnell wie irgend möglich.

- Sobald Sie Ihren finanziellen Schutz erreicht haben, legen Sie alles verfügbare Geld an, um finanzielle Sicherheit zu erreichen.
- Erst wenn Sie finanzielle Sicherheit haben, werden Sie nie mehr Ihr Kapital angreifen müssen.

- Sie können leben, wo Sie wollen, tun, was Sie wollen, und dennoch alle Rechnungen bezahlen.
- Sie können sich ausschließlich den Dingen widmen, die Ihnen Freude bereiten und die Ihren Talenten entsprechen.
- Nehmen Sie den Glaubenssatz von W. Clement Stone an: »Ein Mensch, der nicht sparen kann, hat es nicht verdient, vernünftig und intelligent genannt zu werden.«
- Sie haben zwei Möglichkeiten:
  1. Sie lassen die Zeit für sich arbeiten und erreichen Ihr Ziel in 20 Jahren bequem.
  2. Sie arbeiten immer wieder mit Kapitel 7 und verdoppeln Ihr Einkommen mehrmals. Dann erreichen Sie Ihr Ziel in sieben Jahren.

In der nachfolgenden Tabelle sehen Sie auf einen Blick, wie viel Kapital Sie bei einem Zinssatz von 8 Prozent jährlich (das sind monatlich 0,67 Prozent) benötigen, um Ihre monatlichen Kosten zu decken. Alle diese Zahlen setzen jedoch voraus, dass Sie rechtzeitig zu sparen beginnen.

Aus Kapitel 5 wissen Sie bereits, dass es Profi- und Amateurstrategien gibt. Die Amateurstrategien sind nur auf kurzfristiges Glück ausgelegt. Die Profistrategien richten hingegen ihr Augenmerk auch auf das langfristige Glück. Denn wie Sie bereits wissen, wirken sich die Finanzen immer auch auf die anderen Lebensbereiche aus.

Amateure konzentrieren sich nur auf das Jetzt und übersehen, dass sie einmal in der Zukunft leben werden. Und so müssen sie sich ihr ganzes Leben immer wieder mit den gleichen Problemen herumschlagen. Denn sie haben es versäumt, durch kluges Sparen eine Situation zu schaffen, in der es keine finanziellen Sorgen mehr gibt.

Die Profis handeln ganz anders. *Sie leben jetzt und bereiten ihre Zukunft vor.* Sie bezahlen sich darum selbst zuerst. Werden auch Sie ein Geld-Profi.

Und da Sie bis hierher gelesen haben, wissen Sie, dass es keine Ent-

Kapital	monatliches Einkommen
62 500 €	416 €
125 000 €	833 €
250 000 €	1 667 €
375 000 €	2 500 €
500 000 €	3 333 €
625 000 €	4 167 €
750 000 €	5 000 €
875 000 €	5 833 €
1 000 000 €	6 667 €
1 250 000 €	8 333 €
1 500 000 €	10 000 €
1 750 000 €	11 667 €
2 000 000 €	13 333 €
2 500 000 €	16 667 €
3 000 000 €	20 000 €
3 500 000 €	23 333 €
4 000 000 €	26 667 €
4 500 000 €	30 000 €
5 000 000 €	33 333 €
6 000 000 €	40 000 €
7 000 000 €	46 667 €
8 000 000 €	53 333 €
10 000 000 €	66 667 €
15 000 000 €	100 000 €
20 000 000 €	133 333 €
25 000 000 €	166 667 €
50 000 000 €	333 333 €
100 000 000 €	666 667 €

schuldigung gibt. Sie sind verantwortlich. Sie haben die Macht über Ihr Leben. Und Sie können jederzeit Ihre Glaubenssätze ändern. Sie können neue Einstellungen annehmen. Und nun zu Ihren Träumen.

Der dritte Plan: finanzielle Freiheit

Möglicherweise wollen Sie nur finanzielle Sicherheit als Ihr höchstes
Ziel erreichen. Möglicherweise wollen Sie aber mehr, nämlich richtig
frei sein. Für diesen Fall wollen wir nun auch dieselbe Vorgehensweise
anwenden, um den Plan für Ihre finanzielle Freiheit anzufertigen. Hier
geht es um Ihre Träume.

Wussten Sie, dass die meisten Menschen ihre Träume vor allem des-
halb nie erreichen, weil sie nie überlegt haben, was sie dafür tun müss-
ten? *Sie wissen nicht, was ihre Träume kosten würden.* Und genau damit
wollen wir uns jetzt beschäftigen.

Greifen Sie Ihr Kapital nie mehr an

Vorab müssen wir aber einen wichtigen Grundsatz klären: Sie wollen
Ihre Gans nie mehr schlachten. Sie wollen ihr auch nicht kleine
Stückchen abschneiden. Sie greifen Ihr Kapital nie mehr an. Sie erfül-
len sich alle Träume mithilfe der goldenen Eier. Das bedeutet auch, dass
Ihre goldenen Eier groß genug sein müssen, um Ihre Träume zu be-
zahlen.

Wenn Sie sich beispielsweise ein Haus kaufen wollten, könnten Sie
dieses sicherlich gut aus Ihrem Vermögen bezahlen, wenn Sie Ihre fi-
nanzielle Freiheit erreicht haben. Dann würden Sie aber Ihr Vermögen
schmälern, und das wollen Sie nicht. Sie kaufen darum alle größeren
Anschaffungen per Ratenzahlung, die Sie aus Ihren monatlichen Zins-
erträgen gut leisten können.

Wie Sie ausrechnen, was Ihre Träume kosten

1. *Sie listen also zunächst alle Ihre Wünsche auf.* Überlegen Sie nicht, in-
   wieweit diese Wünsche realistisch sind. Wir wollen zunächst einmal

nur Ihre Wünsche kennen lernen und herausfinden, was sie kosten würden.

2. Nachdem Sie die einzelnen Posten aufgelistet haben, *schreiben Sie dahinter, wie hoch der Anschaffungspreis ungefähr ist.*

3. Denken Sie aber daran, dass Sie niemals Ihr Gans-Geld angreifen wollen. Darum kaufen Sie alle größeren Anschaffungen nur per Ratenzahlung. *Rechnen Sie nun also aus, wie hoch die monatlichen Raten per Anschaffung sind.* Zur Vereinfachung schlage ich vor, dass Sie für Immobilien einen Teiler von 120 ansetzen. Für alle übrigen Anschaffungen einen Teiler von 50.

Sie wollen ein Haus für 1,3 Millionen kaufen. Sie teilen dann diese Summe durch 120 und erhalten die monatliche Rate von 10 833 € für Zinsen und 4 bis 6 Prozent Tilgung.

Außerdem wollen Sie ein Boot im Wert von 240 000 € erwerben. Diese Summe teilen Sie durch 50 und erhalten Ihre monatliche Rate von 4 800 € für Zinsen und Tilgung innerhalb von fünf Jahren.

Angenommen, Sie reisen gerne und wollen jedes Jahr mehrere Reisen durchführen, die zusammen 35 000 € kosten würden. Sie teilen dann diese 35 000 € durch 12 und rechnen die 2 916 € auf den Betrag, den Sie monatlich weglegen müssen, um diese Reisen durchführen zu können.

4. *Sie listen alle Ihre laufenden Kosten auf,* die Sie auch dann noch haben, wenn Sie finanziell frei sind. Und auch diese wollen Sie ja aus den laufenden Kapitalerträgen bezahlen. Orientieren Sie sich an den Kosten, die Sie bei der Planung für Ihren finanziellen Schutz aufgelistet haben. Berücksichtigen Sie aber, dass Ihre Kosten bei einem höheren Lebensstil erheblich ansteigen können.

Listen Sie nun also alles auf. Und rechnen Sie anschließend zusammen, welche Rendite Sie pro Monat bräuchten, um all das bezahlen zu können.

Traumkosten	Anschaffungswert	monatliche Raten
1. Haus		
2. Zweithaus		
3.		
4. Auto		
5.		
6.		
7.		
8.		

Monatliche Raten für Ihre Träume: _____________ €

Ermitteln Sie nun Ihre laufenden monatlichen Kosten:

1. Essen/Haushaltsgeld: _____________ €
2. Angestellte: _____________ €
3. Auto: _____________ €
4. Versicherungen: _____________ €
5. Steuern: _____________ €
6. Telefon: _____________ €
7. Urlaub: _____________ €
8. Kleinere Anschaffungen: _____________ €
9. Vergnügen: _____________ €
10. Geschenke: _____________ €
11. Weiterbildung: _____________ €
12. Spenden und Hilfe für Bedürftige: _____________ €
13. Sonstiges: _____________ €
_____________ €

Laufende Kosten insgesamt: _____________ €
Monatliche Kosten für Träume insgesamt: _____________ €
Monatliche Kosten für Ihre finanzielle Freiheit: _____________ €

Jetzt kennen Sie den Betrag, den Sie für ein gutes Leben benötigen. Sie
wissen also, wie groß die goldenen Eier sein müssen, um Ihren Traum-
lebensstil zu finanzieren. Nun müssen wir noch die Größe der Gans

ermitteln. Sie brauchen ja genug Kapital, das, gut angelegt, Ihnen monatlich so viel Erträge bringt, wie Sie benötigen, um alle gelisteten Posten bezahlen zu können. Gehen wir wieder von 8 Prozent netto pro Jahr aus (also 0,67 Prozent monatlich). Sie müssen also die Summe, die Sie monatlich zur Verfügung haben wollen, mit 150 multiplizieren:

$$\_\_\_\_\_\_\_\_\_\_ \, € \times 150 = \_\_\_\_\_\_\_\_\_\_ \, €.$$

Nun kennen Sie den Betrag, den Sie benötigen, um sich alle Ihre Wünsche erfüllen zu können. Nun müssen Sie überlegen, wie Sie Ihr Geld am besten anlegen, um Ihre Ziele zu erreichen.

Ihre Investmentstrategie

Sie besitzen nun drei verschiedene, aufeinander aufbauende Finanzpläne. Für jeden Plan brauchen Sie eine andere Investitionsstrategie.

Kein Risiko für Ihren finanziellen Schutz

Wichtigstes Kriterium ist die Verfügbarkeit. Sie müssen täglich an Ihr Geld herankönnen. Am besten legen Sie darum Ihr Geld in einen Safe oder in einen Cash-Geld-Fonds. Bis Sie Ihren finanziellen Schutz erreicht haben, sollten Sie kein Risiko eingehen. Sie wählen darum, wenn überhaupt, risikoarme Anlagen. *Aber auch hier sollten Sie darauf achten, Ihr Risiko zu streuen.* Stecken Sie niemals Ihr ganzes Geld in eine einzige Anlage, selbst wenn »Ihr ganzes Geld« nur 1 000 € sind. *Denken Sie daran, dass eine Risikostreuung immer auch eine Vermehrung der Gewinnchancen bedeutet.*

Halten wir fest, dass bei Ihrem finanziellen Schutz die Sicherheit im Vordergrund steht. Sie sollten also niedrige Renditen in Kauf nehmen und einen Teil Ihres Geldes bar in einem Banksafe deponieren. Wenn Sie trotzdem schon in Fonds investieren wollen, empfehle ich Ihnen einen Sparplan.

40-40-20 für Ihre finanzielle Sicherheit

Um finanzielle Sicherheit zu erreichen, müssen Sie Ihr Geld schon etwas anders verteilen. Ein großer Teil Ihres Geldes bleibt zwar in risikoarmen Anlagen, aber Sie können nun 40 Prozent Ihres Geldes in Anlagen mit moderatem Risiko anlegen. Dadurch, dass Sie das Geld über einen langen Zeitraum hinweg nicht anfassen, sowie durch den Cost-Average-Effekt wird das Risiko erheblich reduziert. Die restlichen 20 Prozent können Sie in risikoreichere Anlagen stecken. Dazu gibt es spekulativere Fonds, beispielsweise Emerging-Market-Fonds oder Länder-Fonds, also alle speziellen Fonds und unternehmerische Beteiligungen. Auch hier wird das Risiko durch die Zeit und den Cost-Average-Effekt verringert. Auf der anderen Seite aber haben Sie enorme Gewinnchancen.

Wichtig ist, dass Sie das Geld für Ihre finanzielle Sicherheit niemals für hoch risikoreiche oder gar spekulative Dinge einsetzen. Dieses Geld rühren Sie einfach nie an. Sie legen es so an, dass Ihre Sicherheit niemals gefährdet wird.

50 Prozent mittleres, 50 Prozent hohes Risiko für Ihre finanzielle Freiheit

Nachdem Sie Ihre finanzielle Sicherheit erreicht haben, nehmen Sie einen Teil Ihres Geldes und investieren es in den Aufbau Ihrer finanziellen Freiheit. Hier gehen Sie auch größere Risiken ein. Sie suchen nach Anlagen mit deutlich über 12 Prozent, und selbst wenn Sie mit der einen oder anderen Anlage verlieren sollten, so wird das von einer Anlage, die hohe Gewinne erzielt, leicht wieder aufgefangen. Auch hier gibt es traditionsreiche und bekannte Fonds, die über die letzten Jahre durchschnittlich deutlich über 12 Prozent Gewinn pro Jahr gemacht haben. Achtung: Je mehr Wertsteigerung Sie erhalten wollen, umso mehr müssen Sie sich aktiv um Ihre Anlagen kümmern.

Und selbst wenn sich alles gegen Sie verschwören sollte, so haben Sie ja immer nur den Teil Ihres Kapitals riskiert, den Sie nicht für Ihre finanzielle Sicherheit brauchen.

Zusammenfassend können wir es anhand von drei Kesseln darstellen:

Anmerkung: Füllen Sie immer zuerst den ersten Kessel und danach den zweiten. Nur den überfließenden Teil aus dem zweiten Kessel (Geld, das Sie nicht für Ihre finanzielle Sicherheit benötigen) verwenden Sie, um den dritten Kessel zu füllen. So riskieren Sie nie Ihre finanzielle Sicherheit.

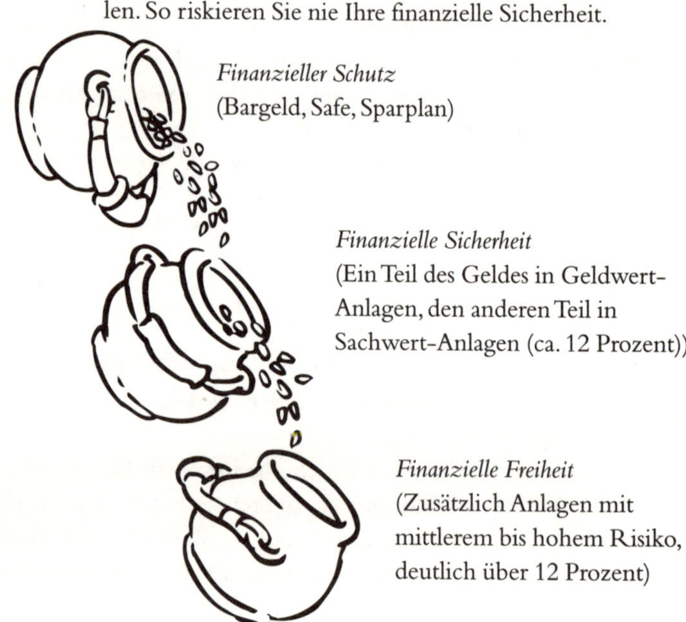

Wenn Sie dieser Investitionsphilosophie folgen, kann nichts schiefgehen. Sie sind immer auf der sicheren Seite und haben trotzdem die Möglichkeiten, alle Ihre Träume zu erreichen.

Die Entscheidung für ein Ziel ist der halbe Weg

Jetzt geht es darum, den entscheidenden Schritt zu tun: Sie müssen eine bewusste Entscheidung treffen. Wollen Sie sich wirklich finanzielle Freiheit schaffen? Wollen Sie sich vor allem dazu verpflichten?

Sind Sie bereit, das Szenario, das Sie eben aufgelistet haben, immer und immer wieder zu visualisieren, bis es zu einem absoluten Muss für Sie geworden ist?

Bitte lesen Sie nicht weiter, bis Sie eine bewusste Entscheidung getroffen haben. Diese Entscheidung beinhaltet, dass Sie tatsächlich alles tun, von dem Sie nun wissen, dass es notwendig ist. Sie wissen, dass Sie mit Ihren Glaubenssätzen anfangen müssen. Sie müssen großen Schmerz mit der Vorstellung verbinden, diese Ziele nicht zu erreichen, und große Freude mit der Vorstellung verknüpfen, dass Sie sie erreichen.

Sie sollten sich die Gründe unbedingt bewusst machen, warum Sie ein solches Leben unbedingt führen müssen. Denken Sie daran: Sie müssen sich jeden Tag strecken und Ihr Bestes geben. Sie müssen konstant lernen und wachsen. Sie müssen 110 Prozent geben. Sie müssen alles geben, um der Beste zu sein, der Sie sein können.

Wollen Sie das wirklich? Sind Sie tatsächlich bereit, den Preis zu zahlen, den jeder zahlen muss, der reich und glücklich werden will? Wenn Sie sich dazu entschließen – und dazu möchte ich Sie ermutigen –, dann verpflichten Sie sich dazu: *Versprechen Sie sich, dass Sie sich nie mehr mit weniger zufrieden geben wollen als mit dem Besten.*

Als ich dieses Konzept vor Jahren das erste Mal hörte, konnte ich es kaum glauben. Aber es stimmt tatsächlich. Wenn Sie sich für ein Ziel entschieden haben und sich einen schriftlichen Plan machen, haben Sie es schon zu 50 Prozent erreicht. Es gibt dafür vier wichtige Gründe:

1. Ziele erweitern Ihre Wahrnehmung für Chancen

Dadurch, dass Sie sich verpflichtet haben, betrachten Sie jeden Menschen, der durch Ihr Leben geht, mit anderen Augen. Jede Situation hat für Sie eine Bedeutung. Sie fragen sich ständig: Wie kann mir das für mein Ziel helfen? Und wie kann ich das sofort in Handlungen umsetzen?

Je deutlicher Sie Ihr Ziel formuliert haben und je stärker Sie sich verpflichtet haben, desto mehr können Sie Gebrauch von den beiden entscheidenden Fragen machen: Wie trifft das auf mich zu? Wie kann ich sofort handeln?

2. Ziele geben Ihnen Lösungsorientierung

Die meisten Menschen verschwenden ihre Zeit damit, zu lange über Probleme nachzudenken. Menschen mit einem Ziel haben dafür einfach keine Zeit. Sie wollen ihrem Ziel näher kommen und suchen daher ständig nach Lösungen und Wegen. Sie konzentrieren sich auf das Ziel. *Und solange ein Mensch seine Augen auf ein Ziel gerichtet hält, kann keine Angst aufkommen.*

3. Ziele lassen Sie spielen, um zu gewinnen

Es ist ein großer Unterschied, ob wir spielen, um nicht zu verlieren, oder ob wir spielen, um zu gewinnen. Wenn Sie einen Menschen kennen lernen, fühlen Sie sofort, ob er nur nicht verlieren will oder ob er gewinnen will. Sie sehen es in seinen Augen, erkennen es an seinem Gang, und Sie hören es zwischen seinen Worten.

Große Ziele lassen nicht zu, dass wir eine unwürdige Minimalexistenz führen. Sie müssen Ihr Maximum geben. Sie müssen leben, um zu gewinnen.

4. Alles wird wichtig, wenn Sie ein Ziel haben

Menschen ohne Ziel leben nach dem Motto: Ein bisschen von etwas Schlechtem schadet mir nicht. Wer ein Ziel hat, für den ist alles und jedes Detail wichtig.

Nehmen Sie einen Radrennfahrer. Glauben Sie, er sagt: »Ein Kilo Übergewicht schadet doch nicht«? Radprofis werden niemals so denken, denn sie wissen, dass sie durch jedes Kilo Übergewicht am Berg eine entscheidende Minute langsamer werden.

In dem Moment, in dem Sie ein Ziel haben, wird alles wichtig. Alles, was Sie tun, wird Sie entweder Ihrem Ziel näher bringen oder Sie von Ihrem Ziel weiter entfernen. Es gibt kein Neutral.

Wie gesagt: Eine bewusste Entscheidung ist die Voraussetzung. Und wer sagt, »ich kann mich ja später entscheiden«, der belügt sich selbst. *Denn wenn Sie (jetzt) keine Entscheidung treffen, dann haben Sie sich entschieden.* Sie haben sich entschieden, alles beim Alten zu lassen und nichts zu verändern. Sie haben sich entschieden, sich von Ihrem Ziel weiter zu entfernen. Also entscheiden Sie sich jetzt!

Ist es hart, finanzielle Freiheit zu erreichen?

Ich glaube, Sie kennen die Anwort. Ja, es ist hart. Aber es ist viel härter, sie nicht zu erreichen. Es ist hart, sich zu strecken. Aber es ist viel härter, langsam zu sterben. Es ist nicht gut, auf dieser Welt zu sein, ohne zu wissen, wozu wir in der Lage sind. Denn erst wenn wir alles geben, fühlen wir, was Leben wirklich bedeutet. Erst dann erfüllen wir unsere Mission, erst dann hat unser Leben einen Sinn.

Wie gesagt, ich will nicht behaupten, dass es einfach werden wird. Aber ich behaupte, dass wir keine Alternative haben, wenn wir ein erfülltes Leben leben wollen.

Heinz Körner schreibt in seinem Buch *Johannes*: »Tief im Inneren spürt jeder die Möglichkeit, den Sumpf zu verlassen und an der Sonne zu leben. Doch die Angst vor der Sonne, vor der Freiheit, ja, die Angst vor den eigenen Möglichkeiten lässt uns in unserer gewohnten Umgebung verharren. Sie lässt uns den Gestank und die Unbeweglichkeit, die Dunkelheit und den Morast als annehmbar erscheinen. Und dabei versinkt jeder Tag für Tag ein Stück mehr in diesem Sumpf. Mit jedem Tag, den einer darin verbringt, wird es noch schwerer, ihn zu verlassen.

Ja, und so beschäftigt sich jeder damit, wie man am besten den Gestank vertreibt, wie man den schleimigen und dreckigen Morast am besten ertragen kann und wie man die Zeit des allmählichen Versinkens noch am angenehmsten verbringt. Doch jeder, der es besser weiß, hat die Verantwortung für sich zu übernehmen und den besten Weg an die Sonne zu suchen.«

Was Menschen unterscheidet und letztlich trennt, ist die Zufriedenheit und Bequemlichkeit. Wir dürfen nie der Zufriedenheit erliegen.

Eine bessere Welt wird es niemals geben, solange jeder nur davon träumt. Nur wenn jeder damit beginnt, im Rahmen seiner Möglichkeiten zu handeln, wird das eintreten, wovon wir alle träumen. Ich spreche nicht davon, es zu versuchen oder zu hoffen, dass irgendetwas geschieht. Ich spreche davon, dass Sie Verantwortung für Ihre Talente und Möglichkeiten übernehmen und Ihre Träume tatsächlich umsetzen.

Nicht von einer Welt ohne Sumpf reden und träumen, sondern sie zu verwirklichen ist unsere Aufgabe. Wir brauchen integre Menschen. Menschen, die tun, was sie sagen. Menschen, die ihre Träume verwirklichen.

Angst ist ein schlechter Ratgeber

Wissen Sie, was die meisten Menschen davon zurückhält, das Leben zu leben, von dem sie träumen? Angst. Die Angst vor Fehlern. Die Angst zu versagen, sich zu blamieren, andere und sich selbst zu enttäuschen, die Angst, eine falsche Entscheidung zu treffen.

Die Angst darf niemals zu Ihrem Ratgeber werden. Denn es gibt kein Versagen. Ja, Sie haben richtig gelesen: Es gibt kein Versagen. Die amerikanische Showmasterin Oprah Winfrey bringt es auf den Punkt: »Ich glaube nicht an Versagen. Denn es ist niemals Versagen, wenn Sie Spaß an der Durchführung haben.«

Es gibt kein Versagen, es gibt lediglich Ergebnisse. Bei mindestens 70 Prozent aller Beratungen, die ich durchführe, stoße ich auf Versagensangst als größten Hemmschuh. Dabei können wir bedenkenlos behaupten, dass fast alle großen Erfolge auf dieser Welt erst nach anfänglichen Fehlschlägen entstanden sind.

Es wird Zeit, dass wir unsere Einstellung zu Versagen und Fehlern verändern. Denn dadurch werden unzählige Menschen davon abgehalten, als Sieger durch die Welt zu gehen.

Fehler sind gut

Wir müssen handeln ohne Angst vor Fehlern zu haben. Wir sollen nicht zu Menschen werden, die keine Fehler machen, sondern zu Menschen, die nicht aufgeben.

Watson Senior, der Gründer von IBM, wurde einmal gefragt, was man tun müsse, um in seinem Unternehmen wie auch in jedem anderen Unternehmen voranzukommen. Er antwortete: »Verdoppeln Sie die Anzahl Ihrer Fehler.«

Wenn Sie die Geschichte erfolgreicher Menschen studieren, werden Sie immer eine Geschichte mit vielen Fehlern finden.

Thomas Edison erfand bekanntlich die Glühbirne. Nachdem er ungefähr 9 000 Fehlversuche durchgeführt hatte, fragten ihn Freunde: »Willst du tatsächlich 10 000 Mal versagen?« Edison antwortete: »Ich habe nicht versagt. Ich habe nur eine neue Art kennen gelernt, wie man die Glühbirne nicht erfinden kann. Jedes Experiment bringt mich der Entdeckung näher.«

Gerd Müller ging in die Geschichte ein als der Mann, der mehr Tore in einer Nationalmannschaft geschossen hat als irgendjemand sonst. Er führte aber auch in einer anderen Statistik: Es gab niemanden in einer Nationalmannschaft, der öfter daneben geschossen hatte.

An den, der aufgibt, erinnert man sich als Versager, und denjenigen, der beharrlich ist, behält man als bedeutende Persönlichkeit im Gedächtnis. Es geht also nicht darum, Fehler zu vermeiden, sondern darum, dass nichts und niemand Sie davon abbringt, Ihren Weg zu gehen. *Andere können Sie vorübergehend aufhalten, aber nur Sie selbst können sich für immer stoppen.*

Wollen Sie wirklich finanzielle Freiheit?

Um diese Frage zu beantworten, sollten wir uns die Chancen anschauen, Millionär zu werden. In Deutschland teilen sich die Millionäre wie folgt auf:

- 74 Prozent Unternehmer,
- 10 Prozent Topmanager (insbesondere Vorstandsebene),
- 10 Prozent Freiberufler (hauptsächlich Ärzte, Architekten und Anwälte),
- 5 Prozent Verkäufer,
- 1 Prozent andere.

Sie sehen zweierlei: Erstens haben Sie kaum eine Chance, Millionär zu werden, wenn Sie sich nicht selbständig machen oder als Angestellter in den Vorstand berufen werden.

Und zweitens haben Sie einfach die größte Chance, finanziell unabhängig zu werden, wenn Sie Unternehmer sind. Es mag viele Nachteile und Risiken geben, die für Sie dagegen sprechen, sich selbständig zu machen, aber drei von vier Millionären sind Unternehmer.

Darum sagte Paul Getty, der zu seiner Zeit der reichste Mann der Welt war: »Es gibt nur einen einzigen Weg, abgesehen von ein paar Ausnahmefällen, sich ein echtes Vermögen aufzubauen: Man muss sein eigenes Unternehmen gründen.«

Hier scheiden sich die Geister. Es ist nämlich mehr notwendig, als ein bisschen zu sparen oder zu investieren. Es reicht nicht, in die richtige Richtung zu gehen, Sie müssen einen großen Sprung in die richtige Richtung machen.

Dabei sollte Sie die Angst vor Fehlern und Risiken niemals dazu bewegen, ein Leben nach dem Minimalkonzept zu leben. Denn wirklich zufrieden sind wir nur, wenn wir alles geben.

Nur wer nichts tut, macht keine Fehler

Mein letzter Mentor meinte: »Wenn du nicht regelmäßig Fehler machst, dann ist das nur ein Zeichen dafür, dass du nicht genug riskierst und nicht dein Äußerstes gibst.«

Mentoren holen das Äußerste aus uns heraus. Sie fordern uns auf, Risiken einzugehen. Sie sagen uns Dinge wie: Wer nichts riskiert, tut nichts, hat nichts und ist nichts. Mentoren treffen uns mit ihren Worten. Und wir sollten uns freuen, dass wir noch getroffen werden können. Denn das ist ein Zeichen von Lebendigkeit.

Der Weg zum Erfolg führt über Fehler. Erst wenn wir vorwärts gehen, ohne uns vor Fehlern zu fürchten, breitet sich das Leben vor uns in seiner ganzen Fülle aus. Dann erkennen wir, dass es so etwas wie eine Fügung in unserem Leben gibt. Alles, was wir erlebt haben, hat einen Sinn. Alle unsere Erfahrungen und Erlebnisse münden in die Aufgabe, die wir jetzt zu erfüllen haben. Alles hat eine Bedeutung. Wir müssen sie nur erkennen. Jeder Fehler, den wir begangen haben, hilft uns. Jeder Mensch, den wir in der Vergangenheit kennen gelernt haben, führt uns zu neuen Menschen und neuen Möglichkeiten. Aber es liegt an uns, die Zusammenhänge zu erkennen. Und das setzt voraus, dass wir trotz aller möglichen Ängste konstant lernen und wachsen.

Die Belohnungen für eine solche Einstellung werden alle Ihre Erwartungen übertreffen.

Power-Tipp

Treffen Sie jetzt Ihre Entscheidung, ob Sie in Ihrem Leben finanziell frei sein wollen.

- Sie geben sich nie mehr mit weniger zufrieden als mit dem Besten.
- Sie erweitern Ihre Wahrnehmung für Chancen.
- Sie spielen, um zu gewinnen.

- Jede Kleinigkeit gewinnt für Sie an Bedeutung. Alles wird wichtig.
- Sie leben nach dem Prinzip, der oder die Beste zu werden, der Sie sein können.
- Sie haben keine Angst, Fehler zu machen.
- Um sehr reich zu werden, müssen Sie sich selbständig machen.

Nachdem Sie nun Ihre Entscheidung getroffen haben, möchte ich Ihnen im nächsten Kapitel zeigen, wie Sie sicherstellen können, nicht mehr »umzufallen«. Sie werden sehen, dass Sie sich ein Umfeld schaffen können, das Ihnen hilft und Sie optimal unterstützt.

Die Power-Ideen auf den Punkt gebracht

- Sie können immer eines erwarten: unerwartete Umstände.
- Sie sind es sich selbst, Ihrer Gesundheit, Ihrem emotionalen Wohlbefinden und Ihrer Familie schuldig, finanziellen Schutz so schnell wie möglich zu erlangen.
- Finanzieller Schutz gibt Ihnen die Position der Stärke.
- Niemand ist sicher vor Unfällen und Schicksalsschlägen, aber Sie können sich auf sie vorbereiten und ihnen mit Stil begegnen.
- Solange Sie Ihren finanziellen Schutz noch nicht erreicht haben, müssen Sie über Budgetpläne nachdenken.
- Onassis sagte: »Ich würde alles noch einmal so machen, bis auf eines: Ich würde früher bessere Berater suchen.«
- Es gibt zwei Wege, um glücklich zu sein. Sie verringern Ihre Wünsche oder Sie vergrößern Ihre Mittel. Wenn Sie weise sind, tun Sie beides gleichzeitig.
- Finanziell sicher sind Sie dann, wenn Sie genug Kapital haben, um von der Rendite monatlich alle Ihre Ausgaben begleichen zu können.

- Wir sind nur dann richtig gut, wenn wir etwas tun, was wir lieben.
- Sie müssen über eine längere Zeit hinweg an einem Projekt gearbeitet haben, das Sie mit Freude erfüllt und Ihnen sinnvoll erscheint, um feststellen zu können, wie viel Potenzial wirklich in Ihnen steckt.
- Seien Sie ein Geldprofi: Leben Sie jetzt *und* bereiten Sie Ihre Zukunft vor.
- Um Ihren finanziellen Schutz zu erreichen, sollten Sie Ihr Geld möglichst risikolos anlegen. Für die finanzielle Sicherheit suchen Sie sich sichere Anlagen, die Ihnen längerfristig im Durchschnitt 12 Prozent Rendite bringen. Um finanzielle Freiheit zu erreichen, nehmen Sie das Geld, das Sie nicht für Ihre finanzielle Sicherheit benötigen, und legen jeweils einen Teil mit mittlerem und den anderen Teil mit höherem Risiko an.
- Der erste wichtige Schritt, um finanzielle Freiheit zu erreichen, ist, eine bewusste Entscheidung zu treffen. Wenn Sie jetzt keine Entscheidung treffen, dann haben Sie sich entschieden, alles beim Alten zu lassen.
- Wer sein Ziel aufschreibt und sich entscheidet, es auf jeden Fall zu erreichen, hat bereits 50 Prozent des Weges zurückgelegt, denn
  1. Ziele erweitern die Wahrnehmung für Gelegenheiten,
  2. Ziele geben uns Lösungsorientierung,
  3. Ziele lassen uns spielen, um zu gewinnen, und
  4. alles wird wichtig, wenn Sie ein Ziel haben.
- Wir dürfen nie der Zufriedenheit erliegen.
- Wir müssen nicht zu Menschen werden, die keine Fehler machen, sondern zu Menschen, die nicht aufgeben.
- Andere können Sie vorübergehend aufhalten, aber nur Sie selbst können sich für immer stoppen.
- Wenn Sie nicht regelmäßig Fehler machen, dann ist das ein Zeichen dafür, dass Sie nicht genug riskieren und nicht Ihr Äußerstes geben.

13

Der Coach und das Experten-Netzwerk

Millionen von Menschen bleiben stehen – das ist ihre eigene Entscheidung.
Wenn Sie sich mit armen Menschen umgeben, werden Sie ebenfalls arm sein.
Und dann verbringen Sie den Rest Ihres Lebens,
indem Sie sich darüber beklagen.

Richard de Vos

Dieses Buch nur zu lesen wird Sie nicht reich machen. Sie müssen handeln, und zwar so schnell wie irgend möglich. Das Allerwichtigste aber ist: *Sie müssen sich eine Situation schaffen, die Sie zum Erfolg zwingt.*

Der Alltag holt die meisten Menschen nur allzu schnell wieder ein. Zu wissen, dass Probleme eine Chance zum Wachstum bedeuten, ist eines. Wenn die Probleme dann wirklich auftauchen, ist es schon etwas anderes. Meistens kommen sie nämlich in den unpassendsten Momenten und aus einer Richtung, die richtig wehtut. Und wenn Probleme sich häufen, dann werden oft die edelsten Vorsätze vergessen.

Das persönliche Umfeld prägt

Sie brauchen eine Umgebung, die Sie immer wieder an Ihre guten Vorsätze erinnert. Sie ahnen bereits, dass diese wünschenswerte Umgebung nicht unbedingt aus den Menschen besteht, die Sie momentan umgeben.

Sie kennen den alten Spruch: *Sag mir, mit wem du umgehst, und ich sage dir, wer du bist.* Wir neigen dazu, uns zu überschätzen. Wir meinen, wir sind stark genug, um uns nicht von unserem Bekanntenkreis beeinflussen zu lassen. Aber wir lernen von klein auf durch Imitation. Meist ist das ein unbewusster Prozess. Unsere Bekannten und Freunde beeinflussen uns viel stärker, als wir denken, und ohne dass wir uns dessen bewusst sind.

Stellen Sie sich einmal auf einen Tisch. Bitten Sie nun eine schwächere Person, die vor dem Tisch steht, mit Ihnen ein Kräftemessen zu veranstalten. Sie versuchen, die andere Person auf den Tisch zu ziehen, während die andere Person versucht, Sie herunterzuziehen. Wer wird gewinnen?

Es ist ein physikalisches Gesetz, dass es leichter fällt, jemanden herunter- als hochzuziehen. Sie können auf Dauer nicht gewinnen. Denn der andere muss sich nur »hängen lassen« und warten, bis Ihre Kräfte erlahmen.

Sie können es auf einen einfachen Nenner bringen: Wenn Sie sich mit Menschen umgeben, die ärmer sind als Sie, bleiben Sie stehen. Umgeben Sie sich mit reicheren Menschen, werden auch Sie reicher.

Unser Leben nützt anderen Menschen immer. Wir dienen ihnen entweder als Vorbild oder als Warnung. Was ziehen Sie vor?

Drei Gruppen, die Ihnen besonders helfen

Sie brauchen *Vorbilder*, Menschen, deren Erfolg Sie beobachten, analysieren und nachahmen können. Bei erfolgreichen Menschen werden Sie immer feststellen, dass sie solche Vorbilder hatten. Die Technik, die sie anwandten, um den Erfolg zu »kopieren«, nennen wir *Modeling of Excellence* – ein Begriff, der aus dem Sport stammt. Vorbilder können Sie leicht finden. Schauen Sie, wer auf Ihrem Gebiet der Beste ist. Besorgen Sie sich alle Informationen über diese Person wie Bücher oder Zeitungsartikel. Finden Sie die Telefonnummer heraus und vereinbaren Sie einen Termin. Es ist leichter, als Sie vielleicht denken.

Sie brauchen mindestens einen *Coach* oder *Mentor*. 99 Prozent aller außerordentlich Erfolgreichen hatten einen Coach. Ich möchte Ihnen in diesem Kapitel beschreiben, wie ein Coach Ihr Leben verändern kann. Mein letzter Coach war Milliardär. Sie lernen von solchen Menschen in sechs Monaten mehr, als Sie normalerweise in einem Jahrzehnt lernen. Die Bedeutung des Coaches habe ich bereits in Kapitel 4 ausführlich beschrieben. In diesem Kapitel erfahren Sie, wie Sie mit ihm beziehungsweise er mit Ihnen arbeitet.

Sie brauchen eine Umgebung von *Experten*. Menschen, die Sie mitziehen. Menschen, die das Verantwortungskonzept verstehen und die es auf ihrem Gebiet zur Meisterschaft gebracht haben. Sie brauchen ein Netzwerk von Experten. Auch darum geht es in diesem Kapitel. Sie werden erfahren, wie Sie ein solches Netzwerk von Experten aufbauen können.

Hören Sie nur auf Menschen, die erfolgreicher sind als Sie selbst

Ihre Umgebung sollte also aus einem Coach und später aus Vorbildern sowie einem Netzwerk von Experten bestehen. Was aber ist mit den anderen Menschen, die Sie umgeben?

Ich meine, dass Sie sich nie von Leuten beeinflussen lassen sollten, die nicht erfolgreicher als Sie selbst sind. Die Gefahr, dass Sie von Ihren Zielen abgehalten würden, wäre sonst zu groß. Was auch immer diese Personen gegen Ihre Pläne und Ideen vorbringen, sollten Sie besser ignorieren.

Erfolgreiche Menschen beherzigen folgende Merksätze:

- Menschen, die es nicht selber geschafft haben, haben kein Recht, Ratschläge zu geben. Und Sie haben absolut keinen Grund, ihnen zuzuhören.
- Es ist leicht, erfolgreich zu sein, wenn Sie sich mit erfolgreichen Menschen umgeben.
- Um reich zu werden, müssen Sie sich zuerst mit Reichtum wohl fühlen. Am leichtesten geht das, wenn Sie sich mit erfolgreichen Menschen umgeben.
- »Die beste Methode, um die Intelligenz eines Regenten zu ermessen, ist, sich die Männer anzuschauen, mit denen er sich umgibt.« (Niccolò Machiavelli)
- Suchen Sie sich gute Ratgeber, lange bevor Sie sie brauchen.
- Wenn es Ihnen völlig egal ist, was andere Menschen sagen, dann hält Sie nichts mehr.
- Fragen Sie nur Menschen, die so sind, wie Sie sein wollen.

Vielleicht fragen Sie sich, ob diese Aussagen zu radikal sind. Wie steht es um Ihre Familie und um Ihre Verantwortung den Menschen gegenüber, die Hilfe brauchen?

Natürlich gibt es auch Menschen, die Ihre Hilfe benötigen und die auf Sie angewiesen sind. Selbstverständlich haben Sie die Verantwortung, sich um diese Menschen zu kümmern und ihnen zu helfen.

Sollten Sie einen Gegensatz zwischen dem Konzept des Helfens und dem Konzept des Umgangs mit erfolgreicheren Menschen erkennen, so haben Sie Recht: Es gibt diesen Gegensatz. Auch in der Natur gibt es solche Gegensätze: Tag und Nacht, Sommer und Winter, Regen und Sonne. Aber alles zusammen bildet das Ganze. Gegensätze müssen einander nicht ausschließen, sondern ergänzen sich.

Bedenken Sie: Je erfolgreicher Sie Ihr Leben lenken, umso mehr können Sie helfen. Und letztendlich gibt nichts mehr Befriedigung, als den erworbenen Erfolg und Reichtum mit denen zu teilen, die weniger haben. Aber verwechseln Sie nicht die Rollen. Wenn Sie helfen, müssen Sie sich nicht die Ratschläge von denen anhören, denen Sie Hilfe leisten.

Mein Coach, der Milliardär

Ich hatte für den Zeitraum von mehr als einem Jahr eine Schaffenspause eingelegt. Diese Zeit nutzte ich, um mich den Themen zu widmen, die im normalen Tagesgeschäft zu kurz gekommen waren. Je mehr ich zur Ruhe kam, desto stärker wurde das Verlangen, eine Aufgabe zu finden, die mich mit Leidenschaft und Begeisterung erfüllen würde.

Diese Aufgabe fand ich schließlich darin, anderen Menschen das Thema Geld nahe zu bringen. Ich musste nun die beste Möglichkeit finden, meine Botschaft so effektiv wie möglich zu verbreiten. Mit anderen Worten, ich musste wachsen, um selber eine höhere Stufe zu erreichen. Also begann ich, mich nach einem Coach umzusehen.

Eine gute Möglichkeit, eindrucksvolle Persönlichkeiten kennen zu lernen, war für mich immer die Teilnahme an Seminaren. So besuchte ich eines Tages eine Veranstaltung in London, auf der ein amerikanischer Milliardär eine Rede hielt. Er hatte eine Ölfirma mit weniger als 1 000 Dollar Eigenkapital gegründet und innerhalb von nur acht Jahren zu einem Kapitalisierungswert von 800 Millionen Dollar gebracht.

Er sprach vor einem Kreis von englischen Unternehmern darüber, wie man mithilfe von anderen Leuten und anderer Leute Geld jede Idee groß machen kann. Er selbst hatte in einer Zeit, in der das Barrel Öl von 40 Dollar auf unter 8 Dollar gefallen war, über eine Milliarde Dollar an Kredit für seine Ölfirma bekommen. Seither konnte er sein System dutzendfach in den unterschiedlichsten Branchen erfolgreich umsetzen.

Während ich ihm zuhörte, beschloss ich, ihn als Coach zu gewinnen. Ich ging in der Mittagspause mit ihm essen und bekam schließlich einen Telefontermin. Als ich zu dem verabredeten Termin anrief, wurde ich nicht durchgestellt. Ich versuchte es einige Male erneut, erreichte aber immer nur seine Sekretärin oder seinen Butler. Erst beim siebten Anruf gelang es mir, ihn persönlich zu sprechen. Er lud mich für zwei Tage auf sein Schloss nach Schottland ein: Sonntagabend um 18 Uhr sollte ich ankommen.

Im Schloss wurde ich zunächst von seiner Privatsekretärin empfangen und in mein Zimmer geführt. Zwei Stunden später wurde ich endlich von ihm selbst begrüßt. Er hatte schlechte Laune und versuchte sie auch in keiner Weise zu verbergen. Anstelle einer herzlichen Begrüßung bekam ich zu hören: »Warum soll ich meinen Sonntagabend mit Ihnen verschwenden?«

Mein erster Impuls war, sofort wieder zu gehen. Aber ich war aus einem ganz bestimmten Grund gekommen. Ich wollte lernen. Und so versuchte ich zu ergründen, warum der Mann sich so verhielt. Unter Umständen wollte er mich ja nur testen. Vielleicht wollte er herausfinden, wie viel Durchhaltevermögen ich hatte.

Und ich brauchte tatsächlich eine Menge Durchhaltevermögen und eine sehr dicke Haut. Er stellte mir verletzende Fragen und beleidigte mich einige Stunden lang. So wollte er wissen, warum ich mein Leben während des letzten Jahres verschwendet hatte.

Schließlich erzählte er einiges aus seinem Leben. Gegen halb drei Uhr morgens zeigte er plötzlich mit dem Finger auf mich und forderte: »Okay, Bodo, jetzt verkaufe mir mit wenigen Worten, was du für mich tun kannst und was du genau von mir erwartest. Du hast genau zehn Minuten Zeit. Wenn du mich überzeugst, gut. Wenn nicht, dann kannst du hier schlafen und verlässt bitte im Morgengrauen ganz leise mein Schloss.«

Ich konnte ihn überzeugen und wir gründeten zusammen eine Firma. Aber wenn ich mir vorher nicht ganz klar darüber gewesen wäre, was ich erreichen wollte, wäre mir das niemals gelungen. Ich hatte mein Ziel aufgeschrieben und visualisiert. In den folgenden sechs Monaten habe ich mehr über die Hochfinanz gelernt als in meinem gesamten Leben zuvor. Anschließend haben sich unsere Wege getrennt, weil ich mich nur noch meiner Aufgabe widmen wollte.

Das meiste, was ich über Geld gelernt habe, habe ich einer Hand voll erfolgreicher Menschen zu verdanken, die mich gecoacht haben. Die Grundsteine hat mein erster Coach gelegt, der mich anleitete zu sparen und der mir die Prinzipien des Erfolgs beibrachte. Bevor ich ihn kennen lernte, lag mein Jahreseinkommen knapp unter 50 000 €. Es dauerte knapp zweieinhalb Jahre, bis ich unter seiner Anleitung zum ersten Mal über 50 000 € in einem einzigen Monat verdiente. Ich bin ihnen allen sehr dankbar.

Wie Sie einen Mentor finden und mit ihm umgehen

99 Prozent aller erfolgreichen Menschen hatten einen Coach. Nehmen Sie meinen letzten Coach. Wie, glauben Sie, ist es möglich, dass er innerhalb von acht Jahren eine Ölfirma mit einem Wert von 800 Mil-

Finanzielle Freiheit

Sie möchten den nächsten Schritt machen? Und Sie glauben, dass ein Coach für Sie hilfreich wäre?

Dann habe ich genau das Richtige für Sie: Ich habe mein Coachingprogramm »Finanzielle Freiheit, der 7-Jahres-Kurs« für Sie entwickelt.

In einem Satz gesagt: Es ist ein Fernkurs für Menschen, die schnell und einfach reich werden wollen. Der Kurs funktioniert wie ein Navigationsgerät im Auto. Er kann Sie sicher und einfach an Ihr finanzielles Ziel bringen.

Umfassende Informationen zum Coachingprogramm und zu mir erhalten Sie unter: www.7jahreskurs.de.

lionen Dollar aufbaut und verkauft ohne vorher auch nur die gerings-
te Ahnung von Öl gehabt zu haben? Sie werden es erraten haben. Er
hatte hervorragende Mentoren. Er lernte von Constantin Gratsos, dem
langjährigen Freund von Aristoteles Onassis und dem Vorstandsvorsit-
zenden der Onassis Shipping Lines.

Wann immer Sie den Erfolg und die Erfahrung von einem oder so-
gar mehreren Menschenleben in wenige Jahre packen wollen, brau-
chen Sie jemanden, der Sie coacht.

Nachfolgend möchte ich Ihnen siebzehn praktische Tipps geben,
die es Ihnen ungeheuer erleichtern werden, einen Mentor zu finden
und mit ihm oder ihr zu arbeiten.

1. Schreiben Sie die Gründe auf, warum Sie einen Mentor wollen

Suchen Sie ihn sehr sorgfältig aus. Sie brauchen jemanden, der erheb-
lich erfolgreicher ist, als Sie es selber sind, beziehungsweise eine Per-
son, die die Fähigkeiten perfektioniert hat, die Sie suchen. Suchen Sie
diese Person sorgfältig aus. Fragen Sie sich, ob Sie dieser Person trauen
und mit ihr intensiv zusammenarbeiten können.

Gecoacht zu werden bedeutet, volles Vertrauen zu haben, und das
kann hart sein. Aber denken Sie daran: Wenn Sie nichts riskieren, kön-
nen Sie nichts gewinnen. Nur wenn Sie kreativ und beharrlich sind,
wird es Ihnen auch gelingen, mit dieser Person in Kontakt zu treten.

Denken Sie daran, dass die besten Coaches die talentiertesten
Schüler haben. Das heißt auch, dass die besten Schüler die besten Coa-
ches bekommen. Geben Sie also nicht auf, wenn Sie nicht gleich den
weltbesten Mentor auf Ihrem Gebiet bekommen. Für einen Mentor
der absoluten Spitzenklasse müssen Sie sich qualifizieren. Sie brauchen
bereits einige vorzeigbare Anfangserfolge oder ein sehr überzeugendes
Auftreten. Am besten sogar beides. *Wenn Sie selbst besser werden, bekom-
men Sie auch immer bessere Mentoren.*

2. Überlegen Sie, was Sie für Ihren Coach tun können

Finden Sie eine Antwort auf die alles entscheidende Frage: *Wie können Sie Ihrem Mentor einen Wert bringen? Was können Sie für Ihren Mentor tun?* Auch hier ist Ihre Kreativität gefragt. Jeder von uns hat Stärken und die Möglichkeit, diese für andere einzusetzen. Allerdings müssen Sie sich diese Stärken bewusst machen. Der beste Weg dazu ist, täglich Ihr Erfolgsjournal zu führen.

3. Sie brauchen gute Gründe und Begeisterung

Stellen Sie darüber hinaus Ihre Idee mit großer Begeisterung und Leidenschaft vor. Was Sie sagen, ist nicht so wichtig. Daran, wie Sie Ihr Ziel erreichen wollen und werden, wird sich unter dem Einfluss Ihres Mentors sowieso noch viel ändern. Gerade darum brauchen Sie ihn ja. Der Mentor weiß, dass Sie von ihm erfahren wollen, wie Sie Ihre Idee am besten umsetzen.

Aber Ihr Mentor will Ihre Entschlossenheit sehen. Er will erfahren, warum Sie es tun wollen. Er will sich davon überzeugen, dass die Idee gut ist und dass Sie nicht aufgeben. Er will Ihre Bereitschaft erkennen, zu tun, was auch immer nötig ist. Er will etwas von dem Geist in Ihnen wiedererkennen, der ihn selbst so erfolgreich gemacht hat. Sie überzeugen ihn damit, *wie* Sie es sagen.

4. Zeigen Sie Ausdauer

Es kann unter Umständen Monate dauern, bis Sie wirklich das Herz Ihres Mentors gewinnen. Manchmal brauchen Sie sogar einige Monate, um überhaupt den ersten Termin zu bekommen. Aber wenn Sie nicht aufgeben und auf eine kreative und sympathische Art weiter anrufen und schreiben (und auch das eine oder andere Geschenk schicken), können Sie Ihren Mentor für sich gewinnen.

5. Hoch qualifizierte Mentoren testen Sie zuerst

Denken Sie an meine »Begrüßung« auf dem Schloss in Schottland. Das Ganze war ein einziger Test. Sie werden vielleicht denken, Ihr Mentor sei unhöflich und herzlos. Aber warum soll er seine teure Zeit aufwenden, solange er nicht weiß, ob Sie diese Investition wert sind? Er kann nicht warten, bis die erste Krise auftaucht.

Ihr Mentor will sich von Ihren Qualitäten überzeugen, bevor er mit dem Coachen beginnt. Also wird Ihr Mentor Sie künstlich unter Druck setzen. Denn niemals lernt man einen Menschen besser kennen, als wenn er unter Druck steht.

Wenn Sie hohe Ziele haben – und nur dann sind Sie für einen Spitzencoach interessant –, brauchen Sie Durchhaltevermögen, Begeisterung und Selbstbewusstsein. Sie müssen bereit sein, alles zu tun, was nötig ist. Und davon will sich der Coach überzeugen. Darum testet er Sie.

6. Der Coach soll Ihre Stärken fördern, nicht Ihre Probleme lösen

Belasten Sie die Beziehung zu Ihrem Mentor nicht mit Ihren Problemen. Sorgen Sie dafür, dass Ihre Beziehung ihm Spaß macht. Sie können die Zeit mit ihm viel besser nutzen, indem Sie gemeinsam daran gehen, Ihre Stärken auszubauen und zu verbessern.

Er weiß, dass Sie Probleme haben, und zwar deshalb, weil Probleme ein fester Bestandteil im Leben jedes Menschen sind, der etwas Besonderes erreichen will. *Überzeugen Sie ihn darum von Ihrer Stärke, Ihre privaten Probleme alleine lösen zu können.*

Zeigen Sie vor allem niemals Zweifel an Ihrem Projekt. Wenn Sie unsicher auftreten, denkt Ihr Mentor, dass Sie die falsche Person für dieses Projekt sind. Wenn Sie Probleme bezüglich Ihres Projektes besprechen wollen, so bieten Sie immer mehrere Lösungen an. Fragen Sie ihn nach der besten Lösungsmöglichkeit.

7. Pflegen Sie regelmäßigen Kontakt zu Ihrem Mentor

Bieten Sie Ihrem Mentor eine Teilhaberschaft an Ihrer Firma an. Das bedeutet, dass Sie Teile Ihrer Firma abgeben müssen, was Ihnen sicher nicht leicht fällt. Vielleicht hilft Ihnen die Einsicht, dass es besser ist, 50 Prozent von 10 Millionen zu besitzen als 100 Prozent von 50 000 €.

Ganz gleich, wie gut Ihre menschliche Basis zu Ihrem Mentor ist, durch eine geschäftliche Partnerschaft gewinnt die Beziehung auf jeden Fall eine zusätzliche Bindung.

Noch aus einem anderen Grund ist die Partnerschaft mit einer namhaften Persönlichkeit von großem Vorteil. Ihr Lebenslauf wird durch die Partnerschaft mit Ihrem Mentor sofort stark aufgewertet. Ein wohlklingender Name auf dem Briefkopf Ihrer Firma öffnet auf wundersame Weise Türen, zum Beispiel zu Banken. Diese halten Sie automatisch für vertrauenswürdig, weil Sie jene bekannte Persönlichkeit für sich gewinnen konnten.

8. Respektieren Sie die Zeit Ihres Mentors

Die Zeit Ihres Mentors ist kostbarer und teurer als Ihre. Folglich sollten Sie immer zu Beginn eines Gesprächs abchecken, ob es ein guter Moment ist, um mit Ihrem Mentor zu reden. Teilen Sie ihm auch mit, wie viel Zeit Sie brauchen. Stellen Sie klar, wie lange das Meeting Ihrer Meinung nach dauern sollte, und halten Sie sich an den Zeitplan.

Danken Sie ihm so oft wie möglich für seine Zeit. Wahrscheinlich ist er wesentlich zeitbewusster als Sie. Denken Sie daran, dass seine Zeit wesentlich teurer als Ihre ist.

9. Überlegen Sie genau, was Sie fragen wollen

Fragen Sie sich zuerst immer, ob Sie selber eine Antwort auf Ihre Frage finden können. Danach fragen Sie sich, was Ihr Mentor wohl antworten würde. Meistens hat es sich dann erledigt, und Sie brauchen Ihren Mentor gar nicht in Anspruch zu nehmen. Sie werden in diesem Prozess Ihr eigener Mentor. Und das ist das Ergebnis, das Sie letztendlich anstreben. Gewöhnen Sie sich an, grundsätzlich jedes Problem zusammen mit drei Lösungsvorschlägen zu präsentieren.

10. Zeigen Sie Offenheit für alles

Hören Sie mit einem offenen Geist und ohne Skepsis zu. Vertrauen Sie Ihrem Mentor und seinen Ideen. Coaching kann ohne Vertrauen nicht funktionieren. Die Gedanken und Wege Ihres Coaches mögen Ihnen völlig fremdartig und unlogisch vorkommen. Aber vergessen Sie nicht, dass es gerade seine Art zu denken ist, die ihn so viel erfolgreicher sein lässt, als Sie es sind.

Darum nutzen Sie jede Chance, das Wirkungsvollste zu tun, das es gibt: Lernen Sie, wie Ihr Mentor zu denken. Je schneller Ihnen das gelingt, umso schneller können Sie von einer Mentorbeziehung zu einer echten Partnerschaft überwechseln.

11. Gewinnen Sie das Herz Ihres Mentors

Machen Sie Ihrem Mentor so oft wie möglich Geschenke. Schreiben Sie Dankeschön-Karten und Faxe, in denen Sie ihm mitteilen, wie wertvoll Ihnen das Gespräch war. Ob Sie die Zuneigung Ihres Mentors gewinnen oder nicht, liegt an Ihnen. Sie sind dafür verantwortlich, dies zu bewerkstelligen.

Sorgen Sie dafür, dass sich Ihre Beziehung so entwickelt, wie Sie es wollen. Bezahlen Sie zum Beispiel immer die Rechnung, wenn Sie mit Ihrem Mentor essen gehen. Viele tun das nicht, mit dem sinnigen Argument, dass der Mentor schließlich mehr Geld habe. Hier setzen Sie aber die Zeichen, die Ihrem Mentor zeigen, wie sehr Sie seine Zeit schätzen.

Seien Sie kreativ, was Ihre Geschenke angeht. Beobachten Sie die

Neigungen Ihres Coaches, und erforschen Sie unauffällig, was er gerne mag. Finden Sie seltene Dinge. Ihr Coach hat zwar viel Geld, aber er hat oft nicht die Zeit, um nach solchen seltenen Dingen zu schauen.

12. Reagieren Sie auf Nachrichten Ihres Coaches immer sofort

Wie oft schon haben Sie jemandem auf dem Anrufbeantworter eine wichtige Nachricht hinterlassen und wussten nicht genau, ob diese überhaupt angekommen ist. Wenn Sie ein Fax versenden, wissen Sie nicht, ob der Adressat die Nachricht auch wirklich gelesen hat. Antworten Sie darum immer so schnell wie irgend möglich. *Überraschen Sie Ihren Mentor mit der Geschwindigkeit, in der Sie antworten.*

Antworten Sie auch, wenn es eigentlich nichts mitzuteilen gibt. Sie schlagen zum Beispiel Ihrem Mentor vor, am Montag um 10 Uhr in sein Büro zu kommen. Er faxt Ihnen als Antwort zu, dass 10 Uhr klargeht und dass er sich auf den Termin freut. Reagieren Sie nun auch noch auf seine Antwort. Danken Sie ihm für die Terminbestätigung.

13. Geben Sie Ihrem Mentor ein Feedback

Ihr Mentor möchte natürlich wissen, was seine Ratschläge bewirkt haben. Teilen Sie ihm darum regelmäßig den aktuellen Stand der Dinge mit. Geben Sie ihm so viel Feedback wie möglich. Damit ermuntern Sie ihn, Ihnen noch mehr zu helfen. Teilen Sie ihm auch mit, wenn etwas nicht funktioniert. Er möchte sich davon überzeugen, dass Sie tatsächlich alles umsetzen.

Informieren Sie Ihren Coach auch von Zeit zu Zeit darüber, dass Sie noch an Ihr Ziel glauben. Zeigen Sie ihm immer wieder Ihre Begeisterung. Zeigen Sie ihm, dass er auf einen Gewinner setzt.

14. Bedanken Sie sich, indem Sie erfolgreich sind

Der beste Weg, um Ihre Dankbarkeit auszudrücken, ist immer noch, alle Erwartungen Ihres Coaches zu übertreffen und unglaublich erfolgreich zu werden. Sorgen Sie dafür, dass Sie Ihrem Coach und sich selber die Taschen mit Geld voll stopfen.

Überraschen Sie Ihren Mentor damit, dass Sie noch schneller und erfolgreicher sind, als er für möglich hält.

15. Imitieren Sie Ihren Coach
und bleiben Sie sich selbst dabei treu

Lernen heißt auch, Ihrem Coach nachzueifern. Seien Sie also aufmerksam, aber gleichzeitig entspannt. Saugen Sie alles auf wie ein Schwamm, aber unterhalten Sie gleichzeitig Ihren Mentor. Sorgen Sie dafür, dass er an der Zusammenarbeit mit Ihnen Spaß hat. Denken Sie daran: Er wurde reich, weil er liebt, was er tut.

Geben Sie Ihrem Mentor so viel Lob wie möglich, aber schmeicheln Sie nicht. Das Lob sollte von Herzen kommen. Aber halten Sie damit nicht zurück, nur weil Sie denken, Ihr Mentor weiß sowieso, dass er gut ist. Glauben Sie mir, er hört ein ehrlich gemeintes Lob immer gerne.

Imitieren Sie Ihren Coach. Wenn Sie feststellen, dass Sie wie Ihr Coach laufen, sprechen und sich so kleiden wie er, so ist das gut. Denn es hilft Ihnen, zu denken und zu fühlen wie er. Wer Redewendungen und die Körpersprache eines anderen Menschen übernimmt, kann sich auch in ihn hineinversetzen. Er fühlt sich wie der andere. E-motionen kommen von Motionen, also Bewegungen.

Nur durch Imitation werden Sie lernen, später selbst auf eigenen Füßen zu stehen. Aber vergessen Sie bei all dem nicht, sich selbst treu zu bleiben.

16. Suchen Sie nicht den wunden Punkt

Niemand hat gesagt, dass Ihr Coach perfekt sein muss. Viele Coachingbeziehungen scheitern daran, dass der Schüler zu hohe Erwartungen an seinen Meister hat. Erwarten Sie keine Perfektion. Sie werden sie nicht finden. Erwarten Sie einen Menschen mit Fehlern und Stärken.

Konzentrieren Sie sich auf die Stärken Ihres Coaches und nicht auf seine Schwächen. Schließlich wollen Sie von ihm lernen und nicht sein Denkmal stürzen. Entscheidend ist alleine, dass er Ihre Stärken ausbauen kann.

Viele erfolgreiche Menschen haben die Tendenz, die Wahrheit zu ihren Gunsten zu verdrehen. Aber denken Sie daran, dass Sie von ihm lernen und ihm nicht beweisen wollen, dass Sie Recht haben.

Auch die Geschwindigkeit der meisten erfolgreichen Menschen, ihre Meinung zu ändern, wird Sie überraschen. Gestern noch sagten sie, A sei die beste Methode, und heute behaupten sie, es sei B. Ein guter Mentor klammert sich viel weniger an eine Methode, die nicht zum Erfolg führt, als die meisten anderen Menschen. Was nicht funktioniert, wird sofort geändert. So etwas nennt man nicht Wortbruch, sondern Erfolgsdenken und Flexibilität. Andererseits halten erfolgreiche Menschen an Systemen, die erwiesenermaßen Erfolg produzieren, länger fest als andere Menschen. Zwischen all dem müssen Sie Ihren eigenen Weg finden. Denn letztendlich sind Sie für Ihr Leben allein verantwortlich.

17. Geben Sie zurück, was Sie bekommen haben

Sie brauchen nicht zu warten, bis Sie überaus erfolgreich und nahezu perfekt sind, bevor Sie anderen helfen, so, wie Ihr Mentor Ihnen geholfen hat. Die besten Schüler werden oft die besten Mentoren.

Wenn das Mentorprinzip Sie erfolgreich gemacht hat, so vergessen Sie nicht, wem Sie Ihren Erfolg zu verdanken haben. Zahlen Sie zurück, indem Sie andere coachen.

Wie lange sollte ein Coaching dauern?

Im Laufe der Zeit werden Sie sich so nahe kommen, dass das Coach-Schüler-Verhältnis in Freundschaft übergeht. Irgendwann haben Sie vielleicht auch ganz einfach den Wunsch, gleichberechtigter Partner zu sein. Lernen Sie jedenfalls, so viel Sie können, solange das Verhältnis zu Ihrem Mentor besteht. Es ist die beste Methode zu lernen.

Irgendwann wird Ihr Coach Sie auffordern, nun selbständig zu werden. Sie sollten dann Ihren Coach durch ein Netzwerk von Experten ersetzen.

Wie bauen Sie ein Experten-Netzwerk auf?

Seit einigen Jahren habe ich es mir zur Angewohnheit gemacht, pro Monat einen erfolgreichen Menschen kennen zu lernen. Mit den meisten dieser Menschen ist es mir gelungen, in Kontakt zu bleiben. Alle sind Experten auf ihrem Gebiet. Manchmal gibt es sofort Überschneidungspunkte für eine mögliche Kooperation. Manchmal sind es nur aufbauende, motivierende Gespräche.

Es gibt einen ganz einfachen Tipp, wie Sie solche Beziehungen am Leben halten können: *Überlegen Sie vor jedem Treffen, wie Sie dem anderen von Vorteil sein können.* Schlüpfen Sie gedanklich in seine Schuhe. Was würden Sie an seiner Stelle tun? Welche Ihrer Möglichkeiten oder Kontakte könnten ihm helfen? Wenn der andere das Gleiche macht, werden es immer sehr produktive Termine.

Denken Sie immer *zuerst* an den Vorteil des anderen. Natürlich halten Sie nur solche Kontakte aufrecht, in denen dies wechselseitig geschieht. Alle erfolgreichen Menschen haben die Kunst des Netzwerkbildens von gleich gesinnten Experten außergewöhnlich meisterhaft betrieben.

Umgeben Sie sich mit Menschen, die Erfolg erwarten

Vor einiger Zeit war ich auf der Party eines erfolgreichen Bauunternehmers. Soweit ich es überblicken konnte, war jeder der geladenen Gäste selbständig und auf seinem Gebiet äußerst erfolgreich. Einige von uns kannten sich bereits seit Jahren.

Wir standen in einer Gruppe zusammen, als sich ein weiterer alter Bekannter zu uns gesellte. Es war nicht zu übersehen, dass dieser ganz schön dick geworden war. Das kam uns insbesondere deshalb merkwürdig vor, weil dieser Mensch vor Jahren ein Gesundheitsapostel gewesen war und jeden in seinem Umkreis ebenfalls dazu bekehren wollte. Jemand aus unserer Gruppe stellte ihn wegen seines Gewichts zur Rede.

Er antwortete, dass er nichts dafür könne, da seine Partnerin ständig die leckersten Gerichte koche. Am Anfang habe er sich noch gewehrt und sie gebeten, vegetarisch zu kochen. Aber irgendwann habe er den Widerstand aufgegeben. Wir sollten froh sein, dass unsere Partnerinnen vernünftiger seien.

In vielen Runden wäre er wohl damit durchgekommen. Bei uns aber bekam er eine gehörige Abreibung. Jemand aus unserer Gruppe sagte: »So einen Schwachsinn kann ich mir nicht anhören. Du willst doch nicht im Ernst behaupten, dass deine Partnerin die Macht über dein Leben hat? Sag uns, du hast für dich die Lust am Essen wiederentdeckt. Aber schiebe es nicht einfach auf jemand anderen. Da erwarte ich mehr von dir.«

Wir brauchen in unserer Umgebung Menschen, die einfach mehr von uns erwarten. Menschen, die uns zwingen, ehrlich zu uns selbst zu sein, und das Beste in uns fördern.

Modeling of Excellence

Bevor Sie jemanden imitieren können, müssen Sie ihn differenziert untersuchen und analysieren. Sie müssen Ihr Vorbild in einzelne Teilbereiche aufgliedern. Natürlich wäre es dazu hilfreich, die persönliche Nähe Ihres Vorbilds zu suchen. Aber es ist nicht unbedingt nötig. Sie können Fernsehinterviews aufnehmen und analysieren. Sie können die Körpersprache, die Sprechweise, die Sprachmuster, die gesamte Rhetorik, die Denkmuster, den Umgang mit Gefühlen, die steuernden Überzeugungen und Werte analysieren, um sie später zu übernehmen.

Meist war unser Lernen durch Nachahmung ein unbewusster Prozess. Wir haben angefangen so zu sprechen und uns so zu bewegen wie die Menschen, die uns umgaben. Wir haben ihre Werte und ihre Glaubenssätze übernommen. Wir haben ihre Sprechweise, ihre Essgewohnheiten, ihre Art zu atmen und vieles andere angenommen.

Wirklich Ihr Leben zu verändern bedeutet, dass Sie sich all dies bewusst machen, um dann für die zukünftigen Veränderungen volle Verantwortung zu übernehmen.

Erwachsen zu sein bedeutet darum nichts anderes, als diesen Prozess nun selber zu steuern. *Sie suchen sich selber aus, von wem Sie sich beeinflussen lassen wollen.* Sie ahmen die Menschen nach, die so sind, wie Sie gerne sein wollen. *Sie tun das, was alle Menschen tun – imitieren. Nur dass Sie es bewusst und selektiv tun.*

Sie finden heraus, welche Überzeugungen und welche Werte Ihr Vorbild in Bezug auf Geld hat. Welche Gefühle hat diese Person, wenn sie an Geld und Vermögen denkt? Wie gestaltet sie ihren Tag? Was tut sie, um gut zu verdienen, welche Freunde hat sie, welche Arbeitsgewohnheiten?

Denken Sie niemals, dass Sie nicht so erfolgreich sein können wie andere Menschen. Die meisten Menschen denken nur deshalb, dass sie

Power-Tipp

Finden Sie mindestens ein Vorbild, das Sie imitieren können.

- Bringen Sie so viel Sie können über diese Person in Erfahrung und betrachten Sie diese Person so differenziert wie möglich.
- Fertigen Sie Aufzeichnungen über Ihre Beobachtungen an und legen Sie schriftlich Ihre Modellierungsstrategie fest.
- Versuchen Sie herauszufinden, wie Ihr Vorbild in Bezug auf jeden der fünf Lebensbereiche vorgeht: Gesundheit, Beziehungen, Finanzen, Lebenssinn und Emotionen.
- Finden Sie für jeden bedeutenden Bereich Ihres Lebens ein Vorbild.
- Modeling of Excellence bedeutet, dass Sie fortan bewusst Ihren Lernprozess steuern. Sie werden damit der Designer Ihrer Zukunft.

niemals ein Spitzeneinkommen verdienen können, weil sie nie nahe genug bei einem Spitzenverdiener gestanden haben und beobachtet haben, wie er es macht.

Nicht umsonst gilt der Satz von Ella Williams, die in den USA 1993 »Unternehmerin des Jahres« war: »Je näher Sie an Ihren Boss herankommen, desto mehr erkennen Sie, dass Sie seinen Job machen könnten.«

Dieses Kapitel ist der Schlüssel zur praktischen Umsetzung

In den ersten Kapiteln haben Sie gesehen, was nötig ist, um wohlhabend zu werden. Nachdem Sie in Kapitel 5 Ihre Überzeugungen überdacht haben, konnten Sie damit beginnen, Ihre finanzielle Freiheit zu erlangen. Mit Disziplin setzen Sie neue Verhaltensweisen in Gang. Mit neuen Gewohnheiten halten Sie diese Verhaltensweisen in Gang.

Gewohnheiten lassen Sie die wichtigen und richtigen Dinge automatisch und ohne Anstrengung tun. Der Schlüssel zu diesen Gewohnheiten aber sind die Menschen, mit denen Sie sich umgeben. Mit dem Coach, Ihren Vorbildern und dem Netzwerk von Experten haben Sie die drei entscheidenden Hilfen, die Ihre guten Gewohnheiten und die erforderliche Disziplin unterstützen.

Derjenige ist wirklich mächtig, der Macht über sich selbst hat. Oder wie Konfuzius sagte: »Wer andere besiegt, ist stark. Wer sich selbst besiegt, ist weise.«

Die Power-Ideen auf den Punkt gebracht

- Sie müssen sich eine Situation schaffen, die Sie zum Erfolg zwingt.
- Suchen Sie sich selber aus, von wem Sie sich beeinflussen lassen: Hören Sie nur auf Menschen, die erfolgreicher sind als Sie selbst.

- Es ist leicht, erfolgreich zu sein, wenn Sie sich mit erfolgreichen Menschen umgeben.
- Um ein Experten-Netzwerk aufzubauen, überlegen Sie immer, wie Sie dem anderen von Vorteil sein können.
- Wir brauchen eine Umgebung von Menschen, die uns hilft, der Beste zu sein, der wir sein können.

14

Sie können Geld säen

Die Befriedigung, die aus Wohlstand erwächst,
ist nicht im bloßen Besitzen oder
in verschwenderischen Ausgaben zu suchen,
sondern in seiner weisen Anwendung.

Miguel de Cervantes, Don Quijote

Möchten Sie wissen, wie Sie sicherstellen können, dass Sie Ihr Geld in vollen Zügen genießen? Letztendlich dreht sich in unserem Leben doch alles darum, erfolgreich und glücklich zu sein. Sie wissen jetzt, wie Sie Ihre Einstellung zu Geld ändern und welche Strategien Sie anwenden können, um Reichtum zu schaffen.

Während Erfolg bedeutet, dass Sie die Dinge bekommen, die Sie lieben, bedeutet Glück, dass Sie die Dinge auch genießen, die Sie bekommen haben.

Ihr Ziel ist es, Reichtum und Glück gemeinsam aufzubauen. Der Ansatzpunkt der nun beschriebenen Strategie mag Sie überraschen. Aber das Ergebnis wird Sie sogar völlig verblüffen.

Das Geld, das Sie verdienen, gehört Ihnen nicht allein

Wenn Sie die Lebensgeschichte erfolgreicher und glücklicher Menschen studieren, werden Sie immer feststellen, dass sie ihren Reichtum mit anderen geteilt haben. Diese Menschen haben eine tiefe Dankbarkeit empfunden für das, was sie erreicht haben, und waren sich ihrer Verantwortung bewusst.

Wohlgemerkt, ich behaupte nicht, dass alle Reichen verantwortlich mit ihrem Geld umgehen. Ich behaupte aber, dass alle Menschen, die reich und glücklich sind, sehr verantwortungsbewusst mit ihrem Geld umgehen.

Wer das Recht und die Möglichkeit hat, viel zu verdienen, der hat auch die Pflicht, sich um diejenigen zu kümmern, die weniger haben. Andrew Carnegie, der große Stahlmagnat, hat es auf den Punkt gebracht: »Ein Überfluss an Wohlstand ist ein heiliges anvertrautes Gut, das seinen Besitzer verpflichtet, es sein ganzes Leben lang zum Nutzen der Gesellschaft einzusetzen.«

Viele Menschen sind durchaus bereit, den Menschen zu helfen, die weniger haben als sie selbst. Vorher aber wollen sie zunächst selbst vermögend sein. Zuerst wollen sie sich selbst helfen. So funktioniert es aber nicht. Man kann nicht erst ernten wollen, bevor man sät.

Es war einmal ein geiziger Bauer, der kaufte sich einen neuen Acker. Bevor er weiter investierte, wollte er sicher sein, dass sich diese Investition auch lohnt.

Also setzte er sich vor den Acker und beobachtete ihn. Er sprach zu sich: »Wenn der Acker im Herbst eine gute Ernte bringt, so will ich nächstes Jahr auch Saatgut kaufen und säen. Aber erst einmal soll der Acker beweisen, dass er das verdient.« Der Bauer wurde natürlich arg enttäuscht.

In der Landwirtschaft ist dieser Grundsatz bekannt: Erst säen, dann ernten. Aber das war nicht immer so. Erst die Einsicht, dass man säen muss, bevor man erntet, ermöglichte den Übergang vom Jäger zum sesshaften Bauern.

Jeder Mensch erlebt im Zuge seiner Entwicklung ähnliche Herausforderungen: Er steht vor der Wahl, alles zu konsumieren oder zu sparen. Er kann alles für sich verwenden und so sein Saatgut aufbrauchen oder einen Teil seines Geldes nehmen und es säen.

Ganz gleich, in welcher Situation Sie sich befinden, für den größten Teil unserer Welt gelten Sie als reich. Zwei Drittel der Weltbevölkerung würden sofort mit Ihnen tauschen.

Aber wie kann man Geld säen?

Napoleon Hill hat 25 Jahre seines Leben damit zugebracht, das Leben der Megareichen zu untersuchen. Seinem Ratschlag in Bezug auf Geld sollten wir Gehör schenken: »Glücklich ist derjenige, der gelernt hat, dass der sicherste Weg, um Geld zu bekommen, der ist, zuerst einmal Geld zu geben.«

Sie werden feststellen, dass reiche und glückliche Menschen nicht nur viel Geld gespendet haben, sondern auch sehr früh damit begonnen haben. Sie fingen zu einem Zeitpunkt ihres Lebens damit an, als sie es sich im Grunde genommen noch gar nicht leisten konnten. Kellogs, Carnegie, Walton, Rockefeller, Templeton – wenn Sie sich mit diesen Menschen beschäftigen, wird Ihnen auffallen, dass sie bereits frühzeitig eine große Dankbarkeit für alles verspürten. Aus dieser Dankbarkeit heraus haben sie begonnen zu spenden. Sie verspürten interessanterweise diese Dankbarkeit bereits, als sie noch kaum etwas besaßen.

Der zehnte Teil des Einkommens

Zur Zeit des Alten Testaments war es ein Brauch des Volkes Israel, den zehnten Teil aller Einnahmen abzugeben. Auch in der Landwirtschaft war es üblich, den zehnten Teil der Ernte wieder in den Boden einzugraben, um ihm nicht zu viel Kraft zu entziehen. Weiterhin wurde etwa ein Zehntel der Ernte aufbewahrt, um Saatgut für die nächste Ernte zu haben.

Insbesondere wurde es aber zu einer Gewohnheit erfolgreicher Menschen, 10 Prozent ihres Einkommens an diejenigen weiterzugeben, die weniger haben. Sie werden oft feststellen, dass erfolgreiche Menschen im Geschäftsleben sehr harte Verhandlungspartner sind, auf der anderen Seite aber ein »weiches Herz« für Bedürftige haben.

Sicherlich wird Geld oft aus rein egoistischen Motiven gespendet. So mag es auch Menschen geben, die Geld vorzugsweise öffentlich spenden, weil sie eine Werbewirkung erzielen wollen. Aber ist nicht letztendlich alles, was ein Mensch tut, egoistisch? Hilft er anderen nicht zum Teil auch immer deshalb, weil er sich dadurch selber besser fühlt?

Diese Diskussion kann dem Bedürftigen allerdings relativ gleichgültig sein. Wenn er Geld bekommt, muss daran nicht unbedingt das Etikett hängen: »Gegeben aus edlen Motiven«.

Wer gibt, hat mehr Geld

Erstaunlicherweise haben die Menschen, die den zehnten Teil ihres Einkommens spenden, niemals Geldprobleme. Sie sind nicht nur glücklicher mit ihrem Geld, sondern sie haben tatsächlich mehr Geld.

Ich habe mich und andere oft gefragt, warum das so ist. Wie kommt es, dass jemand, der regelmäßig 10 Prozent seiner Einkünfte verschenkt, unter dem Strich wesentlich mehr Geld anhäuft als derjenige, der die ganzen 100 Prozent für sich behält? Wie können 90 Prozent mehr sein als 100 Prozent?

Es handelt sich hier sicherlich um ein Phänomen, für das es keine wissenschaftliche Erklärung gibt. Ich bin mir nicht sicher, ob es überhaupt rein logisch fassbar ist. Ich möchte aber einige Gedanken an Sie weitergeben, um dieses Wunder verständlicher zu machen.

Geben gibt ein gutes Gefühl

Etwas zu verschenken bereitet häufig mehr Freude, als selber etwas zu bekommen. Wer sich nur um sich selber kümmert, wird einsam, unglücklich und depressiv. Sich nur auf sich selbst zu konzentrieren macht einsam. Das führt schließlich dazu, dass viele Menschen ihre wahren Gefühle nur noch ihren Haustieren gegenüber zeigen können.

Das beste Mittel, um das Gefühl von Bedeutungslosigkeit und Sinnlosigkeit zu »heilen«, ist, sich einfach um einen anderen zu kümmern. Wer traurig und depressiv ist, konzentriert sich oft zu sehr auf sich selbst. Wer sich darauf konzentriert, anderen zu helfen, lenkt sich selbst von seiner Traurigkeit ab. Wer anderen hilft, hilft darum immer auch sich selbst.

Wer einen anderen Menschen mit seinem Boot ans andere Ufer rudert, ist auch selbst am anderen Ufer angelangt.

Wenn Sie geben, beweisen Sie, dass Geld bei Ihnen gut aufgehoben ist

Sie können sich nun beweisen, dass Sie mit Geld Gutes tun können. Sie können sich beweisen, dass Geld gut ist. Sie stärken diesen Gedanken in sich, wenn Sie mit Ihrem Geld irgendjemandem das Leben erleichtern und verschönern.

Sie beweisen sich auf diese Weise selber, dass Sie mit Geld verantwortlich umgehen können und dass Geld bei Ihnen gut aufgehoben ist, weil Sie damit Gutes tun.

Wenn Sie geben, signalisieren Sie Überfluss

Wenn Sie Geld geben, signalisieren Sie dem Universum: »Danke, ich habe mehr, als ich brauche. Darum kann ich abgeben.« Dieser Gedanke des Überflusses hilft Ihnen, zu Geld einen natürlicheren Bezug zu haben. Sie genießen Geld mehr, weil Sie es nicht zu wichtig nehmen.

Es ist Ihnen bewusster, dass Geld eine Form von Energie ist, die durch Ihr Leben fließt. Wer nur festhält, hindert diesen natürlichen Energiefluss. Je mehr Sie geben, desto mehr kann in Ihr Leben fließen. Und desto größer wird Ihr Vertrauen in die Tatsache, dass immer mehr Geld in Ihr Leben fließt.

Geld zu spenden ist somit ein Beweis Ihres Vertrauens in sich selbst und in den Energiefluss des Universums. Indem Sie auf diese Art Ihr Vertrauen in sich und das Universum gestärkt haben, erwarten Sie, dass mehr Geld in Ihr Leben tritt. Sie erwarten Reichtum und so wird

Reichtum für Sie zu einer Selbstverständlichkeit. Erinnern Sie sich: Unsere Erwartungen bestimmen, was wir tatsächlich erhalten.

Wer hilft, versteht, dass wir in einer vernetzten Welt leben

Es wäre sicherlich kein Zeichen von Weisheit, so zu leben, als wäre man alleine auf dieser Welt. Und sicherlich wäre eine solche Einstellung dem Einzelnen und auch dem Ganzen wenig hilfreich. Um das Beste aus uns herauszuholen, brauchen wir andere. Und die anderen brauchen uns. Daraus erwachsen zwei einfache, aber tiefe Erkenntnisse: Wir erreichen zusammen einfach mehr. Und zweitens geht es jedem Einzelnen besser, wenn es allen besser geht.

Wir können unser privates Glück nicht isoliert betrachten und den Zustand der Menschheit um uns herum ignorieren. Der Dalai Lama sagte dazu: »In der heutigen vernetzten Welt können Individuen und Nationen viele ihrer Probleme nicht mehr im Alleingang lösen. Wir brauchen einander. Wir müssen daher ein Gefühl universeller Verantwortung entwickeln. Es ist unsere individuelle und kollektive Pflicht, die menschliche Familie auf diesem Planeten zu schützen und zu erhalten und ihre schwachen Mitglieder zu stützen.«

Sogyal Rinpoche nimmt das Beispiel eines Baumes, um zu erklären, dass letztendlich niemand eine unabhängige Existenz besitzt: »Man findet heraus, dass sich der Baum in ein äußerst subtiles Netz von Beziehungen auflöst, das das ganze Universum umfasst: Der Regen, der auf seine Blätter fällt, der Wind, der ihn wiegt, die Erde, die ihn nährt und hält, die Jahreszeiten und das Wetter, das Licht von Sonne, Mond und Sternen – alles ist Teil dieses Baumes. Alles trägt dazu bei, den Baum zu dem zu machen, was er ist. Er kann zu keinem Zeitpunkt von allem anderen getrennt werden.«

Das Wohlergehen der Gesamtheit beeinflusst uns stärker, als wir heute wissenschaftlich beweisen können. Aber dass wir andere beeinflussen und dass der Zustand der anderen uns beeinflusst, lässt sich nicht leugnen.

Wir alle wissen: Was wir ausstrahlen, erhalten wir zurück. Das gilt für so einfache Dinge wie ein Lächeln und Freundlichkeit. Wer die Welt liebt, den liebt die Welt. Und das gilt auch für Geld. Wer der Welt Geld gibt, dem gibt die Welt Geld zurück.

Nur wer gibt, übernimmt wahre Verantwortung

Verantwortung bedeutet die Fähigkeit zu antworten. Es ist unmöglich, sich als verantwortlicher Mensch davor zu verschließen, welche Not viele Menschen leiden und wie gut es uns im Gegensatz dazu geht.

Die Welt ist von Sorge verdunkelt. Die Ungleichheit der Verteilung bedroht das Glück und den Frieden. Selbst die Wege zu einer gerechteren Verteilung liegen im Dunkeln und führen zum Streit. Jedes Wegzeichen, das aufleuchtet, ist darum wichtig. Die Welt braucht Menschen, die solche Zeichen sind. Vielleicht gibt sie aus diesem Grund diesen Menschen noch mehr Mittel, damit sie noch heller strahlen können.

Wer gibt, fühlt sich lebendig

Es gibt wenige Dinge, die einem Menschen ein solches Gefühl der Lebendigkeit und Energie vermitteln wie das Geben. Darum gibt es kaum eine bessere Medizin, als aus Dankbarkeit und aus einem Gefühl der Verantwortung zu geben. Oder einfach aus Liebe zum Leben und zu den Menschen.

Glück setzt voraus, dass wir das genießen, was wir haben. Und der beste Weg dazu ist, verantwortlich zu handeln, zu antworten, indem wir etwas zurückgeben. Wir können Glück säen, indem wir spenden. Und wir können Geld säen. Das Konzept der Verantwortung setzt das Wunder, dass wir am Ende mehr haben, als wir gegeben haben, in Gang.

Sicherlich kann all dies die wahre Natur des Wunders nur streifen. Aber wie bei allen Wundern müssen wir nicht so sehr wissen, warum und wieso es geschehen ist. Wir können uns damit begnügen, dass wir die Ergebnisse betrachten. Und hier ist das Ergebnis, wenn Sie zehn Prozent Ihres Einkommens spenden:

Sie werden reich und glücklich. Sie bekommen, was Sie haben wollen, und Sie genießen es. Darum schlage ich vor, dass Sie es ausprobieren. Sie wissen ja: »Viele suchen nach den Wurzeln, während einige die Früchte pflücken.« Vielleicht werden auch Sie nie die Wurzeln zu diesem Wunder finden. Aber wenn Sie handeln und die zehn Prozent spenden, werden Sie die Früchte ernten.

Power-Tipp

Spenden Sie einen festen Teil Ihres Einkommens.

- Es wird Sie selber davon überzeugen, dass Geld gut ist und dass Geld bei Ihnen gut aufgehoben ist.
- Wenn Sie sich dazu entschließen, notieren Sie Ihre Entscheidung und die Gründe dafür schriftlich.
- Machen Sie sich einen Plan, um Ihr Geld verantwortlich einzusetzen. Stellen Sie sicher, dass das Geld auch wirklich seinen Zweck erfüllt.
- Helfen Sie konsequent.
- Fangen Sie damit an, wenn Sie es sich eigentlich noch nicht leisten können.

Geld macht glücklich

Geld kann glücklich machen. Es wird Ihr Leben im wahrsten Sinne des Wortes bereichern. Aber das wird nur geschehen, wenn Sie handeln. Sie müssen etwas tun.

Sollten Sie zunächst nur quer gelesen und die Übungen nicht gemacht haben, so blättern Sie zurück und beginnen Sie von vorne. Überzeugen Sie sich davon, dass Geld glücklich macht.

Die Power-Ideen auf den Punkt gebracht

- Erfolg bedeutet, dass Sie die Dinge bekommen, die Sie lieben. Glück bedeutet, dass Sie die Dinge auch genießen, die Sie bekommen haben.
- Ein Überfluss an Wohlstand ist ein heiliges anvertrautes Gut, das seinen Besitzer verpflichtet, es zum Nutzen der Gesellschaft einzusetzen.
- Das beste Mittel, um das Gefühl von Bedeutungslosigkeit und Sinnlosigkeit zu »heilen«, ist, sich einfach um einen anderen Menschen zu kümmern.
- Wenn Sie Geld spenden, beweisen Sie sich selber, dass Sie mit Geld verantwortlich umgehen können und dass Geld bei Ihnen gut aufgehoben ist.
- Geld zu spenden ist ein Beweis Ihres Vertrauens in sich selbst.
- Spenden bedeutet Reichtum zu erwarten. Und unsere Erwartungen bestimmen, was wir letztendlich besitzen.
- Wer die Welt liebt, den liebt die Welt. Wer der Welt Geld gibt, dem gibt die Welt Geld zurück.
- Geben vermittelt den Menschen ein Gefühl von Lebendigkeit und Energie.
- Reich zu sein, ohne Verantwortung zu übernehmen, bedeutet, unglücklich zu sein.

Ausblick: Wie geht es jetzt weiter?

Wissen beseitigt die zwei Feinde des Aufbaus von Wohlstand:
Risiko und Angst.

Charles Givens, Wealth Without Risk

Sie kennen jetzt die Techniken und Strategien, um Ihr Leben und das Leben der Menschen, die Sie umgeben, zu verändern. Wenn Sie das Buch aus der Hand legen, haben Sie zwei Möglichkeiten: Sie können das Gefühl haben, dass Sie etwas Nettes dazugelernt haben, und dann so weitermachen wie bisher. Sie können aber auch eine konzentrierte Anstrengung unternehmen, um Ihre Finanzen und Ihr Leben zu verändern. Sie können die Konzepte anwenden, um Wunder zu schaffen und sich ein völlig neues Leben zu designen.

Cicero oder Demosthenes

In der Antike gab es zwei herausragende Redner: Cicero und Demosthenes. Wenn Cicero eine Rede beendet hatte, standen die Menschen auf, applaudierten und riefen begeistert: »Was für eine wunderbare Rede.« Wenn Demosthenes dagegen mit seiner Rede zum Ende kam, dann riefen die Leute: »Lasst uns handeln! Lasst uns sofort anfangen!« Und genau das taten sie dann auch.

Wenn Sie dieses Buch lesen und nur zu sich sagen: »Was für ein nettes Buch – wirklich interessante Ansatzpunkte und Techniken«, aber nichts davon umsetzen, haben Sie und ich nur unsere Zeit verschwendet.

Jim Rohn sagte einmal: »Es gibt zwei Arten von Menschen. Beide lesen in einem Buch, dass Äpfel gut sind. Beide kennen den Spruch: ›Einen Apfel täglich und keine Krankheit quält dich.‹ Die einen sagen: ›Ich brauche mehr Hintergrundinformation.‹ Die anderen gehen zum nächsten Obstladen und kaufen einen Apfel.«

Der Ausspruch »Wissen ist Macht« ist falsch. Richtig ist: »Angewandtes Wissen ist Macht.« Darum überlegen Sie, welche der Power-Ziele Sie sofort übernehmen wollen.

Beginnen Sie jetzt eine neue einzigartige Reise, die selbst die kühnsten Träume, die Sie vielleicht einmal hatten, in den Schatten stellen wird. Denn genau so ist es mir ergangen, als meine Mentoren in mein Leben getreten sind und ich angefangen habe, mein Leben nach den in diesem Buch beschriebenen Prinzipien auszurichten. Machen Sie Ihr Leben zu einem Meisterstück.

Power-Tipp

Werden Sie vermögend. Tun Sie alles, was dafür notwendig ist. Denn Geld macht glücklich. Und weil es Sie glücklich macht, muss es Ihr Ziel sein, wohlhabend zu sein.

- Wenn Sie Geld spenden, machen Sie andere und sich selbst glücklich.
- Wenn Sie Geld besitzen, gibt Ihnen das ein Gefühl, beschützt und sicher zu sein.
- Am Wachstum des Geldes, das in Ihr Leben fließt, erkennen Sie Ihren Wachstum als Persönlichkeit.
- Geld ermöglicht Ihnen ein Leben in Freiheit. Sie können tun, was Ihnen Spaß macht, Ihren Talenten entspricht und anderen nützt.
- Mit Geld können Sie Ihre eigenen und die Fähigkeiten anderer Menschen besser fördern.
- Nur wenn Sie Geld besitzen, verhindern Sie, dass Geld in Ihrem Leben zu wichtig wird. Sie setzen Geld einfach voraus.
- Geld unterstützt Sie, anstatt zum Hauptzweck zu werden.

- Sie können sich auf die für Sie wichtigen Dinge konzentrieren.
- Geld wird das Gute in Ihnen stärker zum Vorschein bringen und es wird Ihre Ideen potenzieren.
- Balance ist nur mit Geld möglich. Mit Geld können Sie sich in Ruhe um die anderen Bereiche Ihres Lebens kümmern.
- Geld macht Ihr Leben spannender und abwechslungsreicher. Sie leben, wo Sie wollen, und Sie lernen kennen, wen Sie wollen.
- Mit Geld können Sie sich Ihre Zeit selber einteilen. Sie brauchen sich nicht von Notwendigkeiten leiten zu lassen, sondern können Ihrem Lebenssinn folgen.
- Geld bedeutet Macht, und dadurch haben Sie mehr Möglichkeiten, einen guten Einfluss zu nehmen und andere Menschen zu fördern.
- Mit Geld können Sie sich leichter mit den Menschen umgeben, die nicht zulassen, dass Sie sich jemals mit weniger zufrieden geben, als Sie haben können.

Stellen Sie sich einmal folgende Situation vor:

In sieben Jahren wird jemand in Ihrem Leben auftauchen. Er wird Ihren Schlüssel benutzen, um sich Zugang zu Ihrem Haus zu verschaffen. Und er wird all Ihre Dinge benutzen; Dinge, für die Sie hart gearbeitet haben und die Ihnen ans Herz gewachsen sind.

Diese Person wird Sie auf Schritt und Tritt verfolgen. Sie wird Sie während Ihrer Arbeit beobachten und Ihre Kontoauszüge lesen. Sie wird Ihre Pläne lesen, die Sie heute gemacht haben, und sie wird kontrollieren, ob Sie diese Pläne umgesetzt und übertroffen haben. Diese Person wird Ihnen in die Augen blicken, wenn Sie kritisch in den Spiegel schauen.

Diese Person sind Sie, die Persönlichkeit, die Sie geschaffen haben, indem Sie tatsächlich etwas getan haben. Die Frage ist nur: Was für eine Person ist das? Was glaubt sie, was tut sie, welche Glaubenssätze hat sie? Welche Freunde umgeben diese Person, wer liebt sie? Wo lebt sie und worauf ist sie stolz?

In welche Richtung gehen Sie im Moment? Am Anfang des Buches haben Sie sich die Frage gestellt: Wo werde ich in sieben Jahren sein, wenn ich nichts verändere? *Wollen Sie wirklich an den Ort, an den Sie unweigerlich gelangen, wenn Sie nicht die Richtung ändern?*

John Naisbitt sagte einmal: »Der beste Weg, um die Zukunft vorauszusagen, ist, eine klare Idee davon zu haben, was im Moment geschieht.« Seien Sie darum ehrlich zu sich selbst. Nachdem Sie das Buch zu Ende gelesen haben, nehmen Sie sich etwas Zeit, um über die Richtung nachzudenken, die Sie gehen.

Wollen Sie den Weg des konstanten Lernens und Wachsens gehen? Wenn dieses Buch dazu beigetragen hat, dann bin ich darüber sehr dankbar. Schreiben Sie mir – ich würde mich über Ihre Anregungen freuen. Vielleicht kann ich irgendwann über Ihre Erfolgsgeschichte berichten. Die Chance ist groß, dass wir uns irgendwann irgendwo begegnen. Die Menschen, die Wunder bewirken, sind vielleicht in der Minderzahl, aber weil sie sich so schnell bewegen, sind sie überall.

Bilden Sie ein Team, um auf dem Weg zum Wohlstand zu bleiben

Wenn Sie Ihre Entscheidung getroffen haben, schließen Sie sich einer Gruppe von Menschen an, die das Beste aus Ihnen herausholt. Menschen, die Wunder bewirken, weil sie alles tun, was nötig ist, um ihre Ziele zu erreichen. Menschen, die Resultate erzielen, die täglich wachsen und Sie unterstützen. Menschen, die niemals zulassen, dass Sie sich mit weniger zufrieden geben als mit dem Besten, das Sie sein können. Alleine durch die Nähe zu diesen Menschen fühlen Sie sich ständig aufgefordert, sich weiterzuentwickeln und zu wachsen. Die Nähe solcher Menschen ist das größte Geschenk, das Sie sich wünschen können.

Und die Nähe zu diesen Menschen macht Spaß. Wenn Sie jemanden nach seinen schönsten Erlebnissen im Leben fragen, so werden Sie sehr oft davon hören, was jemand tat, als er Teil eines Teams war. Teil eines Teams zu sein lässt Sie sich strecken und wachsen. Andere Menschen können Sie auf eine Art und Weise unterstützen und herausfordern, wie Sie es selber kaum könnten.

Geben Sie diese Information weiter

Und hier ist meine letzte Herausforderung an Sie: Geben Sie diese Information weiter. Sorgen Sie dafür, dass jeder erfährt, dass Wohlstand erreichbar ist.

Es gibt zwei gute Gründe, das zu tun: Erstens lehren wir immer genau das, was wir selber am meisten lernen mussten. Indem wir unsere Ideen mit anderen teilen, setzen wir uns selber wieder mit ihnen auseinander. Auf diese Weise erinnern wir uns ständig daran, was für uns so wichtig ist. Zweitens ist es unglaublich, welcher unerklärbare Reichtum und welches Glück daraus erwächst, einem anderen Menschen zu helfen, eine wirklich wichtige und positive Veränderung in seinem Leben vorzunehmen.

Sie wissen jetzt, was Sie tun müssen und wie Sie es tun können. Jetzt kommt der wichtigste Schritt: Handeln Sie. Handeln Sie so schnell wie irgend möglich. Tun Sie es für sich und für andere. Tun Sie mehr, als irgendjemand je von Ihnen erwarten könnte. So werden Sie der oder die Beste, der Sie sein können.

Ich glaube fest daran, dass wir alle eine Mission zu erfüllen haben und dass unser Leben einen Sinn hat. Es spielt keine Rolle, wo Sie gerade stehen. Wichtig ist, in welche Richtung Sie gehen.

Reichtum ist Ihr Geburtsrecht – vergessen Sie das nie! Ihnen gehört ein Platz an der Sonne. Machen Sie aus Ihrem Leben ein Meisterstück. Beweisen Sie sich und anderen, dass Sie in sieben Jahren wohlhabend werden können.

Mein persönlicher Wunsch für Sie

Ich möchte mich für jetzt von Ihnen verabschieden und Ihnen meinen persönlichen Wunsch für Sie mit auf den Weg geben:

Mögen Sie die Rechte in Anspruch nehmen, die Sie von Geburt an besitzen.

Mögen Sie Erfolg und Reichtum in Fülle haben, an Geist, Seele und Geld.

Mögen Sie ein Leben in Gesundheit, Glück und Frieden, mit stärkenden Beziehungen verbringen.

Mögen Sie den Sinn Ihres Lebens erfüllen, indem Sie die Dinge tun, die Ihnen Spaß machen, die Ihren Fähigkeiten entsprechen und die anderen nützen.

Mögen Sie an Ihren Talenten arbeiten, damit Ihre Talente Ihnen einen Platz auf diesem Planeten schaffen.

Mögen Sie konstant lernen und wachsen, um der Beste zu werden, der Sie sein können.

Mögen Sie Ihre Erfüllung darin finden, andere Menschen an Ihrem Glück und an Ihrem Reichtum teilhaben zu lassen.

Mögen Sie Ihre Geburtsrechte in Anspruch nehmen und aus Ihrem Leben ein Meisterwerk machen.

Danksagung

Außergewöhnliche Leistungen sind immer das Ergebnis von einem wunderbaren Zusammenspiel unterschiedlicher Menschen.

Ich hatte das Privileg, von einzigartigen Menschen zu lernen. Leider ist es unmöglich, sie an dieser Stelle alle aufzuführen, aber ihnen allen gilt mein ganz besonderer Dank. Einige möchte ich dennoch namentlich erwähnen, da sie mich besonders geprägt haben: den Geistlichen Dr. Winfried Noack, Peter Hövelmann, meinen ersten Coach, der mir die Grundlagen des Erfolgs und die Schönheit einer vertrauensvollen Beziehung vermittelt hat, Shami Dhillon, den Meister der Kommunikation, sowie den Milliardär Daniel S. Peña sen., der mich in die Welt der Hochfinanz einweihte.

Dieses Buch ist das Ergebnis meiner Beziehung mit ihnen sowie der kritisch-konstruktiven Hilfe meiner Lektoren vom Campus Verlag, Frau Querfurth und Herrn Schickerling. Keiner von ihnen hat es mir je besonders leicht gemacht – und bekanntlich ist das für die Entwicklung eines Menschen gut.

Last but not least möchte ich mich besonders bei den Teilnehmern meiner Seminare bedanken, die mir unzählige Anregungen gegeben haben.

Lesenswerte Bücher zum Thema

Bandler, Richard/Grinder, John: *Reframing – ein ökologischer Ansatz in der Psychotherapie (NLP)*. Paderborn: Jungfermann, 1984

Barnhart, Tod: *Die fünf Schritte zum Reichtum*. Berlin: Ullstein, 2001

Beike, Rolf/Schlütz, Johannes: *Finanznachrichten lesen – verstehen – nutzen*. Stuttgart: Schäffer Poeschel, 2001

Chilton, David: *The Wealthy Barber. Everyone's Commonsense Guide to Becoming Financially Independent*. Rocklin (California): Prima, 1996

Chopra, Deepak: *Die Körperzeit – Mit Ayurveda jung werden, ein Leben lang*. Bergisch-Gladbach: Lübbe, 1994

Clason, George S.: *The Richest Man in Babylon*. New American Library, 1997. Deutschsprachige Ausgabe: *Der reichste Mann von Babylon*. München: Goldmann, 2002

Csikszentmihalyi, Mihaly: *Flow: Das Geheimnis des Glücks*. Stuttgart: Klett-Cotta, 1999.

Cutler, Peter: *How to Increase Your Personal Wealth*. London: Thorsons, 1992

Dominquez, Joe/Robin, Vicki: *Your Money or your Life. Transforming Your Relationship With Money and Achieving Financial Independence*. Penguin, 1992

Erlenbach, Erich/Gotta, Frank: *So funktioniert die Börse*. Frankfurt a. M.: Societäts-Verlag, 1997

Fehrenbach, Peter/Kapferer, Helmut: *An Investmentfonds verdienen*. Feiburg i. Br.: Haufe, 2001

Fisher, Mark: *Das innere Geheimnis des Reichtums*. Freiburg: Verlag Hermann Bauer, 2000

Friedman, Milton: *Kapitalismus und Freiheit*. Frankfurt a. M.: Eichborn, 2002

Garner, Robert J., u. a.: *Ernst & Young's Total Financial Planner*. New York: Wiley, 1996

Givens, Charles: *Financial Self-Defence. How to Win the Fight for Financial Freedom*. Pocket Books, 1995

Givens, Charles: *Wealth without Risk for Canadians*. Stoddart, 1995

Handy, Charles: *Die Fortschrittsfalle. Der Zukunft neuen Sinn geben*. München: Goldmann, 1998

Jeske, Jürgen/Barbier, Hans D.: *So nutzt man den Wirtschafts- und Finanzteil einer Tageszeitung*. Frankfurt a. M.: Societäts-Verlag, 2000

Levinson, Jay/Godin, Seth: *Das Guerilla Marketing Handbuch. Werbung und Verkauf von A bis Z*. Frankfurt a. M.: Campus, 1996

Lynch, Peter/Rothchild, John: *Lynch III: Der Weg zum Börsenerfolg*. Kulmbach: Börsenmedien-Verlag, 1996

Machtig, Brett: *Wealth in a Decade*. Irwin, 1997

Pilzer, Paul Zane: *God Wants You to Be Rich*. New York: Simon & Schuster, 1995

Ries, Al/Trout, Jack: *Positioning. The Battle for Your Mind*. New York: Warner Books, 1993

Schramm, Petra: *Geldgeschäfte und Kapitalanlagen in alter Zeit*. Edition Rarissima, 1988

Smith, Adam: *Der Wohlstand der Nationen*. München: dtv, 1999

Stanley, Thomas J./Danko, William D.: *The Millionaire Next Door. The Surprising Secrets of America's Wealthy*. Longstreet Press, 1997

Trout, Jack/Rivkin, Steve: *New Positioning*. Düsseldorf: Econ, 1996

Umhauer, Gerd: *Im Club der Millionäre – Erfolgsstories der Mega-Reichen*. Landsberg: Moderne Industrie, 1992

Register

... und wie geht es jetzt weiter?
ein persönlicher Brief von Bodo Schäfer

Liebe Leserin, lieber Leser,

immer mal wieder entstehen revolutionäre Produkte, die alles verändern. Wenn man in seiner Berufslaufbahn die Chance hat, an einem solchen Produkt mitzuarbeiten, kann man sich glücklich schätzen. Ich habe in dieser Hinsicht schon sehr viel Glück gehabt. Zusammen mit meinen Partnern konnte ich schon mehrere solcher Produkte präsentieren. Darf ich Ihnen dazu vier kurze Geschichten erzählen? Es handelt sich um die Geschichten von vier bahnbrechenden Produkten, alles Meilensteine in unserer Branche, der Erwachsenenbildung.

Die erste Geschichte handelt von unseren Seminaren über Geld.

Eigentlich habe ich Jura studiert. Aber zum großen Kummer meiner Familie habe ich kurz vor dem Examen mein Studium geschmissen. Warum? Weil ich die große Leidenschaft meines Lebens suchte. Und das war Jura sicher nicht. Später habe ich dann herausgefunden, was mich wirklich begeistert: anderen zeigen, wie sie vermögend werden. Das Leben ist zu kurz, um einer Arbeit nachzugehen, die wir nicht wirklich lieben. Und meine Leidenschaft ist es nun einmal, anderen den Weg zur finanziellen Freiheit zu zeigen. Anfangs tat ich das ausschließlich durch Seminare.

1994 führte ich unsere ersten Geldseminare durch: über den „Durchbruch zum finanziellen Erfolg" und später über „Die erste Million in sieben Jahren". Meine Familie sagte: „Man kann doch keine Geldseminare anbieten." Und selbst die meisten meiner Trainerkollegen waren der Meinung, auf Geldseminare würde in Deutschland niemand gehen ...

Und der Anfang war tatsächlich nicht leicht. Einmal hatten sich für ein Seminar nur vier Personen angemeldet. Ich wollte es schon ausfallen lassen. Aber es war nun einmal meine Leidenschaft, darum habe ich für fünf Teilnehmer (einer der vier brachte noch einen Freund mit) zwei ganze Wochenenden Seminar gemacht. Das war der Wendepunkt. Als ob ich mir selbst bewiesen hatte: Ich gebe nicht auf. Ich ziehe das durch. Von da ab kamen immer mehr Menschen. Zuerst Hunderte, dann Tausende.

Inzwischen haben über 800.000 Menschen unsere Seminare besucht. Es waren mit großem Abstand die erfolgreichsten Geldseminare Europas. Und das hat hauptsächlich einen Grund: Diese Seminare haben zahlreiche Menschen reich gemacht. Über 30.000 Briefe beweisen: Viele Tausend Menschen haben dank dieser Seminare die finanzielle Freiheit erreicht.

Zusätzlich haben wir daraus ein Audioseminar gemacht, das mehr als 500.000 Menschen gekauft haben. So konnten sie es bequem im Auto hören – auf dem Weg zur Arbeit. Ich bin außerordentlich froh und auch stolz, dass somit weit über eine Million Menschen meine Seminare gesehen oder gehört haben. Es ist unglaublich, was alles passiert, wenn wir etwas tun, was wir lieben.

Die zweite Geschichte handelt von meinem Buch.

Im Februar 1997 schrieb ich mein erstes Buch: „Der Weg zur finanziellen Freiheit". Ein Buch über Geld, an das kaum einer glaubte. Meine Familie nicht – ein Buch über Geld könne man unmöglich schreiben. Aber schlimmer war: Ich fand zunächst keinen Verlag. 57 Verlage hatten abgelehnt, es zu drucken. 18 Monate lang bekam ich nur Absagen. Ich könne nicht schreiben, meine Rechtschreibung sei furchtbar (das stimmt übrigens, aber es gibt ja genau dafür Korrektoren), es gebe schon ca. 500.000 Bücher über Geld ...

Aber ich wusste, dass dieses Buch wertvoll ist. Auf meinen Seminaren bekam ich immer mehr Feedback. Meine Teilnehmer sagten mir, wie positiv sich ihr Leben veränderte. Und das waren nicht nur positive Gefühle, die sie mir mitteilten; es waren vor allem auch harte Fakten. Es waren ihre Kontostände, die sich veränderten. Meine Teilnehmer wurden immer vermögender. Das waren klare Erfolgsbeweise. Wie konnte ich da aufgeben?

Meine Ausdauer wurde belohnt: Ich freue mich nach wie vor riesig darüber, dass wir in den ersten drei Monaten nach dem Erscheinen meines Buches „Der Weg zur finanziellen Freiheit" Ende 1998 mehr als 100.000 Exemplare verkauft haben – alleine in Deutschland. Inzwischen sind es weltweit über 10 Millionen. Ist das nicht unglaublich? „Der Weg zur finanziellen Freiheit" ist das erfolgreichste Buch über Geld weltweit.

Ich glaube, wir dürfen niemals aufgeben. Nie. Das Leben belohnt Ausdauer. Wir müssen etwas tun, wofür wir wirkliche Leidenschaft empfinden. Für eine Idee, für die Lösung eines Problems, für die Beseitigung eines Unrechts. Ohne echte Leidenschaft werden wir nicht genug Durchhaltevermögen besitzen, um bis zum Schluss dranzubleiben. Damit sind wir bei der dritten Geschichte.

**Die dritte Geschichte handelt von unserem
ersten DVD-Seminar für zu Hause.**

Mit dem Erfolg meines ersten Buchs setzte eine wahre Erfolgsspirale ein. Ich schrieb weitere Bücher, besuchte unglaublich viele Talkshows, gab massenhaft Interviews... Als Sprecher war ich ständig ausgebucht. Ich habe es allerdings übertrieben und eindeutig zu viel gearbeitet. Dann wurde ich Ende 1999 krank. Ich konnte keine Seminare mehr halten.

Das Leben läuft nicht immer glatt. Und es ist falsch, zu denken, wir könnten nur dann glücklich sein, wenn alles super läuft. Ich war anderthalb Jahre krank, und als es mir besser ging, hatte ich nach einer harmlosen OP ein neues Problem. Wieder war ich lange krank. Doch ich habe in diesen Zeiten viel gelernt.

Meinen Traum, andere Menschen zur finanziellen Freiheit zu führen, habe ich in der ganzen Zeit nie aufgegeben. Aber es hatte sich einiges verändert: Heute ist es mir wichtig, dass ich anderen nicht nur helfe, reich zu werden, sondern reich und glücklich. So machte ich weiter. Ich wollte mich nicht mehr überarbeiten, allerdings hatte ich gleichzeitig den brennenden Wunsch, mehr Menschen zu erreichen.

Und irgendwann kam die Idee: Ich wollte ein Coachingprogramm schaffen, wie es noch keines gab. Ein Programm, das die Menschen begleitet, sie einige Jahre an die Hand nimmt und sicher zur finanziellen Freiheit führt.

Dazu haben wir noch einmal unser erfolgreichstes Finanzseminar durchgeführt und in Kinoqualität filmen lassen. Dieses Seminarerlebnis haben wir durch brandneues umfassendes Material ergänzt. Herausgekommen ist 2008 ein Einstiegspaket, das leicht verständlich den Weg zum Wohlstand erklärt.

Dieses Paket haben bis Ende 2012 bereits über 15.000 Menschen gekauft. Das sind mehr als zehn Menschen jeden Tag – seit vier Jahren. Zehn Menschen jeden Tag, die sich auf den Weg zum Wohlstand machen. Ist das nicht toll? Und bald werden es hundert Menschen pro Tag sein. Hundert Menschen beginnen jeden Tag mit diesem Fernkurs zu arbeiten.

Ich glaube, was ich erlebt habe, haben viele erfahren: Viele Menschen kommen irgendwann an den Punkt, dass sie ihren Job so nicht weitermachen wollen oder können. Sie wollen sich weiterentwickeln oder müssen etwas ändern. Ich habe erfahren: Dazu müssen wir unsere Leidenschaft nicht aufgeben, wie können sie vertiefen, weiterentwickeln, den Ansatz ändern. Und im Ergebnis können wir noch effektiver sein. Wenn wir unserer Leidenschaft treu bleiben, aber den Ansatzpunkt verändern und die Umsetzung verbessern, dann können sich unglaubliche Dinge entwickeln.

Wenn jemandem ein einziger dieser drei Meilensteine gelingt, dann ist das fantastisch. Aber es war immer mein Herzensanliegen, möglichst viele Menschen zur finanziellen Freiheit zu leiten. Also war ich nie zufrieden. Ich wollte ein sicheres System schaffen und das immer weiter verbessern und vereinfachen. Und das führt uns zur vierten Geschichte. Ich schildere Ihnen nun den vierten großen Meilenstein.

Die vierte Geschichte handelt von meinem Lebenswerk. Und diese Geschichte beginnt gerade erst.

Diese vierte Geschichte kann für Sie sehr wichtig sein. Sie resultiert aus den ersten drei. Erinnern Sie sich an die drei Lehren aus meinen drei Geschichten?

1. Wir sollten etwas finden, was wir lieben. Wir erfahren sonst nie, wozu wir wirklich in der Lage sind.

2. Nicht aufgeben, niemals. Aber dazu brauchen wir die Leidenschaft, die sich dann einstellt, wenn wir etwas wirklich lieben.

3. Wir können auch glücklich sein, wenn wir harte Zeiten durchmachen. Wir können dabei lernen, unsere Tätigkeit zu verbessern und effektiver zu machen.

Alles, was ich eben beschrieben habe, alles, was ich aus den drei Geschichten gelernt habe, fließt zusammen in einen einzigen Kurs: die Seminare, die Audioprogramme, das persönliche Coaching durch mich, die Bücher ...

Alles: mein ganzes Wissen in einem Kurs. Aber natürlich nicht nur mein Wissen. Sondern außerdem das Wissen von über 200 herausragenden Lebenslehrern. Von meinen Coachs, von sehr erfolgreichen Kollegen, Bestsellerautoren und Multimillionären und Milliardären. Was dürfen Sie von solch einem Kurs erwarten?

Wir liefern Ihnen einen Fernkurs, der Sie sicher und einfach reich macht.

Ich habe über 4000 Bücher gelesen. Tausende Gespräche mit Experten und Millionären geführt. Ich selbst wurde zuerst von einem Millionär und später von einem Milliardär gecoacht. Mit dreißig Jahren war ich finanziell frei, das heißt, ich kann seitdem von meinem Geld leben. Ich habe über 250 Seminare besucht. Und aus alldem habe ich für Sie das Wichtigste und Beste herausgefiltert: Sie erhalten das Wissen von 200 Erfolgstrainern, Bestsellerautoren, Multimillionären und Milliardären.

Dieser fantastische Kurs beinhaltet drei Produkte, von denen jedes für sich großartig ist.

- Wir bringen unsere Seminare zu Ihnen nach Hause.
- Wir schicken Ihnen jede Woche einen Coachingbrief und lesen Ihnen den auch noch vor.
- Wir coachen Sie am Telefon und beantworten Ihre Fragen.

Es ist immer mein Herzensanliegen gewesen, andere Menschen zur finanziellen Freiheit zu führen. Dafür habe ich Seminare veranstaltet, Bücher geschrieben und viele Menschen persönlich gecoacht.

Jetzt haben wir alle drei Wege für Sie noch viel leichter gemacht:

- Wir haben die wichtigsten Seminare gefilmt, damit Sie sich diese bequem zu Hause anschauen können.
- Ich schreibe Ihnen wöchentlich einen Coachingbrief, damit Sie ständig lernen und an Ihre Vorsätze erinnert werden. Und diese Briefe bekommen Sie auch als Audioversion. So können Sie sich diese z.B. morgens im Auto anhören.
- Und wir haben ein Telefoncoaching geschaffen, damit Sie bequem alle Ihre Fragen stellen können. Dazu haben wir über Jahre spezielle Mitarbeiter ausgebildet.

Was also ist der 7-Jahres-Kurs? In einem Satz gesagt:

Es ist ein Fernkurs für Menschen, die schnell und einfach reich werden wollen. Der Kurs funktioniert wie ein Navigationsgerät im Auto. Er bringt Sie sicher und einfach an Ihr finanzielles Ziel.

Herzlichst Ihr
Bodo Schäfer

PS: Testen Sie jetzt diesen einmaligen Kurs zur finanziellen Freiheit. Unverbindlich registrieren unter www.moneycoaching.de/finanzielle-freiheit und vier Wochen lang mein Coachingprogramm testen. (QR-Code mit Ihrem Smartphone scannen)

Finanzielle Freiheit
der 7-Jahres-Kurs

Wir haben den „7-Jahres-Kurs zur finanziellen Freiheit" entwickelt. Durch unser Moneycoaching können Sie die finanzielle Freiehit erreichen.

Testen Sie jetzt – **gratis und ohne weitere Verpflichtungen** – das Coachingprogramm von Bodo Schäfer.

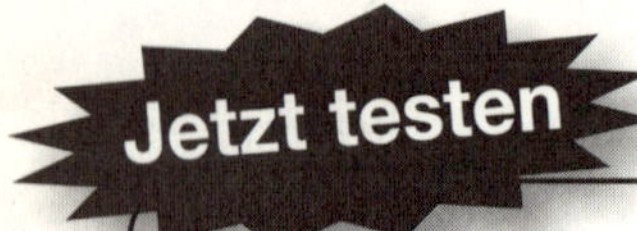

Inhalte aus dem kostenlosen Coachingprogramm:

- Vier Videos mit hochwertigen Trainingssequenzen aus Bodo Schäfers Seminaren

- 41 Seiten gefüllt mit hilfreichen Geldtipps aus der Feder von Bodo Schäfer

- Optional: ein kostenloses Telefoncoaching mit einem der engsten Mitarbeiter von Bodo Schäfer

Als Dankeschön erhalten Sie drei Geschenke:

- Der Weltbestseller: Ein Hund namens Money (Buch als PDF-Format)

- Die 14 Geld-Tipps von Bodo Schäfer (PDF)

- Kostenlose Coachingimpulse von Bodo Schäfer

Jetzt testen und 3 Geschenke kostenlos erhalten:
www.moneycoaching.de/finanzielle-freiheit
(QR-Code mit Ihrem Smartphone scannen)